KOMPAKT-WISSEN
POLITIK · SOZIALKUNDE

Carl Deichmann

Grundbegriffe Politik

STARK

ISBN 978-3-86668-574-1

Inhalt

Autor: Prof. Dr. Carl Deichmann

Vorwort

Liebe Schülerin, lieber Schüler,

dieser Band aus der Reihe „Kompakt-Wissen" stellt die wichtigsten Unterrichtsinhalte kurz und prägnant in Form von **Lexikoneinträgen** dar. Die Begriffe wurden in Hinblick und **Abstimmung auf die Lehrpläne** und Richtlinien der Bundesländer ausgewählt. Kurze Einführungen in die Kapitel verdeutlichen die Relevanz der hier aufgeführten Grundbegriffe des Politikunterrichts.

Dieser Band eignet sich für eine effektive und schnelle Vorbereitung auf Klausuren oder Abschlussprüfungen – unabhängig davon, mit welcher Methode Sie lernen: „Grundbegriffe Politik" dient

- bei der kurzfristigen Wiederholung als **Zusammenfassung des Lernstoffs** sowie
- beim langfristigen Lernen als **Nachschlagewerk** zur Ergänzung sonstiger Materialien.

Die bei der Prüfungsvorbereitung immer wieder auftauchende Frage „Was hieß denn das noch gleich?" wird in diesem Band verständlich und anschaulich beantwortet, indem

- die Fachbegriffe vier Kapiteln zu den verschiedenen **Themenbereichen des Politikunterrichts zugeordnet** und innerhalb dieser **alphabetisch sortiert** sind.
- die einzelnen Artikel mit einer **Basisdefinition** beginnen, die bis auf wenige Ausnahmen anschließend anhand von Beispielen oder umfangreicheren Informationen erläutert wird.
- **Verweise** das schnelle und gezielte Nachschlagen von Begriffen ermöglichen.
- **Grafiken** und Schaubilder viele weitere Grundkenntnisse vermitteln und veranschaulichen.

Ich wünsche Ihnen viel Erfolg bei der Arbeit mit diesem Buch!

Prof. Dr. Carl Deichmann

Politische Theorie

Auf den ersten Blick hat die politische Theorie nichts mit unserem Alltag zu tun und scheint doch eher ein Gegenstand zu sein, mit dem sich Wissenschaftler beschäftigen sollten. Bei näherem Hinsehen zeigt sich jedoch, dass wir in unseren **Alltagsdiskussionen** über Politik immer wieder Argumente heranziehen, die dem Bereich der politischen Theorie zuzuordnen sind.

Dies ist der Fall, wenn wir uns zum Beispiel darüber beklagen, dass politische Entscheidungen nicht „gerecht" sind. Hinter dieser Aussage verbirgt sich eine Annahme über Gerechtigkeit, die näher erläutert werden muss, sollen die Argumente mit dem Diskussionspartner weiter ausgetauscht werden. Diese Aussagen könnten sodann einer Theorie der Gerechtigkeit zugeordnet werden. Schnell gehen solche Diskussionen in die Frage über, welche politische Ordnung denn gerechter ist: die repräsentative politische Ordnung der BRD mit der Sozialen Marktwirtschaft oder der Sozialismus in der DDR, der, so wird oft argumentiert, zwar eine Diktatur war, die man nicht „wiederhaben" möchte, in der aber doch alle Menschen einen Arbeitsplatz gehabt hätten.

Dieses Beispiel von politischen Alltagsdiskussionen zeigt, dass hinter den Argumenten immer **Weltsichten** stehen, die auf unterschiedlichen persönlichen Erfahrungen, aber auch auf unterschiedlichen Vorstellungen von einer wünschenswerten politischen Zukunft beruhen. Diese politischen Weltsichten kann man auch als **politische Alltagstheorien** bezeichnen.

Damit wird deutlich, dass unsere politischen Alltagstheorien und Weltsichten mit politischen Theorien verbunden sind, welche den Anspruch auf eine wissenschaftliche Aufarbeitung erheben. Beide haben nicht nur die Politik zum Gegenstand, sondern sie gehen von einem bestimmten **Menschenbild** aus, sie besitzen eine bestimmte **Gesellschafts- und Politikauffassung** sowie eine **Auffassung vom Verlauf der Geschichte** und von einer wünschenswerten Zukunft. Bei wissenschaftlichen politischen Theorien sind diese Elemente sehr differenziert ausgearbeitet und umfassend von den Theoretikern begründet, während wir unsere Alltagstheorien und Weltsichten mehr „aus dem Gefühl heraus" entwickeln.

Will man die Analyse und Beurteilung der Politik auf einem höheren Rationalitätsniveau durchführen, sollte man also Kenntnisse der politischen Theorie erwerben. Dabei liefert die **politische Ideengeschichte** ein unerschöpfliches Reservoir von Ideen und Anregungen, auf denen unsere Vorstellungen vom Menschen sowie seiner Stellung in der politischen Ordnung beruhen. Diese Ideen prägen unser politisches Bewusstsein, sie schlagen sich in **Verfassungen** nieder. Sie sind ebenfalls in den Auseinandersetzungen zwischen den politischen Parteien, besonders in den **Parteiprogrammen** zu erkennen.

Der Sinn der Beschäftigung mit politischer Theorie besteht letztlich darin, den **Wertekatalog**, auf dessen Grundlage die für alle Mitglieder einer Gesellschaft verbindlichen Entscheidungen getroffen werden oder getroffen werden sollen, einsehbar zu machen. Es handelt sich dabei um die Orientierung an den **Menschenrechten**, an dem **Freiheits-** und **Gleichheitsgedanken** und an den Vorstellungen über die **Gerechtigkeit**. Es handelt sich also um diejenigen Werte, welche gleichzeitig die Perspektiven für unsere persönlichen Beurteilungen bilden.

Diese Kenntnisse sind durch die Beschäftigung mit der liberalen politischen Theorie, der Identitätstheorie sowie der Repräsentationstheorie zu erwerben.

Bei der Behandlung dieser Theorien geht es auch um die Frage, welche Aussagen die Theoretiker über die **analytischen und normativen Kategorien** machen. Bei diesen Kategorien handelt es sich u. a. um die Begriffe „Bedürfnis“, „Interesse“, „Konflikt“, „Konsens“, „Macht“, „Herrschaft“, „Institution“, „politisches System“, „politische Ordnung“, „Frieden“, „Gerechtigkeit“, „Freiheit“ und „Gleichheit“, mit deren Hilfe politische Strukturen und politische Prozesse analysiert und beurteilt werden können (Kapitel „Das politische System der BRD im internationalen Vergleich“).

Die **Weltanschauungen** – Konservatismus, Liberalismus, Sozialismus – enthalten Elemente dieser politischen Theorien und sind auf diese bezogen. Demgegenüber geht es bei den **Wissenschaftstheorien** (Strukturalismus, Systemtheorie u. a.) um Gedankensysteme, die sich besonders auf die Frage beziehen, in welcher Weise Erkenntnisse über die soziale und politische Realität zu gewinnen sind.

Von den politischen Theorien abzugrenzen sind die **Ideologien** des Marxismus-Leninismus und des Nationalsozialismus, welche die Legitimationsgrundlage für die DDR und für die nationalsozialistische Herrschaft im 20. Jh. bildeten. Im Gegensatz zu den politischen Theorien, besonders den Demokratietheorien, zeichnen sich die Ideologien durch einen Wahrheitsanspruch aus, welcher andere Interpretationen vom Zusammenleben der Menschen, der Geschichte und der zu entwickelnden Gesellschaft ausschließt. Sind diese Ideologien Staatsdoktrin, so werden Menschen mit einer anderen Überzeugung als der vom Staat vorgegebenen verfolgt. Denn deren Auffassungen gefährden den Herrschaftsanspruch der herrschenden Partei.

Anarchismus Theorie der politischen Philosophie. (1) Innerstaatlicher Bereich: Seit dem 16. Jh. gibt es in der politischen Theorie immer wieder Überlegungen zum Anarchismus, der teils als Inbegriff des Terrors, teils als positives schöpferisches Chaos angesehen wird. Die anarchistische Theorie hat unterschiedliche Ausprägungen und reicht von der Propagierung eines radikalen individualistisch-egoistischen Lebens bis hin zum revolutionären, kollektiven Anarchismus. Dieser weist deutliche Bezüge zum frühen Sozialismus auf, der ebenfalls eine Abschaffung des Staates befürwortete. Im russischen Zarenreich formierte sich eine anarchistische Bewegung, die eine Rückkehr zur altrussischen dörflichen Gemeinschaft und die Selbstverwaltung der Bauern forderte. Im spanischen Bürgerkrieg 1936–1939 verwirklichten Anarchisten regional ihre Vorstellungen von freien Kommunen. Der Sieg der Franco-Anhänger bedeutete jedoch das Ende des Anarchismus als politischer Kraft. (2) Internationaler Bereich: Hier spricht man von Anarchie, weil oberhalb der souveränen Staaten keine Regierungsinstanz existiert. Die UNO bemüht sich, das Völkerrecht verbindlich durchzusetzen, verfügt jedoch über keinen Mechanismus, diesem Anspruch in jedem Fall gerecht zu werden.

Anthropologie Wissenschaft vom Menschen. Das Menschenbild ist eine wesentliche Voraussetzung für die weiteren Überlegungen zur Gesellschaft oder zur politischen Ordnung.

Antisemitismus Ablehnende, feindliche, von Hass geprägte Haltung gegenüber Juden. Der Begriff stammt aus dem 19. Jh., das Phänomen gab es bereits zuvor. Der schon im Mittelalter in Europa existierende religiöse Antisemitismus zeigte sich in zahlreichen gesetzlichen Auflagen und Berufsverboten für Juden. Gerüchte über ihre vermeintlich antichristlichen Rituale und ihre Profitgier führten zu Ausschreitungen gegen die jüdische Bevölkerung (Pogrome) z. B. während der Kreuzzüge. Mit dem wachsenden modernisierungskritischen, nationalistischen Denken in Europa im 19. Jh. erhielt der Antisemitismus eine neue Dimension. Hatte man die Juden davor überwiegend als Religionsgemeinschaft gesehen, so wurde nun die angebliche jüdische Volkszugehörigkeit verstärkt thematisiert und pseudowissenschaftlich erklärt. Während des Nationalsozialismus war der Antisemitismus ein fester Bestandteil der Rassenpolitik, der in der systematischen Ermordung von europäischen Juden (Holocaust) während des Zweiten Weltkriegs gipfelte.

Aufklärung Geistige Anschauung, die den Gebrauch der Vernunft als Mittel zur Überwindung traditionellen, kirchlichen oder staatlichen Denkens sieht. Das klassische Zeitalter der Aufklärung ist vor allem das 18. Jh., in dem eine große Anzahl an entsprechenden Schriften erschien.

Die Aufklärung wendet sich gegen staatliche Bevormundung und den kirchlichen Dogmatismus. Ihr Menschenbild ist von der Vorstellung gekennzeichnet, der Mensch könne sein eigenes Leben vernunftgesteuert führen. Neue Erkenntnisse der Naturwissenschaft führten zudem dazu, bisher als wahr und richtig Angesehenes kritisch zu hinterfragen. Dies betraf auch die Herrschaftsstrukturen, die nun durch die Vernunft des Menschen umgestaltet werden sollten. Für absolutistische Herrscher wurde es zunehmend schwieriger, ihre Legitimation von Gott herzuleiten. Die Aufklärung barg eine enorme soziale Sprengkraft, die sich z. B. in der Glorreichen Revolution in England (1688) und in der Französischen Revolution (1789) entlud. *Immanuel Kant* gilt als deutscher Hauptvertreter der Aufklärung. Seine Beschreibung der Aufklärung von 1784 ist programmatisch: „Aufklärung ist der Ausgang des Menschen aus seiner selbst verschuldeten Unmündigkeit. Unmündigkeit ist das Unvermögen, sich seines Verstandes ohne Leitung eines anderen zu bedienen."

Behavioralismus Forschungsansatz innerhalb der Politikwissenschaft, der das Verhalten von Individuen (auch in politischen Institutionen) untersucht. Der Behavioralismus verfolgt dabei eine empirische, an Naturwissenschaften angelehnte Vorgehensweise und richtet sich damit gegen eine allein normativ ausgerichtete Politikwissenschaft. Durch die Beobachtung politischer Vorgänge nach einer festgelegten Methode sollen diese wissenschaftlich erklärt und Prognosen für die Zukunft aufgestellt werden. Daraus sollen allgemeine, empirisch überprüfbare Gesetze für verschiedene politische Vorgänge abgeleitet werden.

Demokratietheorie Liefert theoretische Begründungen für die Notwendigkeit und Aussagen über den Aufbau von demokratischen politischen Ordnungen sowie Beschreibungen der Funktionsabläufe in demokratischen Systemen. Jede Demokratietheorie beruht auf einem bestimmten Menschen-, Gesellschafts- und Geschichtsbild. Als bekannter Theoretiker der Demokratie gilt *Alexis de Tocqueville*. Er analysiert das politische System Amerikas und stellt die demokratische Staatsform als Ziel geschichtlicher Entwicklung dar. Für ihn ist die Gleichheit aller Menschen Gottes Wille. Die demokratische Revolution berge jedoch auch große Gefahren in sich. So führe sie zu einer wachsenden Individualisierung der Menschen und zum Niedergang des Gemeinsinns. Die absolute Demokratie könne in letzter Konsequenz auch zu einer Diktatur des Mehrheitswillens werden. Dann bliebe Minderheiten nur die Möglichkeit, sich entweder ganz aus dem politischen Prozess zurückzuziehen oder sich notgedrungen der Mehrheit anzupassen. Aus der eifersüchtigen Rivalität verschiedener Gruppen gehe schließlich die zentrale Staatsgewalt als Gewinner hervor. Nur die Einrichtung von demokratischen

Institutionen und die Schaffung eines demokratischen Bewusstseins in der Bevölkerung können nach Tocqueville eine Tyrannis verhindern. Einige Grundgedanken der modernen Demokratie finden sich in Schriften der politischen Philosophen *Locke*, *Montesquieu* sowie *Rousseau*.

Elitentheorien Sozialwissenschaftliche Theorien über das Entstehen, die Zusammensetzung und den Einfluss von Eliten in Medien, Wissenschaft, Kultur, Verbänden, Wirtschaft und Politik. Dabei wird davon ausgegangen, dass der Einfluss der Eliten auf die politische Kultur und das politische Bewusstsein der Bürger sowie auf die politisch und gesellschaftlich bedeutsamen Entscheidungen von großer Bedeutung ist.

Extremismus Verhalten oder Einstellungen, die außerhalb der freiheitlich-demokratischen Grundordnung stehen. Der Begriff „Extremismus" grenzt sich somit vom Radikalismus ab. Man unterscheidet **Linksextremismus**, der sich im Anarchismus, im Kommunismus/Marxismus und durch gewaltbereite autonome Gruppen u. a. äußert, und **Rechtsextremismus**, der auf dem Nationalismus basiert und Elemente des Rassismus bzw. Antisemitismus aufweist. Die Erscheinungsformen des Extremismus reichen von (partei-)politischen Aktivitäten über Propagandadelikte und Volksverhetzung bis hin zu Terroranschlägen.

Fanatismus Bedingungsloser Einsatz für eine Ideologie oder Sache. Fanatismus kann sowohl politische als auch religiöse Wurzeln haben und äußert sich in einem starken Glauben, dessen Ziele mit allen Mitteln verfolgt werden, wobei auch der Verlust von Menschenleben in Kauf genommen wird. Fanatiker versuchen mit radikalen Maßnahmen, die Welt nach ihren Vorstellungen zu ändern und schrecken auch nicht vor Terrorismus zurück.

Faschismus Politische Ideologie, deren zentrale Inhalte extremer Nationalismus und ein totalitärer Staatsaufbau nach dem Führerprinzip sind. Der Faschismus tritt für eine antidemokratische und antikommunistische Politik ein. Außenpolitisch wird die Expansion des Staatsgebiets angestrebt. Besondere Bedeutung erlangten faschistische Gruppen zu Beginn des 20. Jh. in nahezu allen europäischen Staaten. Der italienische Begriff *„fascismo"* bezeichnet die durch ihren „Duce" (Führer) *Benito Mussolini* geprägte Bewegung. 1919 gründete er in Italien den ersten faschistischen Kampfbund. Sein Plan war die Errichtung eines großitalienischen Reiches in der Tradition des römischen Imperiums. Neben dem faschistischen System in Italien von 1922–1945 existierten neben dem Nationalsozialismus in den 30er- und 40er-Jahren des 20. Jh. in Portugal (Salazar-Diktatur) und in Spanien (Franco-Regime) weitere vom Faschismus geprägte politische Systeme in Europa.

Frankfurter Schule U. a. auf *Theodor W. Adorno* und *Max Horkheimer* zurückgehender sozialwissenschaftlicher Forschungsansatz. Die beiden entwickelten am Institut für Sozialforschung in Frankfurt insbesondere Erklärungsansätze für das Aufkommen von totalitären Massenbewegungen in Europa. Ihre sog. **Kritische Theorie** setzt sich ideologiekritisch mit anderen Theorien und deren gesellschaftlich-historischem Entstehungskontext auseinander. Ihr Erkenntnisinteresse richtet sich auf die Veränderung der vom Widerspruch zwischen Kapital und Arbeit geprägten Gesellschaftsverhältnisse. Ein jüngerer Vertreter der Frankfurter Schule ist *Jürgen Habermas*.

Fundamentalismus Ursprünglich Bezeichnung einer Strömung innerhalb des amerikanischen Protestantismus, die sich gegen den Einfluss der Naturwissenschaften wandte. Heute ist meist vom religiösen Fundamentalismus in Bezug auf den Islam die Rede **(Islamismus)**. Gemeint ist die Bewegung radikaler Muslime, die besonders den Einfluss des Westens auf die islamische Welt ablehnen und zurückdrängen wollen. Der religiöse Fundamentalismus setzt sich für die Rückkehr zu einem Staat ein, in dem alle Politik der Religion untergeordnet wird. Einige zum islamischen Fundamentalismus gehörende Gruppen sind zudem für Anschläge gegen Israel oder die westlichen Staaten verantwortlich. Begründet werden die Anschläge mit der Pflicht eines jeden Muslims zum „Dschihad" (problematische Übersetzung mit „Heiliger Krieg").

Gemeinwohl Das alle Einzelinteressen übersteigende Gesamtinteresse einer Gesellschaft. In der demokratischen politischen Ordnung kann der für ihre Funktionsfähigkeit notwendige Konsens über Verfassungsprinzipien (Demokratie, Rechtsstaat, Sozialstaat), über die regulativen Ideen Freiheit und Gerechtigkeit sowie über die Verfassungsorgane als wesentliches Element des Gemeinwohls betrachtet werden. Doch bezieht sich diese Bestimmung des Gemeinwohlbegriffs noch nicht auf die in der Politik zu realisierenden Inhalte. Das Gemeinwohl ist demnach nicht vorgegeben, sondern ein anzustrebendes politisches Ziel.

Gerechtigkeit → Kap. 3, Gerechtigkeit

Gewaltenteilungslehre → Kap. 1, Repräsentationstheorie

Humanismus Geistige Strömung in der frühen Neuzeit. Der Humanismus (14.–16. Jh.) wandte sich von dem verbreiteten mittelalterlichen Menschenbild ab, wonach das Leben vollkommen auf das Jenseits, die Zeit nach dem Tod und die Belohnung oder Bestrafung durch Gott ausgerichtet war. Dieser Sichtweise stellte der Humanismus das Ideal des umfassend gebildeten Menschen entgegen, der sich durch das Erlernen von Sprachen sowie die Beschäftigung mit Kunst und Wissenschaft verwirklichen kann. Die im Humanismus praktizierte Verherrlichung von menschlicher Stärke ging bisweilen bis zur Bewunderung von Skrupellosigkeit. Humanisten setzten sich insbesondere mit der Sprache und Interpretation antiker Schriften auseinander. Die Ausbreitung des Humanismus erfolgte von Norditalien in das übrige Europa. Wichtige Denker des Humanismus waren *Erasmus von Rotterdam* und in Deutschland *Ulrich von Hutten*. Der Humanismus förderte durch seine Kritik an der Kirche die Ausbreitung der Reformation.

Identitätstheorie (Rousseau)

Menschenbild	Anspruch: wahres (allgemeines) Interesse wird erkannt • Betonung des Gleichheitsaspekts • Mensch: frei geboren, gut • wahre Freiheit: Gehorsam gegenüber allgemeinem Willen
Gesellschaftsauffassung	• homogener Volkswille (entsteht durch Gesellschaftsvertrag) • keine Konflikte, soziale und ökonomische Gleichheit kann verwirklicht werden
Staatsauffassung	• Identität zwischen/Gleichheit von Herrschenden und Beherrschten • Verwirklichung des Volkswillens *(volonté générale)* • Gemeinwohl kann inhaltlich bestimmt werden • Einzelinteressen dürfen unterdrückt werden
Kritik an der Theorie	• positiv: Volkssouveränität/Partizipation der Bürger wird betont • keine Gewaltenteilung • Gefahr: Legitimation für Diktatur • Leugnen der Interessenvielfalt und gesellschaftlicher Konflikte • keine totale Gleichheit ohne Zwang • keine Rechtssicherheit • kein Minderheitenschutz • keine Verantwortlichkeit bei getroffenen Entscheidungen • keine vorstaatlichen Rechte
Bedeutung für Demokratiemodelle/politische Systeme	Rätemodell: • Aufhebung gesellschaftlicher Differenzierungen im Kollektiv • imperatives Mandat • Volksbegehren • Referendum theoretische Legitimation für: • direkte Demokratie: Schweiz (Volksbegehren, Referendum) • „Volksdemokratie" (kommunistische Systeme) • Faschismus (Nationalsozialismus)

Ideologie (1) Politische Weltanschauung mit alleingültigem Wahrheitsanspruch, deren Anhänger andere Meinungen bekämpfen. Ideologien, die das 20. Jh. entscheidend prägten, waren vor allem der Kommunismus und der Nationalsozialismus. Jede Ideologie beinhaltet eine Sichtweise auf Politik und Geschichte, welche den Anspruch erhebt, allgemeingültige Wahrheiten, die aus der Gesellschaftslehre oder der Natur abgeleitet werden, erkannt zu haben. Dies bedeutet, dass keine Alternativen zu dieser Sichtweise toleriert werden. Faktisch ist in ideologisch ausgerichteten politischen Systemen keine legale Opposition möglich, da diese lediglich als den Staatszielen im Weg stehend angesehen wird. Ideologien tendieren dazu, alle Bereiche des staatlichen Lebens zu durchdringen und die Gesellschaft für die entsprechenden politischen Ziele zu mobilisieren. (2) Im alltagssprachlichen Gebrauch wird interessengebundenes Handeln oder Argumentieren als „ideologisch" bezeichnet.

Institutionalismus Theorie innerhalb der Internationalen Beziehungen, die wie der Realismus von einer anarchischen zwischenstaatlichen Welt ausgeht. Allerdings kooperieren Staaten und gesellschaftliche Gruppen in Staaten aus Eigeninteresse bzw. Machtkalkül mit anderen Staaten und Gruppen, indem sie sich durch Regeln oder Institutionen aneinander binden. Anarchie soll durch rationales Verhalten und durch bindende Entscheidungen der Institutionen verhindert werden.

Internationalismus, sozialistischer Begriff aus der kommunistischen Ideologie, der ihren internationalen Anspruch verdeutlichen sollte. So gründete *Karl Marx* 1864 die „Internationale Arbeiterassoziation". Große Erfolge konnte die „sozialistische Internationale" nicht verzeichnen und spätestens der Erste Weltkrieg zeigte, dass sich Arbeiter in allen europäischen Staaten nicht miteinander gegen den Krieg solidarisierten, sondern sich hinter die jeweilige nationale Regierung stellten. Der

„Addictions": Ein Versuch, den Marxismus mit dessen eigenen Waffen zu schlagen.

sozialistische Internationalismus war bis zur friedlichen Revolution von 1989/90 zwar immer ein Propagandabegriff, nie jedoch Realität, denn zu deutlich beanspruchte die Sowjetunion die Vormachtstellung im sozialistischen Lager.

Islamismus → Kap. 1, Fundamentalismus

Kommunismus, Marxismus, Leninismus

Menschenbild	Anspruch: wahres Interesse wird erkannt (Parteielite) • wahres Interesse: Aufhebung der Entfremdung • Kollektiv: gemeinsame Produktion/Verteilung/Konsum/ Gemeineigentum
Gesellschaftsauffassung	Annahme: Klassenantagonismus (Produktionsmittelbesitzer/ Nichtbesitzer) • Ziel: klassenlose Gesellschaft/keine Repressionen/keine Entfremdung/kein Privatbesitz, dadurch gute zwischenmenschliche Beziehungen • Identität zwischen privaten, gesellschaftlichen und kollektiven Interessen im Sozialismus
Staatsauffassung	Staat = Herrschaftsinstrument des Proletariats; stirbt im Kommunismus ab
Geschichtsauffassung	• auf Urgesellschaft, Sklavenhaltergesellschaft, Feudalismus und Kapitalismus folgt der Sozialismus als Vorstufe zum Kommunismus • Sozialismus = Aufhebung der Entfremdung, Diktatur des Proletariats (der Partei) zur Bekämpfung antisozialistischer, bürgerlicher Kräfte und zum Aufbau der sozialistischen (und sodann kommunistischen) Gesellschaft
Kritik an der Theorie	• Unterdrückung individueller Freiheit • Diktatur einer Führungselite • keine Rechtssicherheit • Pflicht zur Mitwirkung in der Gesellschaft • Herrschaft des Staatsapparats und der Funktionäre
Bedeutung für politisches System	Kommunistisches System (war Grundlage aller Staaten des Warschauer Paktes; heute: Nordkorea und Kuba, China mit marktwirtschaftlichen Elementen): • demokratischer Zentralismus • Führungsanspruch der Parteielite: Wissen über Bewegungsgesetze der Geschichte • „Diktatur des Proletariats" • Staat: Machtinstrument des Proletariats (der Partei) • Sicherung der Macht der Partei durch den Geheimdienst

Konkurrenz-/Pluralismustheorie (Madison, Schumpeter, Fraenkel)

Menschenbild	• Individualität • unterschiedliche Interessen, kein einheitlicher Wille • Menschen organisieren sich in Gruppen
Gesellschafts-auffassung	• Interessenspluralismus legitimiert gesellschaftliche Vielfalt • Minimalkonsens über die „Spielregeln" des Zusammenlebens in der Gesellschaft • Partizipation durch Wahlen, aber Parteien ohne Einfluss • Konkurrenz der Interessen, Konflikte legitim • Individuum: Mitglied verschiedener Gruppen = Sicherung des „Zusammenhalts" der Gesellschaft
Staatsauffassung	• politische Gewalt an Gesetze gebunden, trifft verbindliche Entscheidungen, sorgt für Interessensausgleich • bundesstaatliche Struktur • repräsentative Institutionen • Bürgerrolle: Auswahl des politischen Personals der konkurrierenden Parteien
Kritik an der Theorie	• Schutz der Besitzenden, keine bessere soziale Gerechtigkeit • Vernachlässigung der Willensbildung • „Stabilität" = wichtigster Aspekt? • Werden Interessen der Gruppenmitglieder von den Eliten tatsächlich vertreten? • Neokorporatismus: Netz von Beziehungen zwischen Parteien, Staat und Verbänden
Bedeutung für Demokratie-modelle	Bundesrepublik Deutschland: • Mehrparteienprinzip • Chancengleichheit für alle politischen Parteien • Recht auf Opposition • Menschenrechte und Verfassungsprinzipien als Konsens • Mitwirkung in Verbänden, Parteien, Bürgerinitiativen usw. • Beeinflussung der öffentlichen Meinung durch Medien ähnliche Realisierung in den USA

Konservatismus Politische Grundströmung neben dem Sozialismus und dem Liberalismus, die sich im frühen 19. Jh. als Gegenbewegung zur Französischen Revolution entwickelte. Grundgedanke des Konservatismus ist die Befürwortung historisch gewachsener Herrschaftsstrukturen, in damaliger Zeit etwa der Monarchie und der Aristokratie. Abgelehnt werden insbesondere revolutionäre Umwälzungen. Der Staat gilt dem Konservatismus als organisches Wesen, weshalb nicht die Gleichheit der Bürger, sondern ihre individuelle Entfaltung nach dem jeweiligen Platz in der Gesellschaft angestrebt wird. Die Legitimation der Herrschaft erfolgt durch die gottgewollte königliche Erbfolge und steht damit im Gegensatz zur Volkssouveränität. Der Religion kommt die Aufgabe zu, moralische und sittliche Werte im Staat zu fördern. So trat der konservative Theoretiker *Edmund Burke* für den Erhalt traditioneller Werte und für Religionsfreiheit ein. Der Konservatismus betrachtet die Modernisierung und vor allem die industriellen Umbrüche äußerst skeptisch, da sie ihm eine Entfremdung des Menschen von der Natur bedeuten. Ende des 19. Jh. lehnte sich der Konservatismus an das Gedankengut des Nationalismus an. In der Weimarer Republik kam es schließlich zu einer Zusammenarbeit konservativer und nationalsozialistischer Kräfte, die zum Untergang der Demokratie beitrug. Moderne Volksparteien wie CDU und CSU versuchen, alle gesellschaftlichen Interessen, somit auch konservative Anschauungen wie die Betonung der Familie, des Verfassungspatriotismus, der deutschen Leitkultur u. a., zu repräsentieren und mit liberalen und sozialen Programmpunkten zu verbinden.

Konstruktivismus Konstruktivistische Theorien gehen davon aus, dass die soziale und politische Realität durch die Interaktionspartner, im politischen System die Medien, Parteien, Verbände u. a., konstruiert wird. Dabei bedingen die Annahmen über die Interessen und die möglichen Handlungen der anderen wieder das eigene Verhalten. In den Internationalen Beziehungen wird dieses Erklärungsmodell auf die Interaktionspartner in der internationalen Politik übertragen: Staaten, Organisationen, global handelnde Wirtschaftsunternehmen u. a.

Korporatismus → Kap. 2, Korporatismus

Liberalismus (1) Politisches Weltbild: Der Liberalismus geht von der Selbstverantwortung jedes Einzelnen für sein Schicksal aus. Daher solle der Staat möglichst wenig politischen Einfluss auf das Leben der Bürger nehmen. Der sog. liberale „Nachtwächterstaat" ist lediglich für die äußere und innere Sicherheit verantwortlich und soll gewährleisten, dass jeder Bürger sich nach seinen Vorstellungen entfalten kann. Klassiker der liberalen politischen Theorie sind insbesondere *Kant*, *Locke* und *Montesquieu*. (2) Epoche: Als Zeitalter des Liberalismus gelten das 18. und das 19. Jh., in denen sich im Zuge der Französischen Revolution in Europa liberale Ideen ausbreiteten. Der politische Liberalismus ist mit dem sog. **Wirtschaftsliberalismus** bzw. **Neoliberalismus** verbunden.

Marxismus Auf *Karl Marx* zurückgehende Ideologie, welche die Notwendigkeit der proletarischen Revolution und den Übergang zum Kommunismus mithilfe des historischen und dialektischen Materialismus begründet. Marx' Hauptwerke sind das „Manifest der Kommunistischen Partei" (1848 zusammen mit *Friedrich Engels* veröffentlicht) und „Das Kapital". *Wladimir Iljitsch Lenin*, russischer Revolutionär, sozialistischer

Theoretiker und Gründer der Sowjetunion, entwickelte die Theorie des Marxismus zum sog. **Marxismus-Leninismus** weiter. Er betonte dabei besonders die führende Rolle der bolschewistischen Elite und schuf damit das Modell der kommunistischen Kaderpartei. Damit war die Anpassung der marxistischen Theorie an die Erfordernisse der Russischen Revolution von 1917 und der Zeit danach vollzogen. Auch die zentralen ideologischen Aspekte für die Legitimation der DDR basierten auf einer marxistisch-leninistischen Politikauffassung.

Menschenbild Politische oder philosophische Auffassung vom Menschen. Das Menschenbild ist die Grundlage für Vorstellungen von der Gesellschaft und den Aufgaben des Staates, die sich in den verschiedenen politischen Theorien wiederfinden. So geht bspw. der Dominikanermönch und politische Philosoph *Thomas von Aquin* von Menschen aus, die sich, zur Sicherung des Überlebens und um ein tugendhaftes Leben führen zu können, aus Vernunft zu einer sozialen und politischen Gemeinschaft zusammenschließen. Die Gemeinschaft strebe weiterhin nach einem höheren Ziel, der Anschauung Gottes im Jenseits. Dieses höchste Gemeinwohl zu fördern sei Aufgabe des weltlichen Herrschers, der so das tugendhafte Leben der Untertanen ermögliche. Thomas bevorzugt in diesem Zusammenhang die Monarchie als beste Herrschaftsform, wobei allerdings ein eingeschränktes Widerstandsrecht gegen den Monarchen bestehe. Im Gegensatz dazu geht der Staatsbeamte und Autor *Niccolò Machiavelli* von einem empirisch abgeleiteten Menschenbild aus. Menschen sind nach ihm von Natur aus weder gut noch böse, sondern in ihren Verhaltensweisen durch politische Umstände beeinflusst. Unter einem erfolglosen Herrscher strebten Menschen nach Eigennutz. Dem könne ein erfolgreicher Herrscher entgegenwirken, der seine Interessen kaltblütig und zielgerichtet verfolge. Somit wandte sich Machiavelli in seiner Schrift „Der Fürst“ (ital. Il Principe) radikal von der aristotelischen Frage nach dem moralisch guten Staatswesen ab.

Militarismus Verherrlichung bzw. Glorifizierung der Streitkräfte, die meist gemeinsam mit einer zur Gewaltpolitik neigenden Grundhaltung auftritt. Eine Gesellschaft ist vom Militarismus geprägt, wenn die militärische Ordnung auch in zivilen Bereichen nachgeahmt oder angestrebt wird, z. B. durch Uniformierung oder einen streng hierarchischen Aufbau. Die Armee nimmt eine übergroße Rolle in der Gesellschaft ein.

Nationalismus Politisches Weltbild, welches die nationalen Interessen auf Kosten der Interessen anderer Nationen als Leitgedanken der Politik propagiert.

Nationalsozialismus

Menschenbild	Anspruch: wahres Interesse des Menschen wird erkannt • Mensch ist durch Zugehörigkeit zur Rasse geprägt und befindet sich in einem „Kampf ums Dasein" • Antisemitismus
Gesellschaftsauffassung	• Gesellschaft muss nach dem Prinzip der „Rasseneinheit" entwickelt werden • „Führerprinzip" soll die „Volksgemeinschaft" formen • Massenorganisationen kontrollieren/mobilisieren Bevölkerung
Staatsauffassung	• Staat hat den Zweck, das „völkische Interesse der Rasseneinheit" durchzusetzen • Parteiverbot, „Gleichschaltung" der Verbände, Zerschlagung des Föderalismus und „Gleichschaltung" der Parlamente, Organisation des Staates nach dem „Führerprinzip" • Politische Methoden: – Verfolgung der politischen Gegner und der Juden – Propaganda durch die „gleichgeschalteten" Massenmedien, Parteipropaganda (Parteitage) – Indoktrination: „Schulung" im Sinne der Ideologie im Erziehungssystem, in nationalsozialistischen Organisationen • Außenpolitik: „arische Rasse" muss „minderwertige Rassen" unterwerfen, hat Anspruch auf Weltherrschaft • Zweiter Weltkrieg = imperialistische Lebensraumpolitik
Geschichtsauffassung	• Geschichte der Menschheit = Kampf ums Dasein der Rassen • „Führer" bestimmt, wie Geschichte zu interpretieren ist • „Drittes Reich" = Vollendung der Geschichte (nach der „Germanenherrschaft" und dem „zweiten Reich" im Mittelalter)
Zusammenfassung/ Kritik an der Ideologie	• Aufhebung der Grund- und Menschenrechte; die Würde des Menschen im Sinne eines unverwechselbaren Individuums wird „kämpferisch" abgelehnt • faschistische Ideologie; jedoch keine geschlossene Ideologie, sondern basierend auf Bruchstücken aus Hitlers „Mein Kampf" • totalitärer Staat, der alle Daseinsbereiche des Menschen umfasst und nach der NS-Ideologie ausrichtet, da gesellschaftliche Pluralität, Herrschaftskontrolle und Parlamentarismus fehlen; Wahlen = Scheinwahlen (Funktion der Akklamation) • Geschichtsauffassung und Menschenbild = primitiver Sozialdarwinismus
Bedeutung für politisches System	Drittes Reich (1933–1945): • Massenorganisationen: Hitler-Jugend, Reichsarbeitsdienst etc. • Völkermord an Millionen Juden (Holocaust) • Einparteienherrschaft der NSDAP

Naturrecht Idealtypisches, für alle Menschen zu allen Zeiten gültiges Recht. Das Naturrecht beinhaltet die ungeschriebenen Regeln, die für jedes menschliche Miteinander gelten, weshalb der Begriff im Lauf der Geschichte der politischen Philosophie unterschiedlich interpretiert wurde. Der griechische Theoretiker *Aristoteles* sah in einer vom Naturrecht geregelten Gesellschaft den besten aller möglichen Daseinszustände, *Augustinus* bewertete das Naturrecht höher als das von Menschen geschaffene sog. positive Recht. Problematisch ist die Herleitung des Naturrechts aus der Vorstellung über die Natur des Menschen, da diese überaus komplex und in sich widersprüchlich ist und daher nicht als für alle Menschen einheitliches Maß gelten kann. Somit ist die Interpretation des Naturrechts immer von der Grundeinstellung des Betrachters gegenüber dem Menschen abhängig.

Naturzustand Gesellschaftlicher Zustand, in dem noch keine staatlichen Institutionen existieren, also Anarchie herrscht. Die jeweilige Einschätzung des Naturzustands in einem philosophischen Modell spielt eine entscheidende Rolle bei der Ausgestaltung der jeweiligen Staatstheorie. So geht z. B. *Thomas Hobbes*, politischer Philosoph und Theoretiker des Absolutismus, der in einer Zeit größter religiöser und politischer Unruhen lebte (englischer Bürgerkrieg, Dreißigjähriger Krieg in Europa), in seiner Schrift „Leviathan" (1651) von einem negativen Menschenbild und von einer negativen Sicht des Naturzustands aus. Dieser sei vom Krieg aller gegen alle geprägt. Die bürgerkriegsartige Situation könne nur mithilfe eines übermächtigen Staates beseitigt werden, gleichgültig ob dieser als Monarchie, Aristokratie oder Demokratie organisiert sei. Jeder einzelne Bürger solle deshalb seine persönliche Souveränität an den Staat abtreten. Im Gegensatz dazu geht etwa *John Locke* von einem positiven Menschenbild aus. Im Naturzustand sei der Mensch frei und habe das Recht, über sich und sein Eigentum zu bestimmen, soweit er nicht die gleichen Rechte anderer verletzt. Durch das Schließen von Gesellschaftsverträgen würden die Menschen sich Regierungen geben. Um ihre Zwecke erfüllen zu können, müsse die Macht der Herrschenden uneingeschränkt sein.

Neoliberalismus Wirtschaftspolitische Theorie nach 1945. Der Ansatz befürwortet vor allem eine wirtschaftliche und politische Deregulierung bzw. Privatisierung, d. h. einen Rückzug des Staates aus seiner wirtschaftlichen Kontrollfunktion. Besonders seit den 1980er-Jahren sieht sich die Theorie zunehmender Kritik ausgesetzt, da die Befürwortung einer ungezügelten Marktwirtschaft z. B. im Zusammenhang mit der Globalisierung soziale und ökologische Aspekte vernachlässige. In Deutschland vertritt die FDP einige politische Thesen des Neoliberalismus.

Pazifismus Im frühen 19. Jh. entstandene politische Strömung („Friedensfreunde"), die den Krieg als Mittel der Politik beseitigen wollte – durch Schaffung und konsequente Anwendung des Völkerrechts und bessere Verständigung der Staaten untereinander. Der Pazifismus ist, seiner Zielsetzung gemäß, international. Vor allem in Europa und den USA bildeten sich pazifistische Vereine, die miteinander in Kontakt standen und Kongresse abhielten. Im Ersten Weltkrieg sahen sich viele Pazifisten in ihren Staaten Überwachungs- und Verfolgungsmaßnahmen ausgesetzt. In der Weimarer Republik kam der Vorwurf hinzu, der Pazifismus habe die Niederlage von 1918 mitverschuldet und vertrete ausländische Interessen. Im Nationalsozialismus galt der Pazifismus als „zersetzend". Nach dem Zweiten Weltkrieg trug der Wunsch nach Frieden in Europa zur europäischen Integration bei. Pazifismus kann verschiedene Formen annehmen, von der Ablehnung jeglicher, auch nicht militärischer Gewalt bis hin zum Kampf gegen den Krieg. Die Friedensbewegung in der BRD erstarkte zur Zeit des Vietnamkriegs und erlebte ihren Höhepunkt Anfang der 1980er-Jahre, als es um die Stationierung von US-Mittelstreckenraketen ging. Mit der Beteiligung der Bundeswehr am Kosovokrieg, der mit einer humanitären Zielsetzung begründet wurde, geriet die Friedensbewegung in einen Zwiespalt, der bis heute nicht überwunden ist.

Pluralismus → Kap. 1, Konkurrenz- und Pluralismustheorie

Politik Handlungen von Einzelnen und Gruppen zur Gestaltung des staatlichen und gesellschaftlichen Lebens. (1) Eine weite Definition versteht Politik als die Festlegung der Regeln für das Zusammenleben der Menschen. Politisches Handeln findet somit schon dann statt, wenn sich z. B. die Mitglieder einer Gruppe darüber einigen, wie sie ihr Zusammenleben gestalten wollen (z. B. Orientierung am Mehrheitsprinzip bei der Entscheidungsfindung). Überträgt man diese Überlegungen auf die

Dimension	Erscheinungsformen	Merkmale	Bezeichung
Form	Verfassung, Normen/ Gesetze, Institutionen	Verfahrensregelungen, Ordnung	polity
Inhalt	Aufgaben, Ziele, Probleme, Werte	Problemlösung, Aufgabenerfüllung, Wert-/Zielorientierung, Gestaltung	policy
Prozess	Interessen, Konflikte, Kampf	Macht, Konsens, Durchsetzung	politics

Dimensionen der Politik

Gesamtgesellschaft, so geht es bei der Politik um die Schaffung der Voraussetzungen dafür, dass Menschen in einer Gesellschaft nach festgelegten Regeln friedlich zusammenleben können. (2) Ein engerer Politikbegriff ist inhaltlich mit der politischen Entscheidung verbunden. So können alle Handlungen, die an der Vorbereitung und Durchführung der zentralen (d. h. für alle Gesellschaftsmitglieder verbindlichen) Entscheidungen beteiligt sind, als politisch begriffen werden. Wird Politik in diesem Sinne definiert, dann wird auch das Verhältnis zwischen Alltagswelt und Politik deutlich: Ein Teil der Lebensbedingungen ist immer politisch, d. h. durch die zentrale Entscheidung bedingt (z. B. Unternehmensrecht, Schulgesetze, Straßenverkehrsordnung). Politik kann aber neben dieser Unterscheidung auch durch Unterscheidung mehrerer Dimensionen beschrieben werden, wie in der Tabelle dargestellt. Einen wichtigen Beitrag zum Politikbegriff lieferte der Soziologe *Max Weber*. Er sah Politik als das Streben um das knappe Gut Macht bzw. um die Beeinflussung dessen Verteilung innerhalb eines Staates.

Politische Theorie Überlegungen, mit deren Hilfe allgemeingültige Regeln für die Untersuchung politischer Systeme und Prozesse aufgestellt werden sollen. In der Politikwissenschaft existieren zahlreiche Schulen, deren Ansätze sich z. T. überschneiden oder ergänzen.

Dialektisch-historischer Theorieansatz	
Ansatz/erkenntnistheoretische Annahmen	• Materialismusauffassung; Kapitalismuskritik entweder im marxistischen Sinne oder im Sinne der Kritischen Theorie • Interesse an der Emanzipation des Menschen von gesellschaftlichen Zwängen
Ziel	herrschaftsfreie Gesellschaft oder im Sinne des Marxismus Kampf für ein sozialistisches/kommunistisches System
Methode	• dialektische Methode: These, Antithese, Synthese oder • dialektische Gesetze im marxistischen Sinne: Umschlagen von Quantität in Qualität (z. B. Zunahme des Proletariats führt zur Revolution); Gesetz von den Widersprüchen: Widersprüche (z. B. von Kapital und Arbeit) sind die treibende Kraft in der Geschichte; Negation der Negation: Jede Entwicklungsstufe wird durch eine neue negiert.
Kritik an dem Theorieansatz	• wertgebundenes Erkenntnisinteresse verhindert eine intersubjektiv überprüfbare Analyse • kontrollierte Herrschaft ist notwendig • dialektische Gesetze von Naturwissenschaften übernommen; willkürliche Übertragung auf Gesellschaft und Politik

Empirisch-analytischer Theorieansatz	
Ansatz/ erkenntnis-theoretische Annahmen	• wissenschaftliche Beobachtung und Analyse, der keine Wertung zugrunde liegt • Aussagen über soziale und politische Realität
Ziel	intersubjektiv überprüfbare Aussagen (jeder, der dieselben Methoden anwendet, muss zu denselben Ergebnissen kommen)
Methode	• Hypothesenbildung (nach Karl Popper): Annahmen über politische und soziale Realität • sozialwissenschaftliche Methoden zur Überprüfung der Hypothesen: Umfragen, Experimente, Interviews etc.
Kritik an dem Theorieansatz	• nur Realitätsausschnitte können mit sozialwissenschaftlichen Methoden erfasst werden (z. B. nicht die Begründungen der Befragten bei Befragungen) • auch qualitative Methoden (Interpretationen) sind notwendig

Normativ-ontologischer Theorieansatz	
Ansatz/ erkenntnis-theoretische Annahmen	Frage nach der gerechten, am Gemeinwohl orientierten, guten politischen Ordnung (nach Aristoteles), in der der Mensch sein individuelles und soziales Sein realisieren kann
Ziel	• Diskussion über Werte, z. B: Was ist Gerechtigkeit? • Entwicklung von politischen Theorien • Untersuchung der politischen Ideengeschichte • Handlungsanweisungen für die Politik im Rahmen einer begründeten Wertorientierung (z. B. ethische Diskussion über Abtreibung oder Präimplantationsdiagnostik)
Methode	• Hermeneutik: den Sinn von Texten, Symbolen, Riten, Institutionen, allgemein von Äußerungen menschlichen Handelns verstehen • Vergleich und Beurteilung politischer Meinungen und politischer Systeme • Schlussfolgerungen für politisches Handeln in einem Werterahmen (z. B. im Rahmen der Demokratie)
Kritik an dem Theorieansatz	• zugrunde liegende Werte oft subjektiv und letztlich wissenschaftlich nicht begründbar • Interpretationen können subjektiv sein

Positives Recht Das durch Rechtsprechung oder Rechtsetzungsakte entstandene Recht. Damit stellt das positive Recht das durch Menschen gesetzte und deswegen veränderbare Recht dar. Es gilt lediglich für einen bestimmten Ort und für eine bestimmte Zeit. Somit steht das positive Recht im Gegensatz zum unveränderbaren, an jedem Ort und zu jeder Zeit geltenden Naturrecht.

Radikalismus Haltungen oder Handlungen, die sich am Rand des politischen Spektrums bewegen (Links- oder Rechtsradikalismus). Im Gegensatz zum Extremismus befinden sich die aus dem Radikalismus resultierenden Aktionen noch im Bereich der freiheitlich-demokratischen Grundordnung, sind also ihrer Natur nach zumeist nicht illegal.

Rassismus Einstellung, nach der bestimmte Menschen aufgrund ihrer biologischen Abstammung als minderwertig angesehen und gesellschaftlich ausgegrenzt werden, sowie die daraus folgenden Handlungen. Rassismus beurteilt die eigene Gruppe uneingeschränkt positiv und leitet daraus Überlegenheitsgefühle ab. Er kann sich in individuellen Vorurteilen, aber auch in gesetzlicher Benachteiligung von Menschen äußern (z.B. Apartheid). Der Nationalsozialismus erhob rassistisches Gedankengut zur staatstragenden Ideologie. Rassismus existiert heute in den unterschiedlichsten Formen und führt teilweise zu gewaltsamen Konflikten zwischen Angehörigen verschiedener ethnischer Gruppen.

Rational-Choice-Ansatz (auch: Theorie der rationalen Entscheidung) Sozialwissenschaftliche Theorie, die vom am Selbstinteresse ausgerichteten Handeln von Individuen ausgeht. Das menschliche Verhalten sei von Nutzenmaximierung geprägt. So werde versucht, mit möglichst geringem Einsatz möglichst gute Ergebnisse zu erreichen. Dieses Verhalten wird etwa Wählern bei Wahlanalysen unterstellt.

Realismus Eine Theorie innerhalb der Internationalen Beziehungen. Sie geht von Nationalstaaten als handelnden Akteuren aus, die untereinander um Macht, Einfluss, Ressourcen etc. kämpfen. Sie befinden sich somit in einer anarchischen internationalen Staatenwelt, die durch den Kampf eines jeden gegen jeden geprägt ist. Die Macht, die ein Staat gewinnt, verliert dabei ein anderer (Nullsummenspiel).

Regulative Ideen Normative Vorstellungen, die einer Gesellschaft als Orientierungskriterien dienen – in Deutschland als Verfassungsprinzipien festgehalten. Politische Ordnungen, aber auch internationale Beziehungen sind nach regulativen Ideen ausgerichtet, die für die jeweils Handelnden als Leitideen gelten. Hierzu zählen u.a. die Menschenrechte und die Ideen der Gerechtigkeit, der Freiheit und der Gleichheit.

Repräsentationstheorie (Locke, Montesquieu)
auch: Gewaltenteilungslehre

Menschenbild	• vorstaatliche Menschenrechte • Interessenvielfalt • individuelle Freiheit von Natur aus (Freiheit, über Besitz und Persönlichkeit zu verfügen)
Gesellschafts-auffassung	• Zusammenschluss der Menschen zur Sicherung des Eigentums und der individuellen Rechte/Rechtsfrieden • freies Handeln im Rahmen der Gesetze • Gleichheit vor dem Gesetz/gleiche Rechte aller Individuen • soziale Unterschiede werden akzeptiert (absolute Gleichheit nur durch Zwang zu erreichen)
Staatsauffassung	• Volk (nicht Rasse oder Klasse) = eigentlicher Souverän, überträgt Gewalt auf gewählte Vertreter • politische Gewalt = dem Gesetzgeber zum Schutz des Eigentums und der Individualrechte übertragene Gewalt • Gewaltenteilung (Legislative/Exekutive/Judikative) notwendig, da die Demokratie an sich noch keine Gewähr für die Sicherung der persönlichen Freiheit des Menschen ist • Willensbildung nach dem Mehrheitsprinzip
Kritik an der Theorie	• keine direkte Beeinflussung der Politik während der Legislaturperiode • steht dem Staat das Individuum gegenüber? • geringe Bedeutung der Partizipation und Interessenvertretung • Gewaltenteilung zwischen Regierung und Regierungsfraktion/Opposition/Judikative in der Realität?
Bedeutung für Demokratie-modelle	Bundesrepublik Deutschland: • Achtung vor den Menschenrechten • Volkssouveränität • Gewaltenteilung • Verantwortlichkeit der Regierung • Gesetzmäßigkeit der Verwaltung • Unabhängigkeit der Gerichte • Mitwirkung in Verbänden, Parteien, Bürgerinitiativen usw. • Beeinflussung der öffentlichen Meinung durch Medien amerikanische Unabhängigkeitserklärung (1776)

Sozialismus Politische Grundströmung, die eine Gesellschaftsordnung der Gleichheit, Solidarität und Gerechtigkeit herbeiführen will und besonders die Interessen der Arbeiter berücksichtigt. Der sich Ende des 18. Jh. als politische Strömung formierende Sozialismus zeichnete sich insbesondere durch eine Ablehnung des Liberalismus und des Kapitalismus aus. Dabei sind zwei politische Bewegungen zu unterscheiden, die oft mit demselben Begriff belegt werden: einerseits die demokratisch-

10. 1. 2011: Die Linke debattiert über ihr Profil – Sozialismus versus Kommunismus. Versuche der Abgrenzung

parlamentarisch orientierten Sozialdemokraten, andererseits die revolutionär orientierten Kommunistischen Parteien. Denn in der Auffassung über die Notwendigkeit einer politischen Revolution unterscheiden sich die Forderungen der Kommunistischen Parteien von den demokratischen sozialistischen Parteien wie der SPD. Diese verfolgte u. a. das Ziel, über den parlamentarischen Weg die soziale Situation der Arbeitnehmer zu verbessern, und forderte deshalb allgemeine und gleiche Wahlen. Beide Richtungen des Sozialismus entwickelten Anfang des 20. Jh. eine große Anziehungskraft auf die Arbeiterschaft in den europäischen Staaten. Mit der Oktoberrevolution in Russland erlangte der Kommunismus Weltgeltung. Zahlreiche Entwicklungsländer übernahmen die sozialistische Staatsphilosophie, wenn auch immer unter Berücksichtigung ihrer nationalen Eigenheiten. So existierten arabische, asiatische, afrikanische und südamerikanische Varianten des Sozialismus, die meist diktatorisch geführte Regierungssysteme hervorbrachten. Während des Kalten Krieges bezeichneten sich die kommunistischen Staaten des Ostblocks als „sozialistische Demokratien".

Strukturalismus Wissenschaftliche Theorie, die versucht, naturwissenschaftlich exakte Untersuchungsmethoden in den Geisteswissenschaften zu etablieren. Gesellschaftliche Phänomene sollen dabei auf seit jeher konstant bestehende Strukturen zurückgeführt werden.

Systemtheorie Theorie, die in zahlreichen Wissenschaften (z. B. Biologie, Informatik, Soziologie, Politikwissenschaft) eine Rolle spielt. Sie versucht, allgemeine Prinzipien zu formulieren, die für alle Systeme Geltung besitzen. Mithilfe der Systemtheorie besteht die Möglichkeit, den politischen Prozess in politischen Systemen zu analysieren.

Theokratie Herrschaftsform, die sich von der Autorität eines Gottes bzw. einer heiligen Schrift ableitet. Die weltliche Führung ist dabei der geistlichen unterstellt oder beide konzentrieren sich in einem Amt. Neben der Interpretation des göttlichen Willens durch den geistlichen Führer sind keine anderen Auslegungen anerkannt. Heute gelten etwa die Islamische Republik Iran und der Vatikanstaat als Theokratien.

Utilitarismus Philosophische Lehre, die das „Nützliche" als etwas „Gutes" ansieht. Dem Utilitarismus gilt das Glück vieler Personen als hohes Ziel, die persönliche Zufriedenheit jedes Einzelnen wird als Schritt auf dem Weg zur Zufriedenheit aller Menschen gewertet. Es wird zwischen zwei Hauptformen, dem hedonistischen und dem ideellen Utilitarismus unterschieden. Hat der **hedonistische Utilitarismus** den reinen Lustgewinn und das dadurch erzielte Glück zum Ziel, so strebt der **ideelle Utilitarismus** neben Lust außerdem noch nach Selbsterkenntnis, Weisheit und Liebe.

Weltanschauung Auf Wissen, Erfahrung, Emotionen etc. basierende Sinndeutung über die Gesamtheit der Welt bzw. der Gesellschaft und die Rolle des Individuums darin. Jeder Mensch besitzt eine Weltanschauung, indem er seine Stellung in der Welt interpretiert. Die politische Dimension dieser Weltanschauung besteht in der Deutung seiner gesellschaftlichen Stellung sowie den damit verbundenen Deutungen der Vergangenheit und der Zukunft.

Zionismus Jüdische Nationalbewegung, die eine Rückkehr nach Zion (Jerusalem) fordert. Ursprünglich auf religiöse Mythen zurückgehend, wuchs der Zionismus Ende des 19. Jh. zu einer Ideologie an, die sich, der politischen Strömung der Zeit entsprechend, bald nationalistisch ausformte und die Schaffung einer Heimat für alle Juden forderte. 1896 erschien *Theodor Herzls* Broschüre „Der Judenstaat" und in der Folgezeit diskutierten die Zionisten über Möglichkeiten einer Staatsgründung. Seit den 1920er-Jahren und verstärkt während und nach dem Zweiten Weltkrieg emigrierten viele europäische Juden nach Palästina, welches unter Mandat des Völkerbunds von Großbritannien verwaltet wurde. Die Gründung Israels 1948 verwirklichte den zionistischen Anspruch auf einen eigenen Staat, war jedoch gleichzeitig der Beginn des bis heute andauernden Nahostkonflikts.

Das politische System der BRD im internationalen Vergleich

Kenntnisse über das politische System der BRD, die auch zu Vergleichen mit anderen politischen Systemen befähigen, sollten sich an einer Unterscheidung zwischen den Begriffen „politische Ordnung“, „politisches System“ und „Staat“ orientieren.

Politische Ordnungen schaffen die Rahmenbedingungen dafür, dass die Menschen, die in einem Land leben, ihre Interessen verwirklichen und ein menschenwürdiges Leben führen können. Hierfür müssen zentrale, für alle in dem Land lebenden Menschen verbindliche Entscheidungen, also **politische Entscheidungen**, getroffen werden. In Demokratien sind dies Volksentscheide, Gesetze, Verordnungen und die Entscheidungen der obersten Gerichte, z. B. des Bundesverfassungsgerichts, welche einen Teil unserer Alltagswelt strukturieren (z. B. Schulgesetze, Unternehmensrecht, Straßenverkehrsordnung).

Die Gesetze werden von Parlamenten, die aus freien Wahlen hervorgegangen sind, mit der Mehrheit der Abgeordneten beschlossen. Die Verordnungen von Regierungen müssen auf den Gesetzen beruhen.

Spricht man von politischen Ordnungen, meint man

- die **Werte** oder regulativen Ideen, mit denen die Institutionen legitimiert werden und die für den Alltag der Bürger von Bedeutung sind. An diesen sollen sich die politischen Entscheidungen orientieren. Für die BRD sind dies besonders die in Art. 1 GG bis Art. 19 GG enthaltenen Grundrechte und die in Art. 20 GG formulierten Verfassungsgrundsätze.
- das gesellschaftliche und politische **Institutionensystem**.
- die Rechte der Bürger, besonders deren **Mitbestimmungsrechte**.

Die Institutionen, in denen diese Entscheidungen vorbereitend diskutiert und initiiert werden (Parteien, Bürgerinitiativen, Verbände u. a.), sowie die Institutionen, die den politischen Entscheidungsprozess anschließend tragen (in der BRD der Bundestag, der Bundesrat, die Bundesregierung, die politischen Institutionen der Länder und Gemeinden, die obersten Gerichte sowie der Bundespräsident), werden als **politisches System** bezeichnet.

Der Begriff **„Staat“** meint, wenn er nicht in einer philosophischen oder mythischen Überhöhung gebraucht wird, ebenfalls das politische Institutionensystem. Meist sind bei der Verwendung des Begriffs eher die politischen Entscheidungen gemeint als die Prozesse, die in den Institutionen ablaufen. Auch differenziert man nicht zwischen den verschiedenen staatlichen Ebenen, etwa zwischen der Landes-, Bundes- oder Kommunalebene.

Solch eine Differenzierung hilft jedoch dabei, das **Mehrebenensystem der Bundesrepublik Deutschland** vollständiger zu erfassen. Denn die Schwierigkeit des Wissenserwerbs im Lernfeld „Politisches System der BRD im internationalen Vergleich" besteht darin, dass die staatlichen Kompetenzen in Deutschland zwischen der kommunalen Ebene, der Länderebene und der Bundesebene aufgeteilt sind. So ist etwa der Bund für die Außenpolitik zuständig, die Länder sind für die Kulturpolitik, also u. a. für die Schulen, und die Gemeinden für die „Infrastruktur vor Ort", z. B. Schwimmbäder und Turnhallen, verantwortlich. Hinzu kommt erstens, dass die staatlichen Ebenen miteinander verflochten sind: Für die Schulgebäude sind die Gemeinden und Kreise, für die Einstellung der Lehrer und für die Lehrpläne ist das entsprechende Bundesland zuständig. Zweitens ist zu berücksichtigen, dass immer mehr Entscheidungen, die unseren Alltag beeinflussen, auf europäischer Ebene getroffen werden.

Der **Systemvergleich** bezieht sich einerseits auf die **politischen Ordnungen als Ganze**, wenn z. B. die Werteordnung, das Institutionensystem und die Rolle der Bürger in den verschiedenen Formen einer Demokratie (BRD, Frankreich, USA) mit den entsprechenden Elementen in einer Diktatur oder einem totalitären politischen System verglichen werden.

Andererseits werden jedoch auch die **Einzelelemente des politischen Systems**, die Rolle der Parteien und der Parlamente etc. mit einbezogen. Die **Vergleiche** dienen dabei **keinem „Selbstzweck"**, sondern führen zu Erkenntnissen über den Sinn der Ausgestaltung und der Funktion einzelner Institutionen im politischen System der BRD. Denn wird z. B. diskutiert, ob der Bundespräsident im Sinne einer stärkeren Beteiligung der Bürger an der politischen Ordnung der Bundesrepublik Deutschland direkt vom Volk gewählt werden sollte, ist es sinnvoll, die entsprechenden Regelungen und die politische Realität in anderen Demokratien vergleichend heranzuziehen. Ein Blick auf die Direktwahl des Präsidenten in Frankreich zeigt dann z. B., dass der französische Präsident andere Funktionen und Entscheidungsbefugnisse als der Bundespräsident hat. Vor dem Hintergrund solcher Kenntnisse ist es möglich, sich ein eigenes politisches Urteil zu bilden.

Abgeordneter Gewähltes Mitglied des Parlaments. In der föderalen politischen Ordnung Deutschlands gibt es Bundes- und Landtagsabgeordnete bzw. Mitglieder der Bürgerschaft in Bremen und Hamburg und des Abgeordnetenhauses in Berlin. Abgeordnete genießen als Vertreter des Volkes besondere Rechte. (1) **Immunität:** Eine Verhaftung ist nur mit Genehmigung des Parlaments möglich. (2) **Indemnität:** Keine gerichtliche oder dienstliche Belangung wegen der Tätigkeit im Parlament. (3) **Zeugnisverweigerungsrecht:** Die Aussage über Dinge, die ihnen in ihrer Eigenschaft als Abgeordnete anvertraut wurden, darf verweigert werden. Die Unabhängigkeit der Abgeordneten gegenüber anderen staatlichen Gewalten bleibt durch diese Rechte gewahrt.

Absolutismus Frühneuzeitliche Herrschaftsform, bei der ein Monarch die vollkommene Staatsgewalt ausübt. Er ist an keinerlei Gesetze gebunden und entscheidet allein über Krieg und Frieden sowie über alle äußeren und inneren Belange. Vor allem *Thomas Hobbes* plädierte für eine radikale Form des Absolutismus. Das klassische Beispiel eines absolutistischen Herrschers ist der französische „Sonnenkönig" *Ludwig XIV*.

Abstimmung Entscheidungsverfahren (über Sachfragen oder personelle Fragen) mithilfe des Mehrheitsprinzips. Man unterscheidet zwischen geheimen (Stimmzettel) und offenen (namentlich, per Handzeichen) Abstimmungen.

Agenda-Setting Theorie der Kommunikationswissenschaft, laut der die Bürger durch die Massenmedien in ihrem Empfinden, welche Themen von besonderer Bedeutung sind und welche nicht, beeinflusst werden können. Dies geschehe aufgrund der Tatsache, dass Massenmedien immer nur über bestimmte Themen berichten können und nicht über alle. Somit finde vonseiten der Medien eine Selektion statt.

Agitation Beeinflussung von Personen, um deren Unterstützung für (politische) Ziele zu gewinnen. Agitation strebt eine unmittelbare, kurzfristige Reaktion an.

Akteur → Kap. 4, Akteur

Amnestie Vollständiger oder teilweiser (allgemeiner) Straferlass. Amnestie wird zumeist als politisches Mittel genutzt, um ehemalige (politische) Gegner zu versöhnen und in die Gesellschaft zu integrieren.

Ämterrotation Regelmäßige, geplante Neubesetzung von Stellen in einer Behörde oder politischen Ämtern. Diese kann nach dem Zufallsprinzip oder auch durch Wahlen erfolgen. Sie soll einen Machtmissbrauch verhindern und die Mitwirkung von mehr Personen ermöglichen.

Anfrage Mithilfe von Anfragen können Fraktionen die Regierung im Parlament zu einer Stellungnahme zu politischen Fragen zwingen, um darüber zu debattieren.

Aristokratie Staatsform, in der der Adel die politische Macht ausübt. *Aristoteles* sah die Aristokratie als eine der drei guten Staatsformen an, die sich aber möglicherweise zu einer von Adelscliquen dominierten Oligarchie entwickeln könne. In der Antike und im Mittelalter waren zahlreiche Staaten faktisch Aristokratien, gleichgültig ob die Stellung des Adels rechtlich verankert war oder nur auf Gewohnheit und Brauchtum zurückging. In Deutschland wurden die letzten rechtlichen Adelsprivilegien 1919 abgeschafft, seither wird der Adelstitel nicht mehr verliehen und bildet lediglich einen Namensbestandteil.

Auswärtiges Amt Deutsches Außenministerium, an dessen Spitze der Bundesaußenminister steht. Das Auswärtige Amt, ursprünglich eine Einrichtung des Norddeutschen Bundes, wurde erst 1951 nach Zustimmung der Besatzungsmächte wieder gegründet. Es ist für die Außenpolitik verantwortlich. Alle Botschaften und Konsulate und alle deutschen Vertretungen bei internationalen Organisationen unterstehen dem Auswärtigen Amt.

Autonomie Zustand, in dem ein Staat seine inneren und äußeren Angelegenheiten selbst regeln kann, ohne dabei von einer fremden Zentralmacht abhängig zu sein.

Autoritarismus Ein politischer Systemtyp, der durch eine sehr autoritär ausgerichtete Staatsführung gekennzeichnet ist. Im Gegensatz zu totalitären Staaten, wie dem Nationalsozialismus oder dem Stalinismus, gibt es in autoritären Saaten noch gesellschaftliche Bereiche, die nicht völlig nach der vorherrschenden Ideologie ausgerichtet sind, soweit sie die zentrale politische Herrschaft der entsprechenden Partei nicht bekämpfen oder diese im Prinzip sogar unterstützen, wie z. B. die Kirche im Franco-Regime.

BND Der Bundesnachrichtendienst zählt zu den Bundesoberbehörden und hat seinen Sitz in Pullach bei München sowie in Berlin. Der BND ist der Auslandsnachrichtendienst der BRD und somit für die Beschaffung von außenpolitisch und sicherheitsrelevanten Informationen aus und über das Ausland zuständig. Wie alle deutschen Dienste wird der BND vom Parlamentarischen Kontrollgremium kontrolliert.

Boykott → Kap. 4, Boykott

Bundesfreiwilligendienst → Kap. 2, Wehrdienst

Bundeskanzler Leiter der Bundesregierung. Ihm wird im Grundgesetz eine starke Stellung zugeschrieben. Nach Art. 63 GG wird er auf Vorschlag des Bundespräsidenten vom Bundestag mit absoluter Mehrheit gewählt. Kommt keine Mehrheit zustande, findet innerhalb von zwei Wochen eine zweite und bei fehlender absoluter Mehrheit eine dritte Wahl statt. Erhält der Kandidat im dritten Wahlgang die absolute Mehrheit, muss der Bundespräsident ihn ernennen, im Falle einer relativen Mehrheit er ihn innerhalb einer Woche entweder ernennen oder den Bundestag auflösen. Der Bundeskanzler kann vom Bundestag nur mit konstruktivem Misstrauensvotum abgewählt werden. Nach Art. 65 GG („Kanzlerprinzip") bestimmt der Bundeskanzler die Richtlinien der Politik und trägt die Verantwortung für die Handlungen der Bundesregierung (Richtlinienkompetenz). Es wird von ihm erwartet, dass er die politische Initiative ergreift, Regierungsvorhaben koordiniert, Kontroversen zwischen Ministern schlichtet und Entscheidungen vor dem Bundestag sowie in der Öffentlichkeit vertritt (parlamentarische Verantwortung).

Deutsche Bundeskanzler seit 1949

1949–1963	Konrad Adenauer (CDU)
1963–1966	Ludwig Erhard (CDU)
1966–1969	Kurt-Georg Kiesinger (CDU)
1969–1974	Willy Brandt (SPD)
1974–1982	Helmut Schmidt (SPD)
1982–1998	Helmut Kohl (CDU)
1998–2005	Gerhard Schröder (SPD)
Seit 2005	Angela Merkel (CDU)

Bundeskanzleramt Verwaltungsbehörde des Bundeskanzlers. Sie arbeitet den Zeitplan für die Vorhaben der Bundesregierung aus und koordiniert die Arbeit der Ministerien. Dies ist notwendig, weil an einem Reformwerk wie der Steuerreform nicht nur das Finanzministerium, sondern auch das Wirtschaftsministerium, das Arbeitsministerium etc. beteiligt sind. Der Chef des Bundeskanzleramtes besitzt deshalb als engster Mitarbeiter des Bundeskanzlers (oft im Ministerrang) eine zentrale administrative und politische Bedeutung.

Bundeskartellamt Die unabhängige Wettbewerbsbehörde soll die Einhaltung des Kartellgesetzes überprüfen und entsprechende Maßnahmen, z.B. ein Verbot von Zusammenschlüssen, einleiten. Das Kartellgesetz soll die Machtkonzentration in der Marktwirtschaft verhindern und freien Wettbewerb garantieren. Die Existenz vieler Anbieter ist die wichtigste Voraussetzung für das Funktionieren von Angebot und Nachfrage und für die Entstehung marktgerechter Preise. Nach dem Kartellgesetz sind Vereinbarungen zwischen Unternehmen, die den Wettbewerb einschränken – etwa Zusammenschlüsse von Unternehmen, durch die eine marktbeherrschende Stellung entsteht – verboten.

Bundesland Gliedstaat eines Bundesstaates. Innerhalb des Bundesstaates teilen sich die Gliedstaaten und der Bund die staatlichen Aufgaben. Die 16 deutschen Bundesländer besitzen Vertretungen in Berlin, die die Arbeit im Bundesrat und die notwendigen Absprachen mit den verschiedenen Ministerien der Bundesregierung durchführen. Neben der Mitarbeit im Bundesrat haben die Länder die Möglichkeit, im Rahmen des kooperativen Föderalismus mitzuwirken. Dazu gehören neben den Ministerpräsidententreffen (Leiter der Landesregierungen) auch Gesprächsrunden beim Bundeskanzler. Die Länderfachminister kommen zudem zu Absprachen in den von ihnen vertretenen Politikbereichen zusammen (z. B. Kultusministerkonferenz).

Bundesministerium Oberste Verwaltungsbehörde eines Bundesstaates unter der Leitung eines Bundesministers. Die starke Stellung des Bundeskanzlers schlägt sich in seinem Verhältnis zu den Bundesministern nieder. Diese werden nicht vom Parlament gewählt, sondern vom Bundespräsidenten auf Vorschlag des Bundeskanzlers ernannt, der dem Bundespräsidenten jederzeit einen Minister zur Entlassung vorschlagen kann. Somit sind die Bundesminister nach der Verfassung vom Bundeskanzler abhängig, allerdings verantworten sie nach dem Ressortprinzip ihren Geschäftsbereich innerhalb der vom Bundeskanzler gesetzten Richtlinien. Bei Meinungsverschiedenheiten der Minister gilt das Kollegial- bzw. Kabinettsprinzip, d. h., die Bundesregierung hat letztendlich die Entscheidungsgewalt.

Bundesnachrichtendienst → Kap. 2, BND

Bundespräsident Staatsoberhaupt in einem Bundesstaat sowie Verfassungsorgan in Deutschland. Im Gegensatz zum Reichspräsidenten der Weimarer Republik wird der Bundespräsident in Deutschland von der Bundesversammlung gewählt. Seine Amtszeit dauert fünf Jahre und nur eine einmalige Wiederwahl ist zulässig. Die Aufgaben des Bundespräsidenten beinhalten die Repräsentation des Bundes im Innern und gegenüber dem Ausland, Staatsbesuche, die völkerrechtliche Vertretung des Bundes und den Abschluss von Staatsverträgen im Na-

Deutsche Bundespräsidenten seit 1949

1949–1959	Theodor Heuss (FDP)
1959–1969	Heinrich Lübke (CDU)
1969–1974	Gustav Heinemann (SPD)
1974–1979	Walter Scheel (FDP)
1979–1984	Karl Carstens (CDU)
1984–1994	Richard v. Weizsäcker (CDU)
1994–1999	Roman Herzog (CDU)
1999–2004	Johannes Rau (SPD)
2004–2010	Horst Köhler (CDU)
2010–2012	Christian Wulff (CDU)

men des Bundes. Der Bundespräsident empfiehlt dem Bundestag den Bundeskanzler, übt für den Bund das Begnadigungsrecht aus und verkündet die Gesetze. Seine Kompetenzen in politischen Krisen beinhalten u. a. die Entscheidung, ob er den Kanzlerkandidaten, der im dritten Wahlgang durch den Bundestag nur eine relative Mehrheit erhält, ernennt oder den Bundestag auflöst. Den Bundestag kann er auch auflösen, wenn die Vertrauensfrage des Bundeskanzlers negativ beantwortet wurde und der Bundestag nicht in der Lage ist, innerhalb von 21 Tagen mit absoluter Mehrheit einen neuen Bundeskanzler zu wählen. Außerdem kann der Bundespräsident den Gesetzgebungsnotstand erklären.

Bundesrat Föderatives Verfassungsorgan. Zusammen mit dem Bundestag bildet der Bundesrat die Legislative. In ihm wirken die Bundesländer bei der Gesetzgebung, der Verwaltung des Bundes und in Angelegenheiten der EU mit. Er hat eine wichtige Kontrollfunktion gegengegenüber der Bundesregierung und dem Bundestag, da zahlreiche Gesetze seiner Zustimmung bedürfen. Die Bundesratsmitglieder werden nicht direkt vom Volk gewählt, sondern sind Mitglieder der Länderregierungen (Minister/Staatssekretär) und dürfen nicht gleichzeitig im Bundestag sitzen. Die 69 Stimmen der Bundesländer sind so aufgeteilt, dass das Gewicht der einzelnen Bundesländer in der Zusammensetzung des Bundesrats etwa ihrer Bevölkerungsstärke entspricht und Mitbestimmungsmöglichkeiten auch für kleinere Länder existieren. Da für Entscheidungen in der Regel eine Mehrheit von 35 Stimmen notwendig ist (teilweise Zweidrittelmehrheit, entspricht 46 Stimmen), verfügen sowohl die kleinen als auch die großen Bundesländer über eine Sperrminorität. Die Stellung des Bundesrats wird besonders stark, wenn Länderregierungen in der Mehrheit sind, die in ihrer parteipolitischen Orientierung mit der Opposition im Bundestag übereinstimmen. Diese Konstellation zeigt, dass der Föderalismus einen Beitrag zur Gewaltenteilung leistet.

Die Anzahl der Sitze im deutschen Bundesrat

Bundesrechnungshof Das selbstständige, unabhängige Finanzkontrollorgan des Bundes, das nur dem Gesetz unterworfen ist. Seine Hauptaufgabe besteht in der Prüfung der Haushalts- und Wirtschaftsführung des Bundes auf Wirtschaftlichkeit.

Bundesstaat Staatsform, in der mehrere Staaten zu einem Gesamtstaat verbunden sind. Das Bundesstaatsprinzip ist in Deutschland eines der Verfassungsprinzipien.

Bundestag Zentralparlament im Bundesstaat. In Deutschland bildet der Bundestag zusammen mit dem Bundesrat die Legislative. Der Bundestag ist ein Verfassungsorgan. Er wird alle vier Jahre gewählt und besteht seit 2002 aus 598 (vorher 656) Abgeordneten, die Überhangmandate nicht eingerechnet. Abgeordnete gleicher Parteien schließen sich im Bundestag zu Fraktionen zusammen. Der Bundestagspräsident leitet die Parlamentssitzungen (sog. Plenarsitzungen), die grundsätzlich öffentlich sind. Der Bundestag hat mehrere Funktionen: (1) Wahlfunktion: Die Abgeordneten wählen auf Vorschlag des Bundespräsidenten den Bundeskanzler. Zudem wirken sie bei der Wahl des Bundespräsidenten und der Wahl der Richter des Bundesverfassungsgerichts mit. (2) Gesetzgebungsfunktion: Für den Gesetzgebungsprozess bildet der Bundestag Ausschüsse, die nach der jeweiligen Stärke der Fraktionen zu besetzen sind. 2011 bestehen 22 ständige Bundestagsausschüsse, z. B. Europa-, Wahl- oder Petitionsausschuss. In den Ausschüssen findet zunehmend

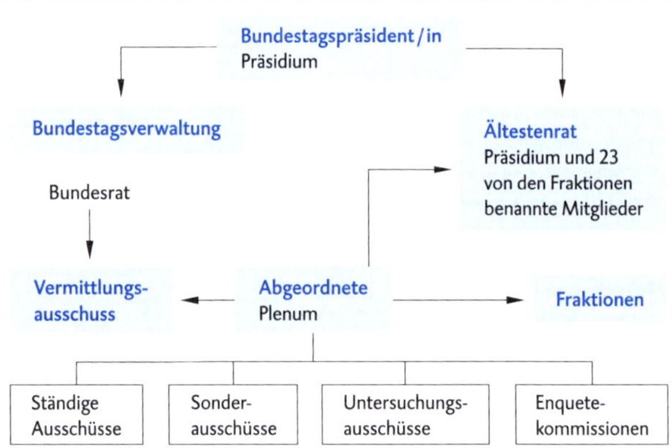

Überblick zu den Funktionen und Aufgaben der Abgeordneten im Bundestag

eine Kontrolle der Regierung statt, da die Minister in den Ausschüssen zu den entsprechenden Gesetzgebungsvorschlägen Stellung nehmen müssen. Die Gesetze werden hier unter allen Gesichtspunkten geprüft. (3) Kontrollfunktion: Durch kleine und große Anfragen an die Regierung, Forderungen der Anwesenheit von Regierungsmitgliedern im Parlament, Verlangen nach Auskünften im Rahmen von Fragestunden, Einsetzung von Untersuchungsausschüssen und das konstruktive Misstrauensvotum übt der Bundestag seine Kontrollfunktion gegenüber der Exekutive aus. Die eigentliche Kontrollfunktion des Parlaments wird allerdings hauptsächlich von der Opposition wahrgenommen, da die Mitglieder der Regierungsfraktionen in Bundestagsausschüssen und im Plenum die Regierung unterstützen. (4) Artikulations- und Diskussionsfunktion: Der Bundestag hat die Aufgabe, politische Standpunkte zu artikulieren und zu diskutieren, damit die Bürger sich ein Bild von den verschiedenen Sichtweisen von Regierung, Regierungs- und Oppositionsfraktionen machen und ihre Wahlentscheidung treffen können.

Bundestagsabgeordneter Mitglied des Bundestags. Die Bundestagsabgeordneten werden alle vier Jahre gewählt. Sie sind unmittelbar ihren direkten Wählern verantwortlich und besitzen ein sog. freies Mandat. Die starke Stellung, die das Grundgesetz den Bundestagsabgeordneten zuschreibt, konkretisiert sich in deren Sonderrechten. Auch die Tatsache, dass der Bundespräsident den Bundestag nur auflösen kann, wenn sich keine absolute Mehrheit bei der Wahl des Bundeskanzlers ergibt bzw. wenn ein Vertrauensantrag des Bundeskanzlers nicht die Zustimmung der absoluten Mehrheit des Bundestags findet, verdeutlicht die wichtige Stellung der Abgeordneten. Bundestagsabgeordnete erhalten, ebenso wie die Abgeordneten des Landtags, für ihre Tätigkeiten **Diäten**. Ihr Anspruch auf eine angemessene, ihre Unabhängigkeit garantierende Entlohnung wird von ihnen jedes Jahr neu diskutiert, da sie ihr „Gehalt" selbst festlegen. Dem Argument, dass Abgeordnete statt hohe Diäten zu kassieren nebenbei beruflich als Berater, Rechtsanwälte, Journalisten u. a. tätig sein sollten, kann entgegengesetzt werden, dass sie zumindest so viel wie Angestellte in der Wirtschaft mit vergleichbarer Verantwortung verdienen sollten. So kann gewährleistet werden, dass qualifizierte, unabhängige Personen im Bundestag vertreten sind. Ihre sonstigen Einkünfte sollten die Bundestagsabgeordneten offenlegen, damit die Bürger mögliche Abhängigkeiten erkennen können. Ein Spannungsverhältnis kann entstehen, da einerseits Art. 38 GG die Unabhängigkeit des Abgeordneten garantiert, andererseits dieser davon abhängig ist, von seiner Partei für die nächsten Wahlen als Kandidat aufgestellt zu werden. Aus Rücksichtnahme auf die eigene Karriere könnte er deshalb geneigt sein, keine inhaltliche Position einzunehmen, die der Parteiführung widerspricht. Neben der Parlamentsarbeit hat der Bundestagsabgeordnete viele Verpflichtungen in seiner Kreis- und Landespartei und im Wahlkreis, dessen Bürger er im Bundestag vertritt.

Bundesverfassungsgericht Oberster Verfassungsgerichtshof und unabhängiges Verfassungsorgan. Das **BVerfG** ist ein wichtiger Bestandteil des Systems der Gewaltenteilung in Deutschland und ist den anderen Verfassungsorganen gleichgestellt. Seine Entscheidungen binden alle anderen staatlichen Organe, weshalb das höchste Gericht auch als „Hüter der Verfassung" bezeichnet wird. Es nimmt bei der Sicherung und Weiterentwicklung der Rechtsordnung in der Bundesrepublik eine wichtige Rolle ein. Die herausgehobene Stellung des BVerfG schlägt sich auch in seiner Zusammensetzung und in der Wahl der Richter nieder. Es besteht aus zwei Senaten mit je acht Richtern, die jeweils zur Hälfte vom Bundestag und vom Bundesrat mit Zweidrittelmehrheit gewählt werden. Die Unabhängigkeit der Verfassungsrichter soll dadurch gewährleistet werden, dass diese weder Bundestag, Bundesrat, Bundesregierung noch entsprechenden Organen eines Landes angehören dürfen. Auch können sie nach der zwölfjährigen Amtsperiode nicht wiedergewählt werden,

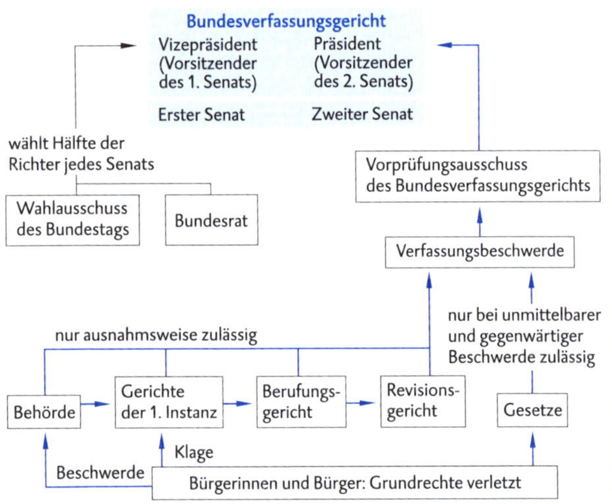

Der Gang einer Verfassungsbeschwerde

damit garantiert ist, dass sie unabhängig von der politischen Zusammensetzung ihrer Wahlgremien Recht sprechen. Da Entscheidungen des Gerichts zur Innen- und Außenpolitik sowohl die Strukturen der politischen und der Wirtschafts- und Sozialordnung als auch die Bedingungen für außenpolitisches Handeln der Bundesregierung beeinflussen, hat das BVerfG auch eine politische Funktion. Die Entscheidungen des BVerfG werden in der Öffentlichkeit oft kontrovers diskutiert. Das Gericht fühlt sich aber an das Prinzip der „richterlichen Selbstbeschränkung" gebunden. Gegenüber anderen Verfassungsorganen übt es in seinen Urteilen Zurückhaltung, indem es in einem Rechtsstreit nur überprüft, ob z. B. ein Gesetz mit der Verfassung übereinstimmt (Normenkontrolle). Das BVerfG kann nicht in jedem Fall als weitere Rechtsmittelinstanz angerufen werden. Neben der Normenkontrolle steht die Frage an, ob der Einzelne dadurch in seinen Grundrechten verletzt worden ist.

Bundesversammlung Bundesstaatliches Organ, das den Bundespräsidenten wählt. Die Bundesversammlung ist zusammengesetzt aus den Bundestagsabgeordneten und einer gleichen Anzahl Mitglieder, die von den Volksvertretungen der Länder nach den Grundsätzen der Verhältniswahl gewählt wurden.

Bundeswehr Streitkräfte der Bundesrepublik Deutschland. Die Bundeswehr versteht sich, wie die NATO insgesamt, als Faktor der Friedenssicherung durch Abschreckung. Wegen der zunehmenden internationa-

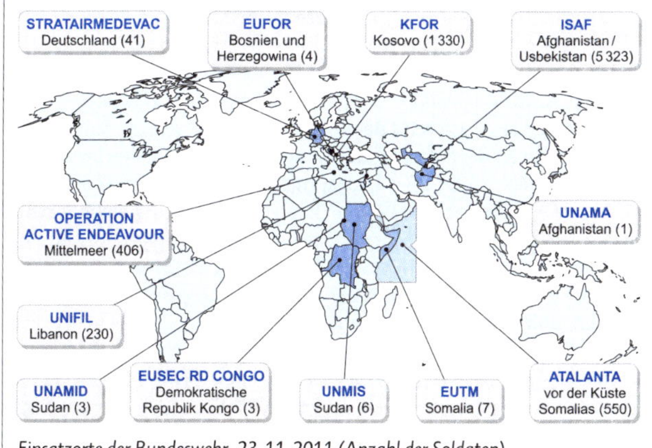

Einsatzorte der Bundeswehr, 23. 11. 2011 (Anzahl der Soldaten)

len Verantwortung Deutschlands nach der Wiedervereinigung soll sie im Rahmen von UN-Friedensmissionen immer mehr auch außerhalb des NATO-Gebiets zusammen mit NATO-Partnern eingesetzt werden (*Out of Area-Einsätze*). Seit 2001 ist Frauen der Dienst an der Waffe erlaubt, vorher durften sie nur im Sanitätsbereich arbeiten. 2010 wurden unter Verteidigungsminister *zu Guttenberg* Reformmaßnahmen beschlossen, die die Aussetzung der Wehrpflicht ab dem 1. 3. 2011 und eine Verkleinerung der Truppe von 240 000 auf 185 000 Soldaten vorsahen. Damit wurde auf den Umstand reagiert, dass lediglich 15 % der Männer eines Jahrgangs zum Wehrdienst eingezogen wurden, was den Vorwurf der „Wehrungerechtigkeit" laut werden ließ. Außerdem wird damit der zunehmenden Teilnahme der Bundeswehr an Auslandseinsätzen Rechnung getragen, welche eher eine spezialisierte Berufsarmee verlangt. Die Bundeswehr befindet sich in mehreren Auslandsmissionen mit dem Ziel der Friedenssicherung in den betroffenen Ländern sowie der Stabilisierung und Unterstützung der dortigen Regierungen.

Bündnis 90/Die Grünen Ökologische, sozial orientierte deutsche Partei. Die Grünen, 1993 durch den Zusammenschluss mit dem Bündnis 90 (Verbindung von Gruppen der Bürgerrechtsbewegung der DDR) umbenannt in Bündnis 90/Die Grünen, waren aus verschiedenen Bürgerinitiativen (Antiatomkraft-, Umweltschutz-, Friedensbewegung) entstanden, die sich nur unter großen internen Diskussionen und Spannungen 1980 bundesweit zu einer Partei zusammenschlossen. 1983 gelang der Partei der Sprung in den Bundestag. Die Grünen verstanden sich bis Ende der 1980er-Jahre als „Antiparteienpartei", d. h. als Alternative zu dem „etablierten Parteiensystem". Wichtige strukturelle Besonderheiten der Partei sind die Doppelspitze, die inzwischen gelockerte Trennung von Amt und Mandat sowie die Frauenquote. Die Rotation der Abgeordneten auch während der Legislaturperiode und die Bindung der Abgeordneten an die Entscheidungen der Parteitage spielen inzwischen keine Rolle mehr. Unter dem Druck, mit anderen Parteien koalieren zu müssen, orientieren sich die Grünen heute pragmatischer an politischen Umständen. Trotzdem gibt es noch die parteiinterne Aufteilung in „Realos", die Regierungsverantwortung übernehmen wollen und bereit sind, z. B. in der Zusammenarbeit mit der SPD ihre ökologischen Ziele durchzusetzen, und „Fundis", die keine Kompromisse eingehen und als „Fundamentalopposition" die grundsätzliche ökonomische und ökologische Alternative im Parteiensystem darstellen wollen. Bis heute gibt es eine enge Zusammenarbeit mit den Bürgerinitiativen. Nach den Landtagswahlen in Baden-Württemberg im März 2011 wurde *Winfried Kretschmann* der erste „grüne" Ministerpräsident in der BRD.

Bürgeranhörung Maßnahme, die der möglichst frühzeitigen Unterrichtung der Bürger über Ziel, Zweck bzw. Lösungen und Planungsstand von Bauvorhaben, die sich auf die jeweilige Region auswirken (z. B. Bau eines Flughafens), dient. Bei diesen öffentlichen Anhörungen können Bürger Fragen zu den Projekten äußern und Kritik bzw. Bedenken vorbringen, um Einfluss auf den Planungsverlauf zu nehmen. Somit dient die Bürgeranhörung dem Ziel des Staates, die Öffentlichkeit an Projekten von allgemeinem Interesse zu beteiligen.

Bürgerbegehren Auf kommunaler Ebene ein Instrument der direkten Demokratie. Wenn Bürger eine Angelegenheit bzw. eine anstehende Entscheidung als so wichtig empfinden oder von ihr so sehr betroffen sind, dass sie diese der gesamten Bevölkerung der jeweiligen Gebietskörperschaft (z. B. Gemeinde, Landkreis, Bezirk) zum Entscheid vorlegen wollen (anstatt sie von den Abgeordneten bzw. den gewählten Volksvertretern entscheiden zu lassen), dann kann von den Bürgern ein Bürgerbegehren angeregt werden. Hierfür muss zunächst ein bestimmter Prozentsatz der Gesamtbevölkerung der Gebietskörperschaft mit einer Unterschrift seine Unterstützung des Bürgerbegehrens signalisieren. Der erforderliche Prozentsatz ist von Bundesland zu Bundesland unterschiedlich und schwankt von 3 %–15 %. Wenn die erforderliche Zahl an Unterschriften gesammelt werden konnte, kann ein Antrag auf einen Bürgerentscheid gestellt werden. Damit dieser bewillligt wird, muss zu dem abzustimmenden Sachverhalt eine „Ja oder Nein"-Frage formulierbar sein und darf diese keine Themen betreffen, die von der jeweiligen Landesverfassung von einem Bürgerbegehren ausgeschlossen sind (z. B. kommunaler Haushalt).

Bürgerentscheid Auf kommunaler Ebene ein Instrument der direkten Demokratie. Durch einen Bürgerentscheid werden Fragen, die die gesamte Gebietskörperschaft betreffen, durch eine Abstimmung, zu der alle wahlberechtigten Bürger des Gebiets aufgerufen sind, entschieden. Ein solcher Entscheid kann entweder durch die Bürger selbst (Bürgerbegehren i. e. S.) oder durch die kommunalen Vertreter per Mehrheitsbeschluss (Ratsbegehren) angeregt werden.

Bürgerinitiative Form der Selbstorganisation von Bürgern. Mithilfe dieser versuchen Bürger, ihre Interessen außerhalb von Parteien oder Verbänden durch Eingaben an Behörden, Öffentlichkeitsarbeit oder Demonstrationen durchzusetzen. Weil es sich um punktuelle Interessen handelt, gründen oft Personen eine Bürgerinitiative, die nur dieses eine gemeinsame Ziel verbindet. Die Mitglieder von Bürgerinitiativen gehören häufig verschiedenen Berufsgruppen, Gesellschaftsschichten und weltanschaulichen Richtungen an. Die meisten Bürgerinitiatien sind mit den Themen Energiewirtschaft (Kernenergie), Umweltschutz sowie Bau- und Verkehrsplanung befasst. Sie sind bei der Durchsetzung ihrer Interessen oft erfolgreich, da politische Entscheidungsträger und Parteien die Forderungen einiger hundert Gemeindemitglieder nicht unberücksichtigt lassen können, ohne ihre Wahlchancen zu verringern. In den letzten Jahren gibt es auch immer mehr Bürgerinitiativen, die gegen Fremdenhass, Antisemitismus und rechtsradikale Gewalt demonstrieren.

Im Konfliktfall können sich auch Bürgerinitiativen mit gegenteiligen Zielen direkt gegenüberstehen.

Bürgerrechte Besondere Rechtsstellung von Staatsbürgern. Das Grundgesetz enthält Rechte, die nur Bürgern mit der deutschen Staatsangehörigkeit zugebilligt werden (z. B. Vereinigungsfreiheit). Somit sind diese Rechte von den Menschenrechten zu unterscheiden, die für „jedermann“, also auch für nichtdeutsche Einwohner Deutschlands gelten (z. B. Koalitionsfreiheit).

Bürgerrechtsbewegung Organisierte Bemühungen, Bürger- und Menschenrechte in einem Land durchzusetzen. Bürgerrechtsbewegungen wollen nicht einen Umsturz des Systems, sondern sie streben Verbesserungen innerhalb des verfassungsmäßigen Rahmens an. Ein bekanntes Beispiel ist das *Civil Rights Movement* in den USA in den 1960er-Jahren unter Führung von *Martin Luther King*. Auch die friedliche Revolution in der DDR wurde maßgeblich von Bürgerrechtsbewegungen getragen. Eine der bekanntesten war dort das Neue Forum.

Bürgerschaftliches Engagement → Kap. 2, Partizipation

CDU (Christlich Demokratische Union) Deutsche Volkspartei. Die CDU versteht sich als Zusammenschluss der in der Weimarer Republik aufgesplitterten katholischen und evangelischen Kräfte. Sie wurde als Bundespartei erst im Oktober 1950 gegründet, nachdem schon in den verschiedenen Besatzungszonen Parteigründungen stattgefunden hatten. Den Gedanken einer alle Christen umschließenden politischen Partei hatten einige katholische Politiker schon vor 1933 vertreten. Die Erfahrungen der Verfolgung von Christen beider Konfessionen durch den Nationalsozialismus gaben der Idee nach dem Zweiten Weltkrieg neuen Auftrieb. Als eine Partei von Christen wollte die CDU alle Volksschichten ansprechen. Sie wurde nach einer starken sozialpolitischen Ausrichtung in ihrer Gründungsphase zur Volkspartei, welche konservative, liberale und soziale Werte für sich reklamiert.

Checks and Balances Ein US-amerikanisches Verfassungsprinzip, das die gegenseitige Kontrolle bzw. die Machtverschränkung von verschiedensten Verfassungsorganen eines Staates vorschreibt, um so die Entstehung von Machtmonopolen zu verhindern. Demnach muss überall, wo politische Macht vorhanden ist, die Möglichkeit bestehen, eine Gegenmacht auszuüben bzw. zu bilden.

Christlich Demokratische Union → Kap. 2, CDU

Christlich Soziale Union → Kap. 2, CSU

CSU (Christlich Soziale Union) 1946 gegründete, konservative deutsche Partei. Die Schwesterpartei der CDU in Bayern ist von dieser organisatorisch völlig unabhängig, wenn sie auch in allen bisherigen Legislaturperioden mit der CDU im Deutschen Bundestag jeweils eine gemeinsame Fraktion bildete. Innerhalb dieser Fraktionsgemeinschaft übt sie einen großen, meist konservativen Einfluss aus. Obwohl die Grundpositionen der CDU von der CSU geteilt werden, sind unterschiedliche Gewichtungen in aktuellen Fragen zu erkennen, die die CSU häufig demonstrativ in der Öffentlichkeit herausstellt. Die starke Stellung ist darin begründet, dass die CSU es verstanden hat, sich zu einer gesamtbayerischen, interkonfessionellen Volkspartei zu entwickeln.

Datenschutz Schutz persönlicher Daten vor Missbrauch und Weitergabe. Mit dem Aufkommen von Medien zur Massenspeicherung und der schnellen, ungehinderten Weitergabe persönlicher Daten, insbesondere durch das Internet, ist auch die Bedeutung des Datenschutzes gestiegen. Viele Datenschützer befürchten den sog. gläsernen Bürger, über den der Staat oder der Arbeitgeber beliebig viele Informationen erhält, die er dann missbrauchen kann. Um dies zu vermeiden, dürfen Behörden nur persönliche Daten erfassen, die sie für die Durchführung ihrer Aufgabe benötigen. Die Einhaltung dieser Regelungen kontrolliert in Deutschland das Amt des Bundesbeauftragten für Datenschutz. Nach den Terroranschlägen des 11.9.2001 in den USA wurden in Deutschland Sicherheitsgesetze erlassen, die die Speicherung biometrischer (körperbezogener) Daten in Ausweisdokumenten vorsahen. Darin sehen Datenschützer eine Gefahr für das Recht auf informationelle Selbstbestimmung. Die Bürger hätten keine Kontrolle mehr über die Informationen, die aus den Daten herausgelesen werden können.

Demagoge Eine Person, die das Volk mit Reden aufwiegelt/verführt.

Demokratie Form politischer Herrschaftsordnung. Der Begriff „Demokratie" machte in der Geschichte einen erstaunlichen Bedeutungswandel durch. *Aristoteles* erwähnte die Demokratie als eine der schlechten Staatsformen, da er eine „Herrschaft des Pöbels" fürchtete. Das, was heute unter Demokratie verstanden wird, nannte Aristoteles „Politie". Heute bekennen sich weltweit die meisten Staaten zu einem demokratischen Regierungssystem, wenn dies auch teilweise als bloße Rhetorik gewertet werden muss. Das **Demokratieprinzip** ist in Deutschland ein Verfassungsprinzip. Es bildet den Rahmen für die Partizipation des Volkes bei der politischen Willensbildung und bei der Bestellung der Amtsinhaber (Parlament/Regierung), die die politische Herrschaft ausüben. Es findet seinen Ausdruck in den Betätigungsfeldern u. a. der politischen Parteien, der Verbände und der Massenmedien und in Wahlen. Die Verwirklichung des Prinzips im Sinne von Abstimmungen oder Plebisziten ist auf Bundesebene, im Gegensatz zur Kommunal- und Länderebene, nur bei einer Länderneugliederung möglich. An dieser Einschränkung der direkten Mitbestimmung der Bürger auf Bundesebene wird deutlich, dass sich das bundesdeutsche Demokratiemodell an der Repräsentationstheorie orientiert. Die kommunistischen Staaten bezeichneten ihr politisches System als **sozialistische Demokratie**, so auch die DDR.
(1) **Direkte (identitäre, plebiszitäre) Demokratie:** Die antike griechische Demokratie einzelner Stadtstaaten hatte wegen ihrer überschaubaren Größe noch eine direkte Form und konnte ohne die Repräsentation durch Abgeordnete existieren. In Deutschland gibt es auf Länder- und auch auf kommunaler Ebene zahlreiche Elemente der direkten Demokratie. In vielen Landesverfassungen sind z. B. die Rechte auf Volksentscheide und Gesetzesinitiative enthalten. Außerdem können häufig Landräte und Bürgermeister direkt gewählt werden (Identitätstheorie). Das Ziel ist es, den Volkswillen so unverfälscht wie möglich in politische Entscheidungen umzuwandeln und lediglich die Ausführung der getroffenen Entscheidungen den Behörden zu überlassen.
(2) **Repräsentative Demokratie:** Die theoretische Grundlage der mittelbaren Demokratie findet sich in der Repräsentationstheorie und in der Gewaltenteilungslehre. In einer repräsentativen Demokratie überträgt das Volk einen Teil seiner Gewalt auf gewählte Vertreter, die die Aufgabe haben, den Volkswillen in politische Entscheidungen umzuwandeln. Die so legitimierte politische Herrschaft wird durch die Gewalten-

teilung zwischen Legislative, Exekutive und Judikative kontrolliert. Die meisten Demokratien sind heute vom Repräsentationsprinzip geprägt, wobei es zwei verschiedene Ausformungen sowie Mischformen gibt.

In der **parlamentarischen Demokratie** ist die Regierung in ihrer Amtsführung vom Vertrauen des Parlaments abhängig und die Ämter des Staatsoberhaupts und des Regierungschefs sind getrennt. Das Volk wählt das Parlament. Es herrscht sowohl Gewaltenverschränkung zwischen Parlament und Regierung als auch Gewaltenteilung zwischen der Regierung als exekutiver, dem Parlament als legislativer und den Gerichten als judikativer Gewalt. Ein Beispiel für eine parlamentarische Demokratie ist das politische System Deutschlands.

In der **präsidentiellen Demokratie** sind die Ämter des Staatsoberhaupts und des Regierungschefs in der Hand des Staatspräsidenten vereint. Der wird direkt vom Volk gewählt und ernennt ohne Zustimmung des Parlaments die Kabinettsmitglieder. Diese unterliegen nur seinen Weisungen. Es herrscht eine strenge Gewaltenteilung. So können z. B. Regierungs- nicht gleichzeitig Parlamentsmitglieder sein und die Regierung ist in ihrer Amtsführung unabhängig vom Vertrauen des Parlaments. Beispiel einer präsidentiellen Demokratie sind die USA. Deren Verfassung trat 1789 in Kraft, womit die Demokratie der USA von einer hohen verfassungsrechtlichen Kontinuität gekennzeichnet ist.

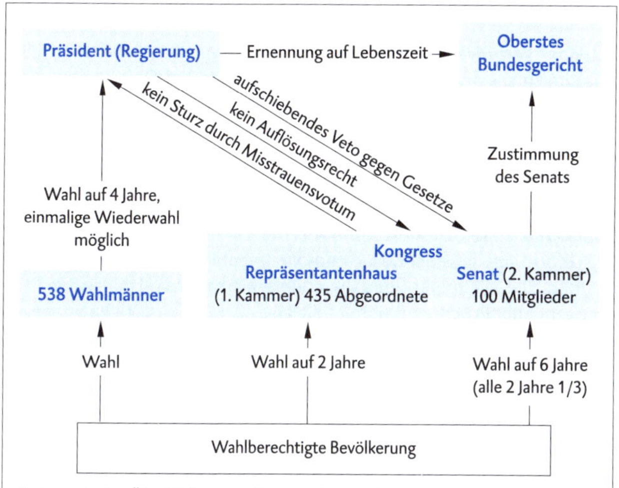

Systematischer Überblick zum politischen System der USA

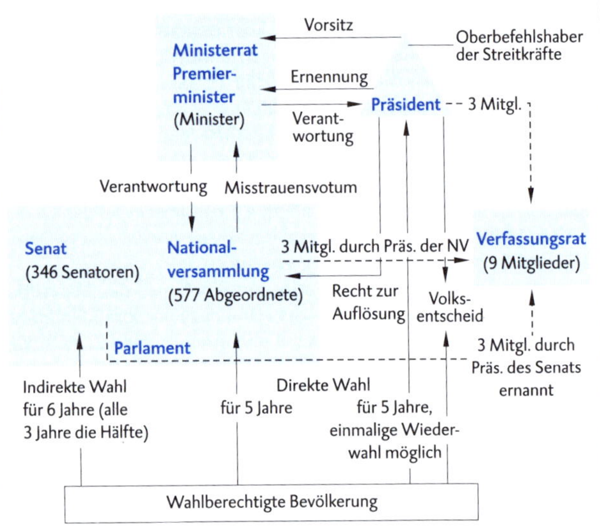

Systematischer Überblick zum politischen System Frankreichs

Bei einer **semipräsidentiellen Demokratie** handelt es sich um eine Mischform aus präsidentieller und parlamentarischer Demokratie. Ähnlich wie in der präsidentiellen Demokratie wird der Präsident hier direkt vom Volk gewählt. Er hat jedoch nicht die alleinige Befugnis zur Regierungsbildung, sondern ernennt seine Regierung zusammen mit dem Parlament. Semipräsidentielle Demokratien sind etwa Russland (mit einer dominierenden Staatspartei) und Frankreich. Auch mit der Weimarer Republik, der ersten Demokratie in der deutschen Geschichte, war eine Mischform aus präsidentieller und parlamentarischer Demokratie entstanden. Die Weimarer Republik erlebte bis zu ihrem Untergang 1933 große innenpolitische Krisen mit teilweise bürgerkriegsartigen Spannungen. Die Schwierigkeit verlässliche, dauerhafte Mehrheiten im Reichstag zu bilden, führte zu instabilen Regierungen. Notverordnungen wurden häufig zum Mittel der Politik. Reichspräsident *Hindenburg* ernannte sog. Präsidialregierungen, die nicht parlamentarisch kontrolliert wurden.

(3) **Streitbare (wehrhafte) Demokratie:** Aufgrund der Erfahrungen in der Weimarer Republik versteht sich das deutsche Grundgesetz als Basis für eine streitbare bzw. wertgebundene Demokratie, die fähig sein soll, sich gegen links- und rechtsextremistische Feinde zu wehren. Zur

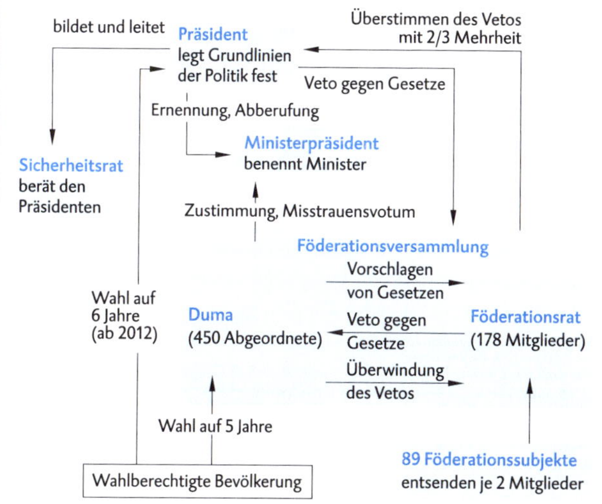

Systematischer Überblick zum politischen System Russlands

Sicherung der Demokratie dienen folgende Regelungen im Grundgesetz: Das Ewigkeitsgebot, das Verbot der Antastung eines Grundrechts in seinem Wesensgehalt (Art. 19 Abs. 2), die sog. Popularklage, wonach jeder Bürger vor dem Bundesverfassungsgericht klagen kann, wenn er in einer Entscheidung eine Verletzung der Grundrechte durch die öffentliche Gewalt sieht (Art. 93 Abs. 1, 4a), das Parteiverbot durch das Bundesverfassungsgericht (Art. 21 Abs. 2) sowie das Verbot von Vereinigungen, die sich gegen die verfassungsmäßige Ordnung richten (Art. 9 Abs. 2), die „Verwirkung" von Grundrechten für Personen, die diese zum Kampf gegen die freiheitlich-demokratische Grundordnung missbrauchen (Art. 18) und die Festlegung, dass Beamte die freiheitlich-demokratische Grundordnung bejahen und sich jederzeit dafür einsetzen müssen (sog. Extremistenbeschluss 1972).

Demokratischer Zentralismus Methode der Herrschaftsbestellung sowie -sicherung in kommunistischen Parteien und Staaten (vgl. Abb., S. 42). Diese steht im Gegensatz zu dem liberalen Prinzip innerparteilicher Demokratie und rechtsstaatlicher Grundsätze. Da auch die Wirtschaft nach den Regeln einer zentralen Verwaltung organisiert werden soll, herrscht gleichzeitig (außer im heutigen China) Planwirtschaft.

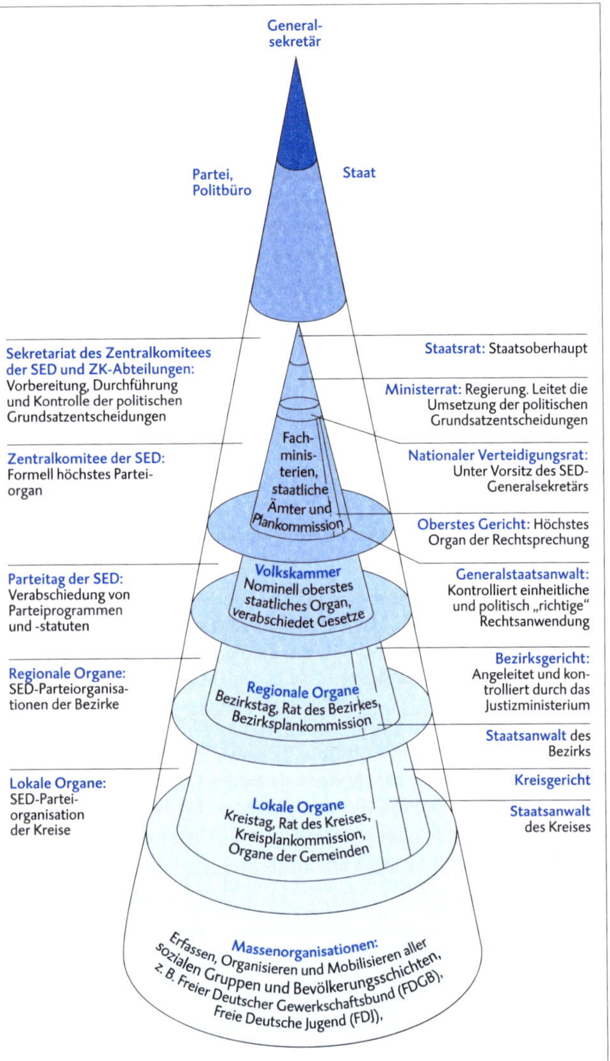

Die Diktatur der SED in der DDR

Demokratisierung Prozess, der zur Entstehung oder Ausweitung von Demokratie führt. Die wissenschaftliche Diskussion über die Frage der Demokratisierung bezieht sich auf das Problem, ob Demokratie hauptsächlich ein Organisationsprinzip für die Partizipation der Bürger in der politischen Ordnung oder auch ein Organisationsprinzip anderer gesellschaftlicher Bereiche (Betrieb, Schule, Krankenhaus etc.) darstellt. Weiterhin wird zwischen der zunehmenden Demokratisierung innerhalb bestehender Demokratien und der Demokratisierung autoritär geführter Staaten unterschieden. (1) In der politischen Ordnung liegt dem Demokratieprinzip die Annahme zugrunde, dass alle Bürger gleich sind (z. B. bei Wahlen). Für eine zunehmende Demokratisierung zur Verwirklichung des Gleichheitsprinzips sprechen folgende Argumente: Erhöhung der Mitbestimmungsmöglichkeiten der Bürger in gesellschaftlichen Teilbereichen, Erziehung zum mündigen Bürger, Abbau „überflüssiger" Herrschaft und Aufbrechen von autoritären Strukturen. Ein Aspekt, der gegen eine zunehmende Demokratisierung spricht, ist das Desinteresse der Bürger an politischen Themen und mehr Mitbestimmung. Außerdem kann eine verstärkte Demokratisierung zu ineffektiven Diskussionen führen, die die ursprüngliche Funktion der jeweiligen Organisation, z. B. die Aufgabe des Betriebs, Güter zu produzieren, behindern können. (2) Demokratisierung kann auch den Übergang eines ehemals autoritär geführten Staates zur Demokratie bezeichnen. Die Frage, inwieweit die Außenpolitik demokratischer Staaten dazu beitragen kann und soll, das Ziel der Demokratisierung anderer Staaten zu erreichen, ist umstritten. Allerdings setzt sich der UN-Sicherheitsrat zunehmend deutlicher für die Unterstützung demokratischer, oppositioneller Bewegungen in autoritären Staaten ein, z. B. bei der Unterstützung der arabischen Revolution.

Despot Abwertende Bezeichnung für einen Herrscher, der willkürlich und unkontrolliert seine Macht ausübt.

Deutsche Volksunion → Kap. 2, DVU

DGB Der Deutsche Gewerkschaftsbund ist die Dachorganisation der Einzelgewerkschaften in Deutschland. Er versteht sich als Vertreter der Gewerkschaften gegenüber dem Bund und den Ländern.

d'Hondt → Kap. 2, Wahl

Diäten → Kap. 2, Bundestagsabgeordneter

Die Linke Ehemalig PDS (Partei des Demokratischen Sozialismus). Sozialistische deutsche Partei. Die PDS, die 1989 zunächst als SED-PDS als Teil der „demokratischen und linken Bewegung" gegründet wurde, verstand sich als Nachfolgeorganisation der kommunistischen SED. Seit erkennbar war, dass sich das kommunistische Weltsystem in Auflösung befand und sich auch nicht auf einen reformierten Sozialismus zubewegte, mehrten sich die Anzeichen dafür, dass die extreme Linke in eine existenzielle Krise geraten war. Infolgedessen haben kommunistische Vereinigungen als Parteien in Westdeutschland kaum mehr Bedeutung. In Berlin und in den neuen Bundesländern konnte sich die PDS jedoch konsolidieren und erzielte Erfolge als Regionalpartei. In der Bundestagswahl von 2005 erreichte sie zusammen mit der Wahlalternative Arbeit und soziale Gerechtigkeit (WASG) 8,7 % Stimmen und schaffte so den Einzug in den Bundestag. 2007 wurde die Linkspartei.PDS nach der Verschmelzung mit der WASG (Arbeit & soziale Gerechtigkeit – Die Wahlalternative) in „Die Linke“ umbenannt. Die Linke fällt programmatisch durch die Kritik an Kapitalismus und Neoliberalismus auf. Damit steht die Forderung einer verstärkten Umverteilung von oben nach unten bzw. die Förderung sozialer Gleichheit in Verbindung. Im Gegensatz zur PDS konnte sich Die Linke auch in den alten Bundesländern etablieren und ist bis auf Rheinland-Pfalz, Baden-Württemberg und Bayern in allen deutschen Landtagen vertreten.

Diktatur Politische Herrschaftsform, in der ein Alleinherrscher (Diktator) oder eine Partei in der Lage ist, willkürlich Macht auszuüben, ohne durch ein Parlament, ein Verfassungsgericht oder die Presse tatsächlich kontrolliert zu werden. Bei einer **Militärdiktatur** ist der Diktator Angehöriger der Streitkräfte oder er stützt seine Macht auf die Armee. Im Extremfall kann eine Diktatur in Totalitarismus münden.

Direktkandidat Bewerber für ein politisches Mandat, der sich direkt in einem Wahlkreis für dieses Mandat zur Wahl stellt. Dabei ist die Unterstützung einer Partei nicht notwendig.

Direktmandat → Kap. 2, Mandat

Direktwahl Die unmittelbare und direkte Wahl in ein politisches Amt durch das Volk.

Dreiklassenwahlrecht Ausformung des Wahlrechts, die die Wähler nach ihrer Steuerkraft einteilt. Jede Klasse wählt dieselbe Anzahl von Wahlmännern, die wiederum die Abgeordneten wählen. Diese indirekte Wahl führte z. B. in Preußen, wo das Dreiklassenwahlrecht von 1849 bis 1918 angewandt wurde, dazu, dass die dritte Klasse, in der sich die große Masse (84,57 % der Wähler) der wenig oder nichts Verdienenden befand, nur ein Drittel der Abgeordneten stellte. Dieses Wahlrecht bedeutete eine politische Entmündigung des größten Teils der Wähler.

Kriterien	Totalitär	Autoritär	Einfach
Ideologie	stark und totalistisch	schwächer und nicht totalistisch	irrelevant oder schwach
Durchdringung, Allgegenwärtigkeit	extensiv	mäßig	keine
Zwang, Mobilisierung	hoch	mittel	mittel bis gering
Unabhängigkeit von Untergruppen	keine, totale Abhängigkeit	begrenzt auf nicht politische Gruppen	mit Ausnahmen erlaubt
Politik ggü. Randgruppen	zerstörerisch	ausschließlich	absorbierend
Willkür	unbegrenzt	kalkulierbar, in Grenzen	regellos, keine
zentrale Rolle der Partei	wesentlich	nützlich	minimal oder keine

Typen von Diktaturen nach Merkmalen

DVU (Deutsche Volksunion) Nationalistische deutsche Partei. Die DVU galt mit ca. 11 500 Mitgliedern (2003) lange als die größte rechtsextremistische Partei Deutschlands. Zum 1. 1. 2011 wollte sie sich mit der NPD zusammenschließen, doch aufgrund von Verfahrensfehlern wurde die Fusion vorerst gerichtlich gestoppt. Die Partei war finanziell abhängig von ihrem Gründer *Dr. Gerhard Frey*, der als Verleger seine Publikationen „Deutsche National-Zeitung" und „Deutsche Wochen-Zeitung" faktisch als Sprachrohr der Partei nutzte. Die DVU beschränkte ihre Aktionen bisher zumeist auf Parteitage und den Wahlkampf. Ihren größten Erfolg, 12,9 % der Stimmen, verbuchte sie bei den Landtagswahlen in Sachsen-Anhalt 1998. Der Verfassungsschutz bezeichnet die DVU in seinen Berichten als rechtsextremistisch.

Einheitsstaat Staatsform, in der anders als im Bundesstaat und im Staatenbund keine (zumindest in politischen Teilbereichen) selbstständigen Untergliederungen existieren, sondern nur Verwaltungseinheiten, die von der Zentralregierung abhängig sind.

Einstimmigkeitsprinzip Form politischer Willensbildung. Bei diesem Prinzip, das nur in wenigen Organen und Gremien Anwendung findet, kommt ein Beschluss nur zustande, wenn alle stimmberechtigten Mitglieder zustimmen. Jedes Mitglied verfügt somit über ein Veto, mit dem es einen Beschluss verhindern kann.

Enquete-Kommissionen Arbeitsgruppen, die vom deutschen Bundestag oder von den Landesparlamenten eingesetzt werden, um unter Beachtung aller juristischen, ökonomischen, sozialen oder ethischen Aspekte einer Problemstellung diese zu einer Lösung zu führen, die von der Mehrheit der Bevölkerung getragen werden kann.

Erststimme → Kap. 2, Wahl

Ewigkeitsgarantie → Kap. 2, Verfassungsprinzipien

Exekutive Ausführende Gewalt eines Staates. Zur Exekutive in Deutschland gehören die Bundesregierung, die Ministerien und die ihnen untergeordneten Verwaltungseinheiten. Viele Verwaltungsaufgaben werden von den Bundesländern selbst wahrgenommen.

Extremismus → Kap. 1, Extremismus

FDP (Freie Demokratische Partei) Liberale deutsche Partei. Liberale Politiker unternahmen nach dem Zweiten Weltkrieg den Versuch, die Zersplitterung liberaler Gruppierungen im Kaiserreich und in der Weimarer Republik in einer bürgerlichen Partei zu verbinden und gründeten 1948 die FDP. Von 1949 bis 1966 beteiligte sich die Partei unter besonderem Gewicht ihres nationalliberalen Flügels in Koalitionen mit der CDU/CSU am Aufbau der Bundesrepublik. In der sozialliberalen Koalition mit der SPD von 1969 bis 1974 gestaltete die FDP insbesondere die Politik der inneren Reformen und der neuen Ostpolitik mit.

Feudalismus Mittelalterliches Gesellschafts- und Wirtschaftssystem, das auf dem Lehnswesen basierte. Im Feudalismus gab es eine Hierarchie von Abhängigkeiten, die vom obersten Feudalherrn, z. B. dem Kaiser, über den weltlichen und geistlichen Adel bis hin zu den Bauern reichte. Der Vasall war seinem Herrn durch Arbeit und Abgabe von Naturalien tributpflichtig und musste im Kriegsfall als Soldat zur Verfügung stehen, wofür ihm der Herr Schutz gewährte.

Fiskalpolitik Möglichkeit des Staates, die Konjunktur durch Änderung der Einnahme- (Steuern) und Ausgabenpolitik und der Investitionsförderung (Abschreibungsmöglichkeit) zu beeinflussen. Die Maßnahmen der Fiskalpolitik sind heute nicht mehr in vollem Umfang wirksam, da immer deutlicher wird, dass die Überlegung, mehr Investitionen bzw. mehr Umsatz bewirkten ein Sinken der Arbeitslosigkeit, an Bedeutung verliert. Deshalb wird Fiskalpolitik häufig kritisch beurteilt.

Föderalismus Organisationsstruktur eines Staates, in der verschiedene Bundesländer bzw. -staaten im Gesamtstaat zusammenwirken. Der föderalistische Bundesstaat grenzt sich somit vom Einheitsstaat und vom Staatenbund ab. Im Bundesstaat kann es sowohl negative als auch positive Aspekte geben. Beklagt werden in Deutschland die unterschiedlichen Vorschriften im Bereich Erziehung und Bildung. Die föderalistische Ordnung Deutschlands bedeutet jedoch auch eine Verstärkung der Gewaltenteilung, wodurch Machtmissbrauch verhindert und wirtschaftliche, politische und kulturelle Besonderheiten der Regionen gefördert werden. Außerdem wird den Regionen im Rahmen des Gesamtstaats bei der Artikulation und Verwirklichung ihrer Interessen ein eigenes Gewicht gegeben (Subsidiarität) und es wird gewährleistet, dass die einzelnen Länder durch die Mitarbeit im Bundesrat ihre Interessen gesamtstaatlich geltend machen. Die aus Vertretern von Bund und Ländern eingesetzte Föderalismuskommission II arbeitete bis 2009 an einer grundsätzlichen Reform der bundesstaatlichen Ordnung Deutschlands. Ziel war es, die Gesetzgebungskompetenzen zwischen dem Bund und den Ländern zu entflechten und die Ländergesetzgebung mit dem EU-Recht kompatibel zu machen. Ein wichtiges Ergebnis war die Einführung einer gemeinsamen Schuldenregel für Bund und Länder ab dem Haushaltsjahr 2011, nach der die Haushalte von Bund und Ländern grundsätzlich ohne Einnahmen aus Krediten auszugleichen sind.

Fraktion Gruppe von Abgeordneten der gleichen politischen Partei im Parlament. Im Deutschen Bundestag muss eine Fraktion über mindestens 5 % der Mitglieder des Parlaments verfügen. In den Fraktionssitzungen finden die politischen Diskussionen statt, die für das Auftreten im Plenum sowie die Handlungsweise der Abgeordneten in Ausschüssen maßgeblich sind. Da die Fraktionen im Plenum meist geschlossen – entsprechend der Mehrheitsentscheidung in den Fraktionssitzungen – abstimmen, kann von einer **Fraktionsdisziplin** gesprochen werden. Für deren Einhaltung sorgen die Fraktionsvorsitzenden und die jeweiligen parlamentarischen Geschäftsführer. Kritiker sehen hierin einen **Fraktionszwang**, durch den die Entscheidungsfreiheit des Abgeordneten, der nur seinem Gewissen unterworfen und nicht an Aufträge und Weisungen gebunden ist, eingeschränkt wird.

Freie Demokratische Partei → Kap. 2, FDP

Freies Mandat → Kap. 2, Mandat

Freiheit Möglichkeit jedes Einzelnen, individuelle Fähigkeiten ohne große staatliche und gesellschaftliche Einschränkungen entfalten zu können. Bezogen auf die liberal-demokratischen politischen Systeme ist mit dem Begriff auch gemeint, dass der Einzelne seine Interessen im Rahmen bestehender Gesetze, die mehrheitlich zustande gekommen sind, zur Geltung bringen kann.

Freiheitlich-demokratische Grundordnung Grundprinzip der verfassungsmäßigen Ordnung Deutschlands. Gemäß des Bundesverfassungsgerichtsurteils (1952) zum Verbot der Sozialistischen Reichspartei (Nachfolgeorganisation der NSDAP) umfasst das Prinzip folgende Aspekte: Menschenrechte (vor allem Recht der Persönlichkeit auf Leben und Entfaltung), Gesetzmäßigkeit der Verwaltung, Gewaltenteilung, Volkssouveränität, Unabhängigkeit der Gerichte, Verantwortlichkeit der Regierung gegenüber dem Parlament, Mehrparteienprinzip, Chancengleichheit aller politischen Parteien sowie das Recht auf verfassungsmäßige Bildung und Ausübung einer Opposition.

Freiheitssicherung Politisches Prinzip, das Exekutive und Judikative eines Staates zum Schutz der Menschenrechte verpflichtet. Im Grundgesetz wird deutlich, dass der Handlungsspielraum des Staates eingeschränkt und die Freiheit der Bürger dadurch geschützt werden sollte, dass die Grundrechte die Legislative, die Exekutive und die Judikative binden. Die Grundrechte sind geltende Rechtsnormen, die die Staatsorgane, z. B. die Polizei oder das Finanzamt, zu beachten haben.

Fünf-Prozent-Klausel Sperrklausel im deutschen Wahlrecht, nach der die Parteien, die weniger als 5 % aller Stimmen auf sich vereinigen oder nicht mind. drei Direktmandate gewinnen, bei der Sitzverteilung im Parlament nicht berücksichtigt werden. Die Fünf-Prozent-Klausel soll klare Mehrheiten im Parlament bewirken und die Teilhabe von Splitterparteien am Parlament vermeiden, um die Voraussetzung für eine handlungsfähige und verantwortungsbewusste Regierung zu schaffen.

Gemeinde Die unterste Einheit der politischen Gliederung in der Bundesrepublik Deutschland.

Generationenvertrag → Kap. 3, Generationenvertrag

Gerechtigkeit → Kap. 3, Gerechtigkeit

Gericht Für die Rechtsprechung zuständiges Organ. Die Justiz stellt entsprechend der im Grundgesetz verankerten Rechtsstaatlichkeit eine selbstständige Staatsgewalt (Judikative) dar, die gleichberechtigt neben Exekutive und Legislative steht und Richtern anvertraut ist. Das Rechtssystem in einer demokratischen politischen Ordnung unterscheidet sich fundamental von der Funktion des Rechts und der Institutionen des Rechtssystems in einer Diktatur. So kam in der DDR der Justiz keine Kontrollfunktion im liberalen Sinne zu, sondern sie war ein Teil der zentralen Staatsgewalt. Daher erfolgte etwa die Wahl der Richter auf Zeit durch die Volksvertretungen auf der jeweiligen politischen Ebene, denen die Gerichte verantwortlich waren.

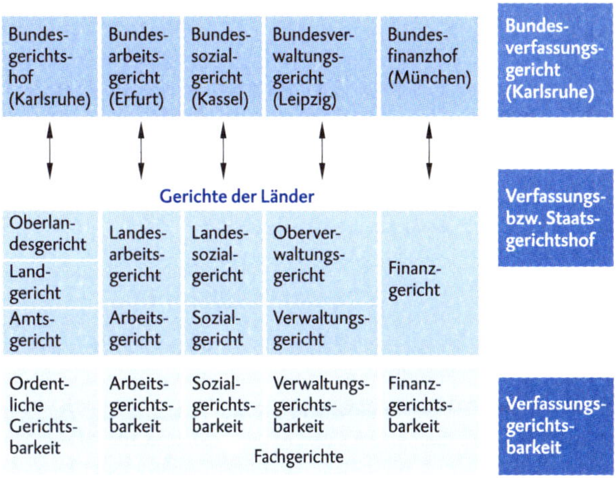

Gerichte in der Bundesrepublik Deutschland nach Zuständigkeit

Gesetz Jeder Akt des Parlaments, z. B. des Bundestags, der in dem dafür vorgegebenen Gesetzgebungsprozess (s. Abb., S. 51) zustande gekommen ist. In der BRD gibt es die sog. zustimmungsbedürftigen Gesetze (s. Tabelle, S. 50). D. h., Gesetzen, die die Verfassung oder die Länder im Einzelnen betreffen, muss der Bundesrat seine Zustimmung geben. Bei nicht zustimmungsbedürftigen Gesetzen kann ein Einspruch durch eine qualifizierte Mehrheit des Bundestags überstimmt werden.

Gesetzesinitiative Einbringen einer Gesetzesvorlage. Die Gesetzesinitiative kann durch die Bundesregierung, den Bundesrat oder aus der Mitte des Bundestags erfolgen.

Gesetzgebungsnotstand Handlung des Bundespräsidenten in Krisensituationen zur Sicherstellung der Regierungsfähigkeit. Der Bundespräsident hat nach Art. 81 GG das Recht, den Gesetzgebungsnotstand zu erklären, wenn nach einer gescheiterten Vertrauensfrage des Bundeskanzlers, der keine Auflösung des Bundestags folgt, die Bundesregierung diesen Notstand beantragt und der Bundesrat zustimmt. Ist der Gesetzgebungsnotstand erklärt worden, können Gesetze auch ohne Zustimmung des Bundestags angenommen werden, wenn der Bundesrat zustimmt. Der Gesetzgebungsnotstand ist auf sechs Monate begrenzt. Er wurde in der Geschichte der BRD noch nie erklärt.

Bund: ausschließliche Gesetzgebung	Bund und Länder: konkurrierende Gesetzgebung	Länder: ausschließliche Gesetzgebung
• Auswärtige Angelegenheiten • Verteidigung, Zivilschutz • Währungs-, Geldwesen • Deutsche Bahn, Luftverkehr • Post-, Fernmeldewesen • Passwesen • Zölle, Außenhandel	• Bürgerliches Recht, Strafrecht, Strafvollzug • Wirtschafts-, Arbeitsrecht • Vereins-, Versammlungsrecht • Personenstandswesen • Aufenthaltsrecht für Ausländer • Straßenverkehr • Kernenergie	• Kultur, Schule, Bildung • Polizei • Gesundheit • Presse • Hörfunk und Fernsehen • Kommunalwesen

Zuständigkeiten in der Gesetzgebung

Gewalt Direkte, körperliche Schädigung oder Tötung von Personen. Neben dieser Definition im engsten Sinne wird der Begriff auf vielfältige Beziehungen zwischen Menschen, Gruppen, Ländern oder Institutionen, aber auch in Bezug auf Tiere und Dinge angewandt. Deshalb wird der Begriff durch einen Zusatz oft näher bestimmt etwa als politische, psychische, kulturelle, symbolische, verbale, häusliche, sexuelle Gewalt. Grundsätzlich werden zwei Arten von Gewalt unterschieden. Im Gegensatz zur **personellen**, d. h. **direkten Gewalt** zwischen Personen wird mit dem Begriff der **indirekten** oder **strukturellen Gewalt** die ungleiche Verteilung gesellschaftlicher (d. h. vor allem bildungsbedingter, ökonomischer, bürokratisch-technischer und sozialer) Ressourcen bezeichnet. Sie geht nicht von einem direkt zu benennenden Akteur aus, sondern ist durch Strukturen geprägt und wirkt indirekt. Dieser Begriff stammt aus der Friedensforschung der 60er-Jahre *(Johan Galtung)* und will verdeutlichen, dass die Dominanz von Ländern, gesellschaftlichen Gruppen, Schichten oder Eliten zu sozialer Ungerechtigkeit und Diskriminierung führen kann. Strukturelle Gewalt gilt Gegnern der staatlichen Gewalt oftmals als Rechtfertigung für den eigenen gewalttätigen Widerstand. Eine besondere Übereinkunft ist das staatliche „Monopol physischer Gewaltsamkeit" *(Max Weber)*. D. h., nur der Staat darf körperliche Gewalt zur Durchsetzung der herrschenden Rechtsordnung ausüben oder legitimieren und besitzt somit das **Gewaltmonopol**. Als Grundprinzip politisch-demokratischer Herrschaft und zum Schutz vor Missbrauch **staatlicher Gewalt** existiert in der BRD die Gewaltenteilung. Begriffe, die häufig im Zusammenhang mit Gewalt genannt werden, sind Macht, Herrschaft, Konflikt und Krieg.

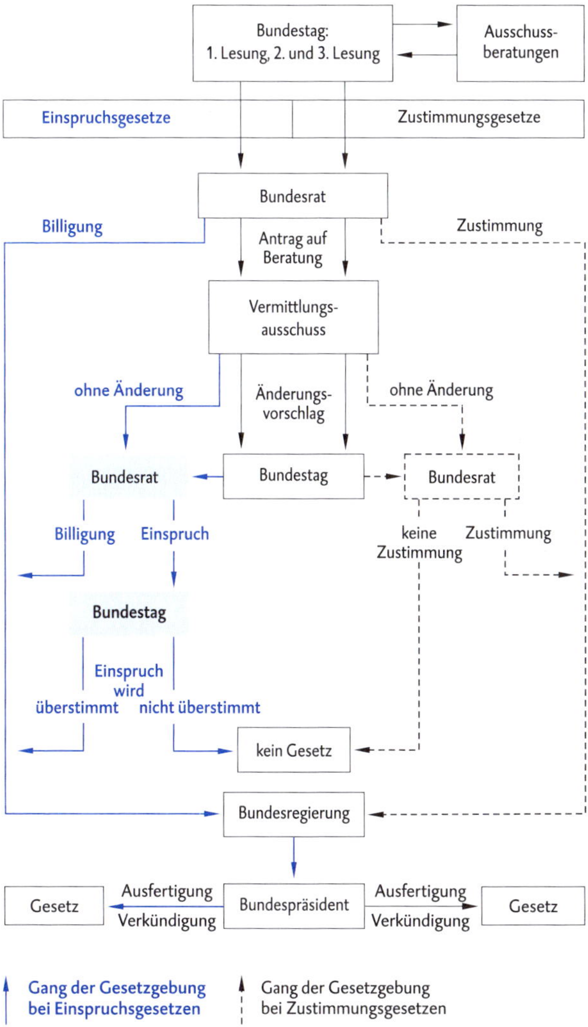

Gesetzgebungsprozess in der BRD

Gewaltenteilung Liberales Prinzip der staatlichen Organisation. Zur Verhinderung des Machtmissbrauchs soll eine personelle und funktionale Trennung zwischen den verschiedenen Trägern staatlicher Gewalt existieren. Das zur Rechtsstaatlichkeit gehörende Prinzip der Gewaltenteilung oder -kontrolle ist nicht nur ein theoretisches Organisationsprinzip des Staates, nach dem Exekutive, Judikative und Legislative sich gegenseitig kontrollieren sollen. Es wirkt vielmehr unmittelbar in den Lebensbereich der Bürger hinein, da es den Machtmissbrauch eines Verfassungsorgans verhindern soll und die Bürger z.B. gegen eine Verwaltungsentscheidung (Exekutive) vor einem Gericht (Judikative) klagen können. Nach dem Prinzip der Gewaltenteilung kontrolliert in Deutschland der Bundestag die Bundesregierung und diese ist gegenüber dem Bundestag rechenschaftspflichtig. Ein weiteres Beispiel für **Gewaltenkontrolle** ist das Recht des Bundestags, gegen Entscheidungen der Bundesregierung vor dem Bundesverfassungsgericht zu klagen, das seine Entscheidungen unabhängig von den anderen Verfassungsorganen fällt. Die in der Praxis vorhandene **Gewaltenverschränkung** steht in keinem Widerspruch zu der vom Prinzip der Gewaltenteilung verlangten grundsätzlichen Unabhängigkeit der Gewalten. Denn obwohl im parlamentarischen System Deutschlands eine zunehmende Verschränkung zwischen Regierung und Parlamentsmehrheit existiert – die Regierungsmitglieder sind in der Regel auch Abgeordnete der jeweiligen Parlamente auf Bundes- bzw. auf Landesebene –, treffen die Institutionen

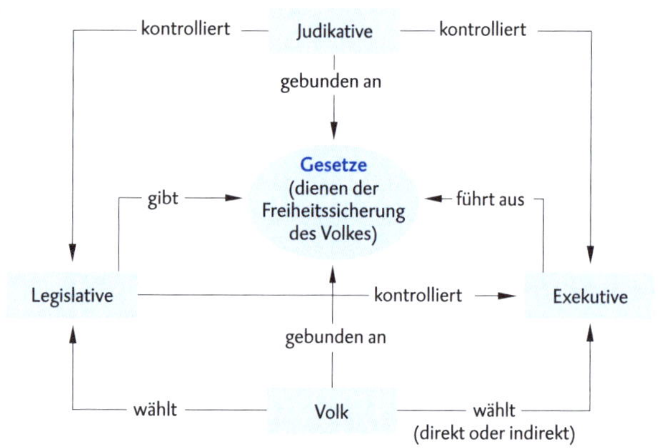

Das Prinzip der Gewaltenteilung

formal-rechtlich im Rahmen ihrer Kompetenzen, z. B. der Gesetzgebungskompetenz der Parlamente, gültige Entscheidungen. Die **horizontale Gewaltenteilung** zwischen der judikativen, legislativen und exekutiven Gewalt muss von der **vertikalen Gewaltenteilung** unterschieden werden, die die staatlichen Ebenen (Bund, Länder und Gemeinden) berechtigt, im Rahmen ihres jeweiligen Kompetenzbereichs selbstständig zu entscheiden.

Gewerkschaft Organisation gehalts- bzw. lohnabhängiger Arbeitnehmer mit dem Zweck, deren wirtschaftliche und gesellschaftliche Interessen durchzusetzen. Das Grundgesetz hebt insbesondere das Recht hervor, Gewerkschaften und Arbeitgeberverbände zu gründen, weil diese für die Lebens- und Arbeitsbedingungen der Menschen in der sozialen Marktwirtschaft von besonderer Bedeutung sind. In der DDR wurde der FDGB (Freier Deutscher Gewerkschaftsbund) genutzt, um eine Verbindung zwischen der Führung der SED und den Arbeitern herstellen zu können. Neben der Organisation der Arbeiter in den Betrieben erfüllte er gesamtstaatliche sozialpolitische Verwaltungsaufgaben (Sozialversicherung der Arbeiter/Angestellten, Ferienheime). Die Betriebe befanden sich nach der SED-Ideologie in der Hand der Arbeiter, der FDGB hatte kein Streikrecht.

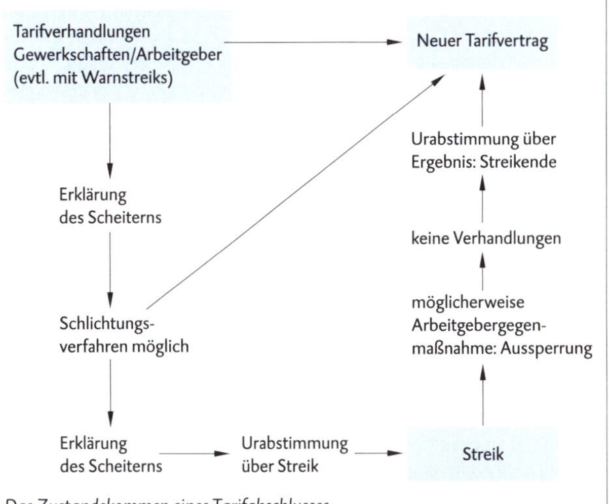

Das Zustandekommen eines Tarifabschlusses

Gleichheit (1) Im allgemeinen politischen Sinne der Tatbestand, dass alle Bürger vor dem Gesetz gleich sind und gleiche Startchancen zur Verwirklichung ihrer Freiheit besitzen. (2) In der internationalen Politik der Tatbestand, dass die Staaten ihre Interessen (ökonomische, kulturelle sowie Sicherheitsinteressen etc.) verwirklichen können, ohne durch die Macht anderer Staaten wesentlich eingeschränkt zu sein.

Grundgesetz, GG Verfassung der Bundesrepublik Deutschland. Es wurde vom Parlamentarischen Rat, der am 1. 9. 1948 in Bonn zusammentrat und aus 65 gewählten Abgeordneten der elf westdeutschen Bundesländer bestand, beraten und am 8. 5. 1949 mit 53 gegen zwölf Stimmen verabschiedet. Damit das GG auch in Kraft treten konnte, mussten die Militärgouverneure der französischen, englischen und amerikanischen Besatzungsmacht sowie zwei Drittel der westdeutschen Landtage zustimmen. Der Name „Grundgesetz" machte deutlich, dass dieses Werk nur als vorläufige Verfassung für die westdeutschen Bundesländer gelten sollte, bis es politisch möglich würde, dass die unter russischer und polnischer Verwaltung stehenden Gebiete des Deutschen Reiches in den Grenzen von 1937 sowie die sowjetische Besatzungszone dem GG beitreten bzw. eine neue gemeinsame Verfassung schaffen könnten. Nach der Herstellung der deutschen Einheit gilt das GG als rechtliche Rahmenordnung für das vereinigte Deutschland. Nach ihr müssen sich die Verfassungsorgane, die gesellschaftlichen Kräfte und die einzelnen Bürger richten. Im Unterschied zur Weimarer Reichsverfassung stehen die Grundrechte am Anfang des Verfassungstextes, um zu verdeutlichen, dass die Menschen- und Bürgerrechte den Mittelpunkt und die zentrale Legitimationsgrundlage der neuen politischen Ordnung in Deutschland bilden.

Grundrechte Durch die Verfassung garantierte, grundlegende Rechte der Individuen in einem Staat. Die Grundrechte, die in der BRD in Art. 1–19 GG niedergeschrieben sind, orientieren sich an den Menschenrechten und stimmen in ihrem Wesensgehalt mit diesen überein. Sie beschreiben die Stellung des Menschen in der demokratischen politischen Ordnung. Die Grundrechte umfassen Abwehrrechte zum Schutz der Menschen vor dem Staat (z. B. Brief-, Postgeheimnis), Mitwirkungsrechte (z. B. Wahlrecht) und Leistungsrechte (z. B. Sozialhilfe). Erwähnenswert ist besonders die Tatsache, dass die Grundrechte unmittelbar geltendes Recht sind, an das die staatlichen Organe gebunden sind. Gegen eine Grundrechtsverletzung können die Bürger vor dem Bundesverfassungsgericht klagen.

Hare/Niemeyer-Verfahren → Kap. 2, Wahl

Haushalt Gegenüberstellung von erwarteten Einnahmen aus Steuern und Abgaben/Ausgaben (bzw. von Aufwendungen und Erträgen) in Deutschland z. B. auf Bundesebene für die staatlichen Ausgaben in der Sozial-, Verteidigungs-, Entwicklungspolitik usw. in einem Jahr. Durch die mittelfristige Finanzplanung versuchen Bund, Länder und Gemeinden aber auch, die Entwicklung der Einnahmen und Ausgaben zu planen und an die wirtschaftliche Entwicklung (Steuereinnahmen) anzupassen. Wegen der Zunahme der staatlichen Aufgaben in den letzten Jahrzehnten, besonders durch die Ausweitung der staatlichen Leistungen in der Sozial- und Familienpolitik, besteht das Problem der Haushaltspolitik darin, dass die Verschuldung der „öffentlichen Hand“ immens angestiegen ist und dass ein großer Teil der Einnahmen für die Zinsen der von Bund, Ländern und Gemeinden aufgenommenen Schulden aufgewendet wird, sodass die finanziellen Mittel nicht für notwendige Ausgaben zur Verfügung stehen. Deshalb ist es politisch geboten, bei den Ausgaben zu sparen. Der Haushalt wird in demokratischen politischen Systemen von der Regierung (Finanzministerium) aufgestellt und muss durch das Parlament bestätigt werden. Dieses Budgetrecht des Parlaments ist ein fundamentales Recht, mit dem das Parlament in wochenlangen Beratungen in den verschiedenen Parlamentsausschüssen, besonders im Haushaltsausschuss, die Exekutive kontrolliert. Minister, Staatssekretäre und Ministerialbeamte müssen dort den Abgeordneten detailliert Auskunft geben. Die jährlichen Haushaltsberatungen im Plenum der Parlamente, in denen der Haushalt als Gesetz beschlossen wird, sind traditionell als „Generaldebatte“ zwischen Regierung und Opposition angelegt.

Herrschaft Institutionalisierte Form politischer und sozialer Macht. Herrschaft ist die Fähigkeit, eigene Interessen gegenüber den Interessen anderer durchzusetzen. Politische Macht ist in staatliche Institutionen eingebunden. In demokratischen politischen Systemen wird die politische Herrschaft durch Wahlen und Abstimmungen legitimiert, aber auch eingeschränkt, z. B. durch gegenseitige Kontrollen des Parlaments, der Regierung und der Gerichte. *Max Weber* unterschied verschiedene Herrschaftsformen: die legale, auf der Ordnung der Gesetze basierende, die traditionelle, auf althergebrachten Riten fußende, und die charismatische, auf der Vorbildlichkeit einer herausragenden Persönlichkeit beruhende Herrschaftsform. Die plebiszitäre Demokratie sei eine Ausprägung der charismatischen Herrschaft.

Immunität → Kap. 2, Abgeordneter

Imperatives Mandat → Kap. 2, Mandat

Indemnität → Kap. 2, Abgeordneter

Innenpolitik Staatliche Aktionen innerhalb der eigenen Grenzen. Besonders die innere Sicherheit, die durch die Polizei und die Sicherheitsorgane gewährleistet wird, fällt unter diesen Begriff. In einem umfassenderen Sinne gehören zur Innenpolitik aber alle Maßnahmen wie etwa die der Wirtschafts- und Sozialpolitik, die die Lebensbedingungen der Bürger in einem Staatsgebiet beeinflussen. In einer Zeit wachsender gegenseitiger internationaler/globaler Abhängigkeit sind diese Bedingungen immer weniger allein durch nationale Maßnahmen zu schaffen. Deshalb wird zunehmend u. a. eine intensivere Kooperation in diesen Fragen im Bereich der EU gefordert.

Regierungsperiode	Innenpolitische Themen der Bundesrepublik Deutschland
Nachkriegszeit 1945–1949	Hungerjahre, Demontagen, Entnazifizierung; Ankunft von Millionen Vertriebenen und Kriegsgefangenen; erste Landtags- und Gemeindewahlen; Änderung der US-Besatzungspolitik (1946 Byrnes-Rede, 1948 Marshallplan, ab 1947 Bi- und Trizone); 1948 Währungsreform; Aufhebung der Zwangsbewirtschaftung.
Koalitionen aus CDU/CSU und FDP 1949–1966	Verabschiedung des Grundgesetzes am 8. 5. 1949: Gründung der BRD; Verbot extremer Parteien; Ausbau der sozialen Marktwirtschaft; Diskussion um die Erweiterung der Mitbestimmung der Arbeitnehmer in der Industrie; Wiederaufbau zerstörter Betriebe und Städte; „Wirtschaftswunder"; Lastenausgleich; Arbeitskräftemangel erfordert verstärkt Anwerbung von Gastarbeitern.
Große Koalition 1966–1969	Erste Wirtschaftskrise der BRD; Entstehung einer außerparlamentarischen Opposition; Wiedergründung kommunistischer Parteien und der rechtsextremen NPD; Notstandsgesetze ergänzen das Grundgesetz; Bildungsnotstand.
Sozialliberale Koalitionen 1969–1982	Weiterer Ausbau der sozialen Sicherheit; Bildungsreform; Ölkrise führt zur zweiten Wirtschaftskrise; zeitweilig über 1 Mio. Arbeitslose, gleichzeitig 2 Mio. Gastarbeiter; Zunahme der Inflationsraten; 1975 neues Mitbestimmungsgesetz; Zerbrechen der sozialliberalen Koalition an Kontroverse über die zunehmende Staatsverschuldung.
Koalitionen aus CDU/CSU und FDP 1982–1998	Nach 1983 erstmals die Grünen im Bundestag vertreten; Regierungsziele: Haushaltssanierung, Bekämpfung der Arbeitslosigkeit; friedliche Revolution in der DDR: Politik der Wiedervereinigung durch die Bundesregierung; Währungs-, Wirtschafts- und Sozialunion (Mai 1990); Unterzeichnung des Einigungsvertrags (31. 8. 1990); Beitritt der DDR zum Bundesgebiet (3. 10. 1990); Wahl des ersten gesamtdeutschen Parlaments (2. 12. 1990); ab 1990 Bekämpfung der

	Folgeprobleme des Einigungsprozesses; Verschärfung des Asylrechtes (1993); Solidarpakt zwischen Bund und Ländern zur Finanzierung der deutschen Einheit; Ausbau und Versuch einer Reform des Sozialstaats.
Koalitionen aus SPD und Bündnis 90/ Die Grünen 1998–2005	Erstmalige Ablösung der Regierung durch die Opposition in Wahlen (27. 9. 1998); Beginn des Atomenergie-Ausstiegs nach „Konsensgesprächen" mit der Industrie (2000); Ökologische Steuerreform; verschiedene Reformvorhaben, vor allem zur Reform des Arbeitsmarktes: „Hartz-Reformen" (Zusammenlegung von Arbeitslosen- und Sozialhilfe u. a.); Rentenreform; Gesetze zur Terrorismusbekämpfung.
Große Koalition 2005–2009	Ziele und Reformvorhaben: Gesundheitsreform, Föderalismusreform, Arbeitsmarktpolitik, Finanzpolitik.
Koalition aus CDU/CSU und FDP ab 2009	Trotz Verlusten der Volksparteien CDU und SPD bei der Bundestagswahl solide Mehrheit für die Koalition von CDU/CSU und FDP; Bekämpfung der Verschuldung der öffentlichen Haushalte; Aussetzung der Wehrpflicht; Kurswechsel in der Energiepolitik nach der Atomkatastrophe von Fukushima: Ausstieg aus der Atompolitik bis 2022.

Institution Einrichtung zur Erfüllung bestimmter öffentlicher oder privater Zwecke (Amt, Organisation). In der Soziologie Bezeichnung für eine gesellschaftliche Gruppierung (Partei, Bürgerinitiative, Freundeskreis), die regelmäßig und gewohnheitsmäßig dieselben Handlungen wiederholt. Diese Institutionalisierungsprozesse vereinfachen zwischenmenschliche Kommunikation und Interaktion.

Integrität → Kap. 4, Integrität

Interessengruppe → Kap. 2, Verband

Judikative Rechtsprechende Gewalt in einem Staat.

Kabinett Kollegium von mehreren Ministern, die unter der Leitung des Regierungschefs die Regierungsgeschäfte eines Staates führen.

Koalition (1) Regierungsbündnis, das aus mindestens zwei Parteien zum Zweck der Wahl einer Regierung und des Regierungschefs besteht. Eine Koalition wird dann gebildet, wenn keine Partei die absolute Mehrheit der Parlamentssitze erhält. Hierbei koalieren meist eine „größere" und eine „kleinere" Partei (etwa „Rot-Grüne Koalition" aus SPD und Bündnis 90/Die Grünen oder „Schwarz-Gelb" aus CDU/CSU und FDP). Es kommt vor, dass sich eine Koalition der stärksten Parteien bildet, meist um einen möglichst breiten gesellschaftlichen Konsens zu erreichen (**„große Koalition"**). Eine Koalition ist mit der Wahl der Regierung nicht beendet, sondern besteht während der ganzen Legislaturperiode bis zur nächsten Wahl oder bis zum Bruch der Koalition weiter. (2) Im militärischen Bereich ein vorübergehender Zusammenschluss mehrerer Staaten zu einem bestimmten Zweck.

Kommunalpolitik Gesamtheit aller die Kommunen (Städte, Gemeinden, Kreise) betreffenden politischen Handlungen des Staates, der Kommunen, der politischen Parteien und der Verbände. Die kommunale Selbstverwaltung und die Möglichkeit der Partizipation stehen in engem Zusammenhang, weil die Bürger ihre Interessen „vor Ort“ in den politischen Entscheidungsprozess einbringen können. In den Kommunen besteht z. B. die Möglichkeit, entsprechend den in den Ländern existierenden Kommunalverfassungen an Sachentscheidungen teilzunehmen oder aber die Kommunalparlamente durch ein Volksbegehren aufzufordern, sich mit kommunalen Problemen (Bau von Grünanlagen, Straßen, Sportplätzen, Schulen etc.) zu beschäftigen.

Konflikt → Kap. 4, Konflikt

Kontrollrechte des Parlaments

Große Anfrage

- Schriftliche Anfrage zu einem größeren politischen Themenkomplex durch eine Fraktion bzw. mindestens 5 % der Abgeordneten
- Im Anschluss an die Beantwortung durch die Bundesregierung in der Regel eine Bundestagsdebatte

Kleine Anfrage

- Schriftliche Anfrage zu konkreten Einzelthemen durch eine Fraktion bzw. mindestens 5 % der Abgeordneten
- Schriftliche Antwort durch das jeweils zuständige Ministerium

Fragerechte des Bundestags

Hauptfunktionen:

- Beschaffung von Informationen
- Öffentliche Herausforderung der Regierung durch die Opposition
- Gelegenheit, die Haltung der Opposition darzulegen

Fragestunde

- Einzelfragen zur mündlichen/schriftlichen Beantwortung, von einzelnen Abgeordneten eingebracht
- Mündliche Beantwortung in den beiden wöchentlichen Fragestunden des Bundestags
- Möglichkeit für die Abgeordneten, mit Zusatzfragen nachzuhaken

Aktuelle Stunde

- Politische Debatte mit Kurzbeiträgen zu aktuellen Themen, auf Verlangen einer Fraktion bzw. von mindestens 5 % der Abgeordneten oder nach Vereinbarung im Ältestenrat
- Redezeit für die Abgeordneten: 5 Min., Gesamtdauer: 1 Stunde + Redezeit der Regierung

Korporatismus (Neokorporatismus) Beteiligung von Verbänden bzw. Nichtregierungsorganisationen an politischen Steuerungsprozessen durch Beziehungen zwischen Regierung/politischer Verwaltung und Verbänden. Der Begriff bezieht sich auf die vorindustrielle Staatsorganisation, in der gesellschaftliche Gruppen/Teilorganisationen (Korporationen) originäre staatliche Aufgaben wie Berufsausbildung, Fürsorge und Bildung übernahmen. In Deutschland existiert Korporatismus etwa im Gesundheitswesen, in der Bildung (z. B. Mitwirkung der Handwerkskammern bei der beruflichen Bildung) und der Tarifpolitik. Die zentrale These der in den 1970er-Jahren entwickelten neokorporatistischen Theorie von *Alemann* lautet, dass Staat (Ministerialbürokratie), Verbände und Parteien in einem Netz vielfältiger Beziehungen verknüpft sind. Dies trägt erstens zur Entlastung der Politik bei, weil der Fachverstand der Verbände genutzt werden kann, was für die Regierbarkeit komplexer Industriegesellschaften notwendig ist. Es führt zweitens zu Problemlösungen, ohne dass ein weiteres Eingreifen des Staates notwendig wäre (Subsidiarität). Handelt die Regierung mit Verbänden politische Lösungen aus („Bündnis für Arbeit", Kompromisse mit der Atomindustrie etc.), besteht die Kritik, dass das Parlament als Träger der Volkssouveränität abgewertet wird, da Entscheidungen extern getroffen werden und dem Parlament nur die Fleißarbeit der Ausschüsse und die Öffentlichkeitswirkung der Debatten im Plenum bleiben. Der Pluralismustheorie wird vonseiten der Befürworter des Neokorporatismus vorgeworfen, sie erfasse die Verflechtung gesellschaftlicher Interessen mit staatlicher Politik nur unzureichend, da sie davon ausgehe, dass die vielfältigen Interessensgruppen „nur" versuchen, auf die Entscheidungen im politischen System Einfluss zu nehmen. Schon bei der Erstellung von Gesetzesentwürfen jedoch würden regelmäßig Stellungnahmen der betroffenen Verbände und Fachkreise eingeholt. Insofern seien die Interessenverbände oft tätig, bevor die gewählten Vertreter sich mit den entsprechenden Themen beschäftigten. Die im Konzept des Neokorporatismus erfassten und in der politischen Realität festzustellenden offensichtlichen demokratischen Defizite könnten durch eine Stärkung der parlamentarischen Kontrolle und durch eine Erhöhung der Partizipation in politischen Parteien und gesellschaftlichen Teilbereichen behoben werden. Die Gefahr autoritärer Herrschaft, die sich durch die enge Verknüpfung von Verbandseliten und Ministerialbürokratie auszeichnet, ohne dass Parlament und Parteien diese kontrollierten, könne langfristig gebannt werden, wenn eine kritische Öffentlichkeit existiere, die Bürger sich in Verbänden und demokratischen Parteien, Bürgerinitiativen etc. engagierten und die Tarifautonomie weiter bestehe.

Korruption Bestechung und Bestechlichkeit.

Kumulieren Wahlmethode, bei der ein Wähler einem Kandidaten mehrere Stimmen geben kann.

Länderfinanzausgleich System, das Steuern zwischen den einzelnen Bundesländern verteilt, um deren unterschiedliche Finanzkraft auszugleichen (horizontaler Ausgleich).

Landesliste Bei der Bundestagswahl für ein Bundesland geltender Wahlvorschlag einer Partei. Neben den Wahlkreiskandidaten werden auch Kandidaten in bestimmter Reihenfolge aufgestellt, die die Bürger mit ihrer Zweitstimme wählen können. Die Festlegung der Reihenfolge bei der Aufstellung der Landeslisten erfolgt in geheimer Abstimmung. Scheidet ein Abgeordneter, der über die Landesliste in den Bundestag gewählt wurde, aus dem Parlament aus, rückt der nächste Kandidat der Landesliste seiner Partei in den Bundestag nach.

Landtage Aus demokratischen Wahlen hervorgegangene Volksvertretungen der Bundesländer.

Legalität Übereinstimmung von privatem Handeln oder dem Handeln von Politikern bzw. von den Vertretern von Exekutive, Judikative und Legislative mit den Gesetzen.

Legislative Gesetzgebende Gewalt im Staat.

Legislaturperiode Zeitspanne, für die ein Parlament gewählt ist.

Legitimation Rechtfertigung politischer Herrschaft. Jede politische Ordnung wird durch eine Anzahl legitimierender oder regulativer Ideen gerechtfertigt. Für Deutschland sind dies die in Art. 20 GG festgelegten Verfassungsprinzipien. Der Begriff „Legitimation“ bezieht sich stärker als der Begriff „Legitimität“ auf den Prozess der Rechtfertigung politischer Herrschaft, indem z. B. die im Demokratieprinzip begründeten Wahlen in die Überlegung mit einbezogen werden.

Legitimität Rechtmäßigkeit einer politischen Ordnung. Der Begriff „Legitimität“ bezieht sich stärker als der Begriff „Legitimation“ auf die grundlegenden Werte und Überzeugungen, nach denen menschliches Zusammenleben möglich ist und aus denen sich Ideen über die Begründung politischer Herrschaft ergeben.

Lobbyismus Bemühungen, durch gezieltes Ansprechen politischer Entscheidungsträger eigene Interessen durchzusetzen. Lobbyisten nutzen dazu verschiedenste Mittel von Öffentlichkeitsarbeit bis hin zu direktem Druck auf einzelne Abgeordnete. Der Begriff stammt aus den USA, wo der Lobbyismus weit verbreitet und traditionell als legitim anerkannt ist. Staaten, Organisationen, Unternehmen oder ethnische/religiöse Gruppen, die über eine starke Lobby verfügen, nehmen auf diese Weise deutlichen Einfluss auf die Politik.

Folgen des Lobbyismus in der bundesdeutschen Politik?

Macht Fähigkeit, Interessen eines Individuums, einer Gruppe, eines Staates oder einer Staatengruppe gegenüber den Interessen anderer durchzusetzen. Dabei spielt keine Rolle, worauf diese Durchsetzungsfähigkeit beruht (Überzeugungskraft, Gewalt, Diplomatie, Militär, ökonomische Leistungsfähigkeit etc.). Macht spielt in jeder sozialen Beziehung eine Rolle. Die Anerkennung des staatlichen Gewaltmonopols kann als weitgehendste Machtübertragung von Individuen an eine höhere Instanz betrachtet werden.

Mandat Die Ermächtigung, die Wähler ihren Abgeordneten verleihen, in ihrem Namen für eine bestimmte Zeit politische Aufgaben und Rechte wahrzunehmen und an den politischen Entscheidungen mitzuwirken. (1) **Freies Mandat:** In Deutschland gilt, wie auch in vielen anderen repräsentativen Demokratien, der Grundsatz des freien Mandats. Nach Art. 38 GG ist der Bundestagsabgeordnete nur seinem Gewissen unterworfen und an Aufträge und Weisungen der Wähler oder seiner Partei nicht gebunden. Er muss daher immer überprüfen, ob die Interessen seiner Wähler in dem jeweiligen Wahlkreis mit den Allgemeininteressen übereinstimmen. (2) **Imperatives Mandat:** Prinzip, das bis ins 19. Jh. in Ständeversammlungen üblich war und im Gegensatz zum freien Mandat steht. Dort waren die Ständevertreter ihren Wählern Rechenschaft schuldig und konnten abberufen werden, wenn sie ihren Weisungen nicht nachkamen. Ein imperatives Mandat führt dazu, dass Abgeordnete in allen Entscheidungen von der Parteibasis abhängig sind. Sie müssen immer darauf achten, dass ihr Stimmverhalten die Zustimmung ihrer Wähler findet, weshalb Kompromisse stark erschwert werden. (3) **Direktmandat:** Mandat, welches in Deutschland derjenige Kandidat erhält, der bei der Bundestagswahl die meisten Erststimmen in einem Wahlkreis auf sich vereinigt.

Medialisierung Die wachsende Bedeutung der Medien im politischen Alltag. Wahlkämpfe werden zunehmend mithilfe von Massenmedien (Internet, Fernsehen) gestaltet. Auf der anderen Seite nehmen Medien mit ihrer Berichterstattung direkt Einfluss auf die Tagespolitik.

Mehrheitsprinzip Form der politischen Willensbildung. Das Mehrheitsprinzip, bei dem für eine Entschlussfassung die Mehrzahl der Stimmen benötigt wird, ist in demokratischen politischen Ordnungen bei Abstimmungen vorherrschend. Es wird davon ausgegangen, dass die konkreten Inhalte des Gemeinwohls durch eine kontroverse Diskussion, die in eine politische Entscheidung einmünden muss, zu bestimmen sind. In den demokratisch gewählten Gremien wird ebenfalls von der Gleichheit der Stimmen aller Beteiligten ausgegangen. Der Vorschlag, der die Mehrheit der Stimmen erhalten hat, gilt, im Gegensatz zum Verfahren des Einstimmigkeitsprinzips, auch für die Unterlegenen. In einer Satzung kann festgelegt werden, ob für bestimmte Fragen die Mehrheit der Mitglieder des Gremiums oder die Mehrheit der Anwesenden gelten soll. Bei Abstimmungen in den Parlamenten unterscheidet man die **relative Mehrheit** – ein Vorschlag erhält mehr Stimmen als alle anderen – von der **absoluten Mehrheit** – ein Vorschlag erhält mehr als 50 % der Stimmen. Unter einer **qualifizierten Mehrheit** sind zu erreichende Mehrheiten von mehr als 50 %, z. B. eine Zweidrittelmehrheit bei Verfassungsänderungen, zu verstehen. Entscheidungen nach dem Mehrheitsprinzip werden begrenzt durch den Minderheitenschutz.

Mehrheitswahl → Kap. 2, Wahlsystem

Meinungsfreiheit Ein Grund- und Menschenrecht, das durch Art. 5 GG und Art. 19 der Menschenrechtserklärung der UNO gesichert wird. Die Meinungsfreiheit umfasst das Recht, die eigene Meinung zu bilden, sie frei zu äußern sowie zu verbreiten und die dafür notwendigen Informationen aus allgemein zugänglichen Quellen zu beziehen.

Menschenrechte → Kap. 4, Menschenrechte

Menschenwürde Unantastbarer Wert, der dem Menschen als Person zusteht (Art. 1 Abs. 1 GG).

Minderheitenschutz Völkerrechtliche Vorgabe, dass gesellschaftlichen Minderheiten die gleichen Rechte einzuräumen sind wie der Mehrheit. Der Minderheitenschutz, der in den Grund- und Menschenrechten festgelegt ist, kann nicht durch das Mehrheitsprinzip außer Kraft gesetzt werden. Minderheiten, die sich von der Mehrheit durch besondere Merkmale wie Sprache, Volkstum, Kultur, Religion etc. unterscheiden, sind in Deutschland nach Art. 3 Abs. 1 und 3 GG geschützt.

Ministerpräsident (1) In einigen Staaten die Bezeichnung für den Regierungschef (z. B. Frankreich, Großbritannien). (2) In der Bundesrepublik Deutschland die Bezeichnung für die Regierungschefs der Bundesländer (abgesehen von den Stadtstaaten).

Ministerrat (1) In vielen Ländern Regierungsbezeichnung, z. B. in der DDR. Zu den Aufgaben des Ministerrats in der DDR zählten die Umsetzung der politischen Grundsatzentscheidungen der Partei, die Leitung der volkswirtschaftlichen Pläne und die Durchführung der Außenpolitik. (2) Kurzbezeichnung des Rates der EU.

Misstrauensvotum Mehrheitsbeschluss des Parlaments in parlamentarischen Regierungssystemen, einer Regierung oder einem Minister das Misstrauen auszusprechen und so einen Rücktritt herbeizuführen. In Deutschland kann der Bundeskanzler nur mit dem **konstruktiven Misstrauensvotum** abgesetzt werden. Dieses bedarf, anders als das **einfache (destruktive) Misstrauensvotum**, der Wahl eines Nachfolgers durch die Mehrheit des Bundestags. Diese Vorschrift soll zur Kontinuität der Regierungsfähigkeit beitragen und einen politischen Stillstand verhindern. 1972 scheiterte ein Misstrauensvotum der CDU/CSU unter *Barzel* gegen Bundeskanzler *Brandt* (SPD). 1982 hatte die Opposition (CDU/CSU) unter *Kohl* Erfolg gegen den SPD-Kanzler *Schmidt*, da der Koalitionspartner der Regierung, die FDP, zur Opposition wechselte.

Mitbestimmung → Kap. 2, Partizipation

Monarchie Politische Herrschaftsform, in der ein Monarch (König, Kaiser) das Land regiert oder repräsentiert. Der griechische Philosoph *Aristoteles* zählte die Monarchie, im Gegensatz zur Tyrannis, zu den drei guten Staatsformen. Im Mittelalter rechtfertigte sich die Monarchie mit der Formel „König von Gottes Gnaden“. Man unterscheidet zwischen Erb- und Wahlmonarchie. In Europa sind heute u. a. Großbritannien, Schweden und Spanien monarchisch verfasst. Die Königshäuser haben ihren politischen Einfluss jedoch weitgehend an die Parlamente verloren. (1) In der **konstitutionellen Monarchie** ist der König an eine Verfassung gebunden. Er bleibt zwar Staatsoberhaupt, ist aber durch die Bestimmungen der Verfassung in seinen Rechten in den Bereichen Gesetzgebung, Haushaltsrecht, Kontrolle der Regierung etc. mehr oder minder stark durch Mitwirkung des Parlaments eingeschränkt. Die Regierung bleibt vom Vertrauen des Monarchen abhängig. Ein Beispiel für eine konstitutionelle Monarchie stellt das Deutsche Reich (auch Kaiserreich, 1871–1918) dar. Der Deutsche Kaiser (oberste exekutive Gewalt, Oberbefehlshaber über die Streitkräfte) war durch den Reichstag im Budgetrecht und in der Gesetzgebung eingeschränkt. Der Reichstag

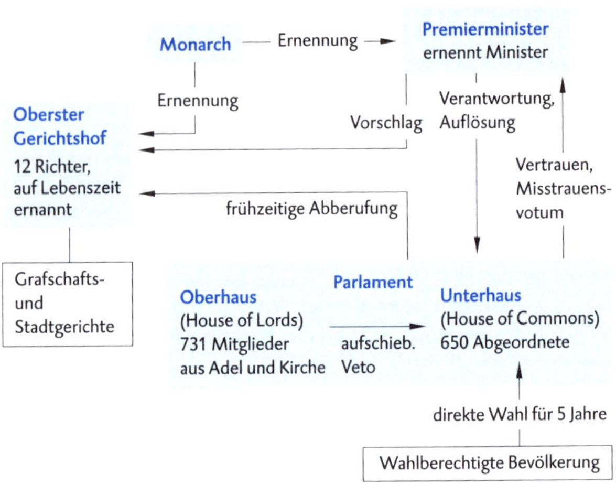

Systematischer Überblick zum politischen System Großbritanniens

wurde im Gegensatz zu den Parlamenten der Bundesstaaten (z.B. in Preußen Dreiklassenwahlrecht) in allgemeiner, gleicher und geheimer Wahl zu Beginn für drei, ab 1890 für fünf Jahre gewählt. (2) In der **parlamentarischen Monarchie** wird die legislative Gewalt von einem Parlament ausgeübt. Die Regierung ist ebenfalls dem Parlament verantwortlich. Ein aktuelles Beispiel einer parlamentarischen Monarchie ist Großbritannien. Im europäischen „Mutterland der Demokratie" existiert keine geschriebene Verfassung, weshalb bei Debatten über die Rechtmäßigkeit politischer Handlungen dem Rückgriff auf historische Beispiele eine besondere Bedeutung zukommt. Die Monarchie Großbritannien zeichnet sich durch ein parlamentarisches Regierungssystem aus, da das Parlament die Regierung bestellen und auch wieder abberufen kann. Das Parlament besteht aus zwei Kammern, dem gewählten Unterhaus *(House of Commons)* und dem Oberhaus *(House of Lords)*.

Multilateralismus → Kap. 4, Multilateralismus

Nation Gemeinschaft mit einem gemeinsamen politischen und kulturellen Bewusstsein. Eine Nation besteht aus einer großen Anzahl von Menschen, die als Kollektiv gemeinsame Erfahrungen gemacht haben und gemeinsame Wertvorstellungen besitzen. Die Bedeutung der Nation für die internationalen Beziehungen wird oft unterschiedlich bewertet, was nur in historischen Zusammenhängen zu erklären ist. So wird in Frankreich seit der Französischen Revolution der Begriff der Nation unmittelbar mit dem Sieg über den Absolutismus und deshalb mit der Erringung bürgerlicher Freiheiten verbunden. Auch in den USA wurden die im Unabhängigkeitskrieg (1775–1783) errungenen Freiheiten, ausgedrückt in der Unabhängigkeitserklärung von 1776 und in der Verfassung von 1787, gleichzeitig mit der Bildung einer eigenen Nation erlebt. Das **Nationalbewusstsein** zeigt sich in Demonstrationen, im Bürgerengagement für die auf Freiheit begründete Ordnung und in entsprechenden Symbolen (Fahnen, Nationalhymne). Das Staatsbewusstsein, die Überzeugung, dass die republikanische Staatsform die wünschenswerte ist, da sie Freiheit am ehesten garantiert, fällt in diesem Fall mit dem Nationalbewusstsein zusammen. In Deutschland gab es verschiedene Brüche im Nationalbewusstsein. Dessen Entstehung in der Neuzeit war mit dem Bestreben nach Einheit und Freiheit verbunden. Das Ziel der liberalen Bewegung zu Beginn des 19. Jh. war die Überwindung der territorialen Zersplitterung Deutschlands, die nur durch die Abschaffung des Absolutismus in den verschiedenen Fürstentümern erreicht werden konnte. Der Wunsch nach einem deutschen Nationalstaat auf der Grundlage bürgerlicher Freiheiten und das gleichzeitige Erleben eines Gemeinschaftsgefühls in Sprache, Literatur, Wissenschaft und Religion wurde im Wartburgfest der Deutschen Burschenschaften (1817) und im Hambacher Fest (1832) deutlich. Nach dem gescheiterten Versuch, dieses Nationalgefühl nach der Revolution von 1848 mit einer gesamtstaatlichen Ordnung (Verfassung) zu verbinden, wurde erst 1871 durch *Bismarck* das Deutsche Reich gegründet. Dieses stellte zwar die Einheit Deutschlands her, stabilisierte jedoch gleichzeitig die Herrschaft des Adels und des Großbürgertums. Insofern musste es zu einem weiteren Bruch zwischen Nationalbewusstsein und Staatsbewusstsein kommen. Der übersteigerte **Nationalismus** Anfang des 20. Jh., der mitverantwortlich für den Ersten Weltkrieg war, wird als negatives Beispiel für die politische Bedeutung des Nationalbewusstseins angeführt. Dass die Grenzen zwischen Nationalismus und Nationalbewusstsein oft fließend sind, macht die Problematik des letzteren aus. Das deutsche Nationalbewusstsein geriet v. a. durch die nationalsozialistische Expansionspolitik und den Holocaust in Misskredit. In der Nachkriegszeit war es ebenfalls wegen der deutschen Teilung problembehaftet.

Negatives Stimmgewicht Ein bei Wahlen auftretender Effekt, bei dem einerseits Stimmen, die für eine Partei abgegeben werden, zum Verlust von Mandaten und andererseits Stimmen, die nicht für eine Partei abgegeben werden, zum Gewinn von Mandaten führen können. Dies war nach dem deutschen Wahlrecht wegen der Überhangmandate und der Listenverbindungen in verschiedenen Bundesländern möglich. Die Abgabe der Stimme und die daraus folgende Vergabe von Mandaten entsprechen demnach nicht dem Wählerwillen. Laut Bundesverfassungsgericht (in einem Urteil von 2008) verstößt das negative Stimmgewicht gegen die Wahlrechtsgrundsätze Gleichheit und Unmittelbarkeit. Deshalb wurde das Wahlrecht im Jahr 2011 so geändert, dass zwar die Überhangmandate beibehalten werden, jedoch die Listenverbindung und somit die Verrechnung und Verschiebung der Mandate zwischen den Bundesländern nicht mehr möglich ist.

Neokorporatismus → Kap. 2, Korporatismus

Neue Medien → Kap. 3, Medien

Notstandsgesetze Am 30. 5. 1968 im Bundestag beschlossene Gesetze, die die Handlungsfähigkeit der BRD in Notsituationen und im Spannungs- und Verteidigungsfall regeln. Mithilfe dieser sollte die Souveränität der BRD gegenüber den Vorbehaltsrechten der Westalliierten gestärkt werden. Bis 1968 besaßen die Westalliieren nach Art. 5 des Deutschlandvertrags in der Fassung vom 23. 10. 1954 die Möglichkeit, bei Gefährdung der eigenen Truppen oder der öffentlichen Sicherheit einzugreifen. Durch die Notstandsgesetze wurde dieses Recht an die BRD bzw. auf deutsche Sicherheitsbehörden übertragen. Diese Gesetze riefen breiten Widerstand hervor.

NPD (Nationaldemokratische Partei Deutschlands) Rechtsextreme deutsche Partei. Die im Jahr 1964 gegründete NPD hatte ihre größten Wahlerfolge Mitte und Ende der 1960er-Jahre (bis zu 9,8 % der Stimmen bei Landtagswahlen) und 2004 (9,2 % bei der sächsischen Landtagswahl). 2009 konnte die NPD unter Stimmenverlusten erneut in den sächsischen Landtag einziehen. Seit 2006 ist sie im Landtag von Mecklenburg-Vorpommern vertreten. 2008 besaß die Partei ca. 7000 Mitglieder und hatte damit die DVU überholt. Sie verfügt ebenso über eine effizientere Parteistruktur (Hochschulbund, Jugendorganisation u. Ä.). DVU und NPD schlossen 2004 den sog. Deutschlandpakt. Dieser beinhaltete, dass beide bei Wahlen nicht als Konkurrenten antreten und hielt bis 2009. Ende 2010 beschlossen NPD und DVU eine Fusion beider Parteien, die aufgrund von Verfahrensfehlern bei der Urabstimmung innerhalb der DVU durch das Landgericht München vorerst für unwirksam erklärt wurde. Die NPD sieht sich als Sammelbecken aller rechtsgerichteten Kräfte im Kampf gegen das „System" und war wegen ihrer Nähe zu verfassungsfeindlichen Organisationen und Personen Ziel eines 2001 von der Bundesregierung, dem Bundestag und dem Bundesrat eingereichten Parteiverbotsantrags. Das Verbotsverfahren stützte sich auf vermeintlich verfassungsfeindliche Äußerungen von NPD-Mitgliedern. Es scheiterte 2003 aufgrund der Tätigkeit von Verfassungsschutzmitarbeitern („V(erbindungs)-Männern“) in Leitungspositionen der Partei, was laut Bundesverfassungsgericht die Beweislast verfälschte. Seit 2011 laufen verstärkt neue Initiativen für einen Verbotsantrag, da Verbindungen mit rechtsextremistisch motivierten Verbrechen der Gruppe „NSU“ (Nationalsozialistischer Untergrund) bekannt wurden.

Öffentliche Meinung Vorherrschende Meinung in einer Gesellschaft zu Fragen des allgemeinen Interesses. Der Begriff der öffentlichen Meinung unterstellt zunächst, es gebe eine homogene Meinung aller Bürger zu einem bestimmten Thema. Tatsächlich existiert eine öffentliche Meinung in diesem Sinne nicht, sondern es gibt immer verschiedene Gruppen unterschiedlicher Größe und Struktur, die häufig voneinander abweichende Meinungen zu einem Problem vertreten. Die Zugehörigkeit einzelner Personen zu einer Meinungsgruppe hängt von Faktoren wie Herkunft, Bildung, Einkommen, Familienstand und Alter sowie von dem Willen, sich zu informieren, ab. Die in der Öffentlichkeit diskutierten Themen sind entweder Reaktionen auf tatsächlich feststellbare Ereignisse (Wahlen, Konjunktur, Terroranschläge) oder Fragestellungen, die von den Diskussionsteilnehmern herausgestellt werden (Debatten über die Vergangenheit, die Rolle Deutschlands in der Welt etc.). Die Massenmedien spielen die zentrale Rolle bei der Akzentuierung von Themen und Meinungen. In der parlamentarischen Demokratie sollte das Parlament eine wichtige Rolle in dieser öffentlichen Diskussion spielen, damit Bürger die Meinung der von ihnen zur politischen Herrschaft berufenen Abgeordneten kennenlernen und diese mit ihren eigenen Meinungen vergleichen können.

Öffentlichkeit Gesellschaftliches System, das dauerhaft vorhanden und in die Rollen Sprecher, Vermittler sowie Publikum differenziert ist. Die Öffentlichkeit besitzt die Aufgabe, zwischen Bürgern und Politik bzw. zwischen gesellschaftlichen Teilsystemen zu vermitteln, indem in ihr Themen und Meinungen transparent gemacht, diskutiert und die Ergebnisse als öffentliche Meinung sichtbar werden. Sie besteht aus Medien, Parteien, Verbänden, Regierung, der Bevölkerung etc. Dabei übernehmen die Medien in der Rolle der Vermittler die Aufgabe, die öffentliche Meinung darzustellen, weshalb in diesem Zusammenhang auch von **veröffentlichter Meinung** gesprochen wird. Öffentlichkeit steht damit im Gegensatz zur Privatheit, die nicht den Anspruch der Transparenz verfolgt, sondern durch Vertraulichkeit bzw. Diskretion geprägt ist. Dabei existiert allerdings keine feste Grenze zwischen beiden.

Ökologie → Kap. 2, Umweltpolitik

Oligarchie Herrschaftsform, in der eine kleine Gruppe aus Adligen oder reichen Bürgern die politische Macht ausübt und zu ihrem Zweck missbraucht. Die Oligarchie ist eine der Staatsformen, die in der antiken Staatstheorie des *Aristoteles* genannt werden. Der moralisch verwerflichen Oligarchie stellt er die gute Staatsform Aristokratie gegenüber.

Opposition Politische „Gegenbewegung". In Deutschland ist die parlamentarische Opposition eine Gruppe von Abgeordneten, die den Regierungschef nicht gewählt hat und die die Regierung im Parlament nicht unterstützt. Ihre Aufgabe ist es, die Regierung zu kontrollieren, zu kritisieren und politische Alternativen aufzuzeigen. Neben der parlamentarischen Opposition existiert auch eine sog. **Außerparlamentarische Opposition (APO)**. Diese bezeichnet eine politische Oppositionsbewegung in der BRD, die sich als grundsätzliche Alternative zu den in den Parlamenten vertretenen Parteien versteht und entsprechende außerparlamentarische Aktionen durchführt. Die Existenz solcher Gruppen ist meist ein Zeichen dafür, dass es den im Parlament vertretenen Parteien nicht mehr gelingt, die im Volk vorhandenen Meinungen und politischen Strömungen zusammenzufassen. Die grundsätzliche Alternative lässt sich sowohl auf die Inhalte der Parteiprogramme bezogen verstehen als auch auf das gesamte parlamentarische System.

Organisation → Kap. 3, Organisation

Panaschieren Wahlmethode, bei der auf dem Wahlzettel mehrere Kandidaten aus verschiedenen Parteilisten angekreuzt werden können.

Parlament Volksvertretung. Das aus freien Wahlen hervorgegangene Parlament mit seinen Abgeordneten repräsentiert in einem demokratischen Staat den Volkswillen. Die wichtigste Funktion des Parlaments ist die Gesetzgebung. Bei der Arbeitsorganisation von Parlamenten gibt es zwei Formen: Das **Redeparlament**, wie das britische Unterhaus, in dem das Plenum der eigentliche Ort der parlamentarischen Arbeit ist, und das **Arbeitsparlament**, wie der amerikanische Kongress, in dem der Schwerpunkt der Arbeit in den Ausschüssen liegt. Der Deutsche Bundestag ist eine Mischform, tendiert aber mehr zum Arbeitsparlament. In den kommunistischen Staaten des ehemaligen Ostblocks besaßen Parlamente eine abgewandelte Funktion, wie an der Volkskammer zu sehen ist. Sie war zwar nominell oberstes staatliches Organ in der DDR und sollte in ihren Plenarsitzungen die Grundfragen der Staatspolitik bestimmen. Jedoch diente sie weder der Repräsentation des Volkswillens, noch war sie Kontrollorgan für die Regierung. Ihre Aufgabe war die Demonstration der Einheit von Beschlussfassung und Durchführung im Sozialismus und die Verabschiedung von bzw. Zustimmung zu Gesetzen.

Parlamentarismus Grundform der repräsentativen Demokratie. In einem engeren Sinne bezeichnet der Begriff eine Regierungsform, in der das in allgemeinen Wahlen bestimmte Parlament die Regierung bestellt, kontrolliert und die Gesetzgebung ausübt. Der Parlamentarismus wurde immer wieder sowohl von linken als auch von rechten Gesellschaftsgruppen kritisiert. Die **rechte Parlamentarismuskritik** nahm vor allem im Kaiserreich und in der Weimarer Republik breiten Raum ein. Der Staatsrechtler *Carl Schmitt*, der dem Weimarer Parlamentarismus ablehnend gegenüberstand, sah den modernen Parlamentarismus seiner zentralen geistigen Grundlagen beraubt. Die Elemente Öffentlichkeit und Diskussion spielten kaum mehr eine Rolle, da Entscheidungen in dem Volk nicht zugänglichen Ausschüssen gefällt würden. Die parlamentarische Regierungsform sei für die Massendemokratie des 20. Jh. überholt, da Demokratie Identität von Regierenden und Regierten bedeute, die Homogenität des Staatsvolks jedoch nicht durch ein Parlament hergestellt werden könne. Die rechte Parlamentarismuskritik wird heute von der NPD und anderen rechtsextremen Splittergruppen vorgebracht, wobei u. a. folgende Themen angesprochen werden: Die Gesellschaft mache den Staat zu ihrem Spielball, der Pluralismus, der sich im Parlament niederschlage, gefährde die staatliche Autorität, der Volkswille finde in einer parlamentarisch-repräsentativen Demokratie zu wenig Ausdruck und die Machtbefugnisse eines vom Volk gewählten Präsidenten müssten gestärkt werden, um das Parlament in Krisensituationen kontrollieren zu können. Die **linke Parlamentarismuskritik** reicht von radikal demokratischen Vorstellungen über neomarxistische Auffassungen bis zum offenen revolutionären Gedankengut, das die „Diktatur des Proletariats" propagiert („K-Gruppen"). Die „Neue Linke" sieht den Parlamentarismus nur als eine demokratische Fassade, die die Macht der wirtschaftlich Mächtigen ideologisch verschleiere. Die „formale Demokratie" erzeuge aufgrund von Manipulationsmechanismen „sozialen Frieden". Funktionsverlust und Machtverfall des Parlaments würden die Krise des Parlamentarismus beweisen.

Parlamentsausschuss Gremium, das für die Gesetzgebung gebildet und nach der jeweiligen Stärke der Fraktionen besetzt wird.

Partei Politischer, nationaler Akteur mit der Aufgabe, im politischen System gesellschaftliche Probleme zu erkennen, zu formulieren, in praktikable politische Entscheidungsvorschläge umzuwandeln und diese

einer politischen Entscheidung zuzuführen. In Deutschland ist die Stellung der politischen Parteien in der Verfassung (Art. 21 GG) festgelegt.
(1) Die wichtigste Aufgabe der Parteien laut Grundgesetz ist die Mitwirkung bei der Willensbildung des Volkes, weshalb sie auf folgenden Gebieten tätig sein müssen: Beteiligung an Wahlen durch Programm- und Kandidatenaufstellung, Integration vielfältiger Interessen sowie Einflussnahme auf die politische Entwicklung im Parlament und in der Regierung. Parteien haben somit eine Integrations- und Repräsentationsfunktion. U. a. durch Unterschiede bei der Beteiligung an Wahlen bzw. bei der Aufstellung von Kandidaten sind die Parteien in der BRD von Parteien wie der SED (Sozialistische Einheitspartei Deutschlands) in der DDR abzugrenzen. Diese bildete keine Fraktionen, duldete bei Wahlen keine Gegenkandidaten und bei der Bestimmung eigener Kandidaten gab es für die Mitglieder nur begrenzte Wahlmöglichkeiten.
(2) Die innerparteiliche Demokratie soll Parteimitgliedern die aktive Mitwirkung an Entwicklungen in der Partei ermöglichen. Dazu dienen die Gliederung in Gebietsverbände, die Souveränität der Mitgliederversammlung (ein übergeordneter Verband kann die Verbandsbeschlüsse unterer Ebenen nicht aufheben), das gleiche Stimmrecht für alle Mitglieder sowie die Rechenschaftsberichte der Vorstände, insbesondere über die Verwendung finanzieller Mittel. Mithilfe dieser Organisationsstruktur sollen alle Mitglieder an den Sach- und Personalentscheidungen in der Partei teilhaben können. Bündnis 90/Die Grünen versuchten, durch Einführung basisdemokratischer Elemente den Behinderungen der Partizipation und damit dem Phänomen der Oligarchisierung in den Parteien entgegenzuwirken. Im Gegensatz zu den demokratisch organisierten Parteien in der BRD war die SED als Staatspartei der DDR nach dem Prinzip des demokratischen Zentralismus aufgebaut. Das Politbüro unter der Leitung des SED-Generalsekretärs bestimmte die Richtlinien von Partei und Staat. Unterhalb des Politbüros war das Zentralkomitee der SED das formal höchste Parteiorgan zwischen den Parteitagen.

Sind die Bürger gegenüber Politikern, „denen da oben“, einflusslos?

(3) Die Transparenz in der Parteienfinanzierung ist ein weiterer wichtiger Punkt der Parteienkontrolle. Für die Wahlkämpfe, die Finanzierung ihrer Organisation sowie für Aufgaben der politischen Bildung benötigen die Parteien Geld. Sie sollen nach den im Parteiengesetz festgelegten Regelungen einerseits auch finanziell von ihren Wählern und Mitgliedern unterstützt werden. Andererseits soll garantiert werden, dass zwischen den Parteien keine Chancenungleichgewichte entstehen. Deshalb erhalten sie auch Zuwendungen des Staates: zum einen die Wahlkampfkostenerstattung, bei der Parteien, deren Kandidaten ins Parlament gewählt wurden, pro abgegebener Stimme einen bestimmten Geldbetrag erhalten, und zum anderen den sog. Chancenausgleich. Danach bekommen Parteien, die mind. 0,5 % aller gültigen Zweitstimmen erhalten, jedoch nur wenige Spenden verbucht haben, einen finanziellen Ausgleich. Die Unterstützung der Parteien durch ihre Mitglieder und Sympathisanten geschieht in Form von Spenden und Mitgliedsbeiträgen. Über Herkunft und Verwendung der finanziellen Mittel müssen die Parteien öffentlich Rechenschaft ablegen, damit sich die Bürger einen Überblick über Interessenverflechtungen verschaffen können.
(4) Die Möglichkeit eines Parteiverbots entspricht dem Prinzip der streitbaren Demokratie, nach dem Gegnern der Demokratie keine zusätzlihen Entfaltungsmöglichkeiten geboten werden sollen. Wenn eine Partei aktiv gegen die freiheitlich-demokratische Grundordnung vorgeht und somit die grundsätzliche Möglichkeit für den demokratischen Parteienwettbewerb ausschalten will, hat das Bundesverfassungsgericht auf Antrag die Möglichkeit, das im Grundgesetz vorgesehene Parteiverbot auszusprechen. Dies geschah 1952 gegenüber der rechtsextremistischen Sozialistischen Reichspartei (SRP) und 1956 gegenüber der Kommunistischen Partei Deutschlands (KPD). Ein Antrag auf Feststellung der Verfassungswidrigkeit der NPD scheiterte 2003.

Partei des Demokratischen Sozialismus → Kap. 2, Die Linke

Parteiensystem Gesamtheit der politischen Parteien im politischen System und ihre Beziehungen untereinander. Ein Parteiensystem wird unter formalen Gesichtspunkten nach der Anzahl der Parteien bestimmt **(Einparteien-, Mehrparteiensystem)**. Wichtig für die Ausgestaltung des Parteiensystems sind aber auch einerseits die rechtlichen Rahmenbedingungen, die die Handlungsmöglichkeiten der Parteien bestimmen, sowie andererseits die Beziehungen zwischen den Parteien (Koalitionsmöglichkeiten, gemeinsame Ziele in Innen- oder Außenpolitik). Ein weiterer Aspekt des Parteiensystems besteht in der Entwicklung der Parteien. In Deutschland ist dies insbesondere die Entwicklung der CDU, CSU und der SPD zu Volksparteien. Im deutschen Parteiensystem gab es

Das Parteiensystem der Bundesrepublik Deutschland

verschiedene Tendenzen und Entwicklungen. Ab 1949 waren eine Konzentrationstendenz – kleinere Parteien verloren an Bedeutung, da sich Mitglieder und Wähler den großen Parteien zuwandten – sowie die Entwicklung eines **Dreiparteiensystems** aus CDU und deren „Schwesterpartei" CSU in Bayern, SPD und FDP zu beobachten. Die Gründe hierfür sind sowohl in den rechtlichen Bestimmungen (Fünf-Prozent-Klausel, Wahlrecht) als auch in den politisch-gesellschaftlichen Entwicklungen zu suchen. Seit 1983 Die Grünen als parteipolitischer Ausdruck der Friedens- und Ökologiebewegung dem Bundestag angehörten, kann von einem **Vierparteiensystem** gesprochen werden. Seit der Bundestagswahl 2005 verzeichneten die großen Volksparteien CDU und SPD sinkende Wahlergebnisse. Zusätzlich schaffte die PDS zusammen mit der Wahlalternative Arbeit und soziale Gerechtigkeit (WASG) den Einzug in den Bundestag. Die abnehmende Bindekraft der Volksparteien und die Linkspartei als neue politische Kraft verweisen damit auf eine geringere Stabilität im Parteiensystem der BRD.

Parteiprogramm Von Parteien zur Formulierung ihrer Ziele erstelltes Programm. Parteiprogramme beziehen sich sowohl auf die Wertgrundsätze der jeweiligen Partei (Grundsatzprogramme) als auch auf die Bewältigung aktueller politischer Probleme (z. B. Programme zur Bekämpfung der Arbeitslosigkeit).

Partizipation Mitbestimmungsmöglichkeiten der Bürger am politischen Entscheidungsprozess. Partizipation in der Demokratie findet ihren Ausdruck in Abstimmungen und Wahlen, aber z. B. auch in der Möglichkeit der betrieblichen **Mitbestimmung**, die im Betriebsverfassungsgesetz festgeschrieben ist. Wichtig ist u. a. das Recht, ab einer bestimmten Mitarbeiterzahl Betriebsräte zu gründen, die als Arbeitnehmervertretungen solche Unternehmensentscheidungen beeinflussen können, die soziale Belange der Arbeitnehmer betreffen. Neben der politischen und beruflichen Partizipation ist ehrenamtliches **bürgerschaftliches Engagement** im gesellschaftlichen und sozialen Bereich, z. B. in Vereinen, Kirchen und Bürgerinitiativen, möglich und unverzichtbar für das Funktionieren der Zivilgesellschaft.

PDS → Kap. 2, Die Linke

Personalisierung Zuschreibung der Verantwortung für Ereignisse zu Einzelpersonen. Dabei ist zu berücksichtigen, dass Politik wesentlich von Personen gestaltet wird. Auf internationalen Konferenzen und in Kabinettssitzungen von Regierungen treffen Politiker die politischen Entscheidungen. Dabei spielen nicht nur Sachaspekte eine Rolle, sondern auch die persönlichen, biografischen Erfahrungen, der politische Stil und politische Freundschaften etc. der jeweiligen Personen. Die Personalisierung der Politik nimmt außerdem in einer Mediengesellschaft zu. Denn für die Akzeptanz und den Erfolg von Parteien in Wahlen ist es wichtig, wie Politiker auf Pressekonferenzen, in Talkshows usw. auftreten. Diese Inszenierung der Politik überlagert auch in Wahlkämpfen zunehmend die programmatische, inhaltsbezogene Diskussion.

Personalunion Die Ausübung mehrerer Ämter oder Funktionen durch dieselbe Person.

Petition Schriftliche Bitte oder Beschwerde, die an eine staatliche Stelle oder Volksvertretung gerichtet werden kann. In der BRD ist das Petitionsrecht in Art. 17 GG verankert.

Piratenpartei Seit 2006 gründeten sich in mehreren europäischen Ländern Piratenparteien. Sie streben u. a. eine Reform des Urheberrechts, freien Wissensaustausch, besseren Datenschutz und mehr direkte Demokratie an. In Deutschland wurde die Piratenpartei im Jahr 2006 registriert und hat seit 2008 bereits mehrfach an Landtagswahlen teilgenommen. Mit der Wahl am 18. 11. 2011 zum Berliner Abgeordnetenhaus konnte sie das erste Mal in ein Landesparlament einziehen. Im Oktober 2011 hatte die Partei mehr als 16 000 Mitglieder. Kritiker werfen „Piraten“ fehlende Informiertheit über „harte“ politische Themen vor.

Plebiszit Volksabstimmung, mit der die Wähler auch während der Legislaturperiode ihren Willen kundtun können.

Plutokratie Herrschaftsform, bei der die Teilhabe an Herrschaft durch das Vermögen bestimmt bzw. legitimiert wird (Herrschaft der Reichen).

Polis Antiker Stadtstaat. Von *Aristoteles* wird die Polis, die auf einer gerechten Ordnung basiert, als die moralisch hochwertigste Form menschlichen Zusammenlebens gesehen. Das klassische Griechenland war vom machtpolitischen Mit- und Gegeneinander der verschiedenen Poleis wie Athen und Sparta geprägt.

Politikverdrossenheit → Kap. 3, Politikverdrossenheit

Politische Bildung Zielgerichtete pädagogische Handlung zur Vermittlung von politischem Wissen, Werten und von demokratischer Handlungskompetenz. Politische Bildung wird in der Schule (Sozialkunde, Gemeinschaftskunde, Politik) und in der außerschulischen Jugend- und Erwachsenenbildung durchgeführt.

Politische Kultur Gesamtheit aller Einstellungen der Bevölkerung gegenüber politischen Institutionen. In der politischen Kultur werden Meinungen, Werte und Einstellungen der Bürger gegenüber den politischen Parteien, den Interessengruppen und Massenmedien sowie gegenüber Entscheidungsträgern und Exekutivorganen des Staates wie Verwaltung oder Polizei erfasst. Nicht zuletzt ist wichtig, welche Meinungen die Bürger gegenüber dem politischen System im engeren Sinne und gegenüber ihrer eigenen politischen Rolle im politischen Prozess vertreten. In einem weiteren Sinne gehören auch u. a. die politischen Regeln, Symbole und Verhaltensweisen (z. B. die Fähigkeit der Parteien, Kompromisse zu finden und zu koalieren) zur politischen Kultur eines Landes.

Politische Ordnung Spricht man von politischer Ordnung, meint man sowohl die Werte (regulative Ideen), an denen sich die politischen Entscheidungen orientieren müssen – für die BRD besonders die in Art. 1 GG bis Art. 19 GG enthaltenen Grundrechte sowie die in Art. 20 GG beschriebenen Verfassungsgrundsätze (Strukturprinzipien) – als auch das gesellschaftliche und das politische Institutionensystem. Letzteres wird mit dem Begriff „politisches System" erfasst. Der Begriff „politische Ordnung" ist umfassender als dieser, weil er auch die Legitimationsgrundlagen des Systems erfasst.

Politische Sozialisation Politisches Lernen, das mit dem allgemeinen Entwicklungs- und Lernprozess von Individuen in einer Gesellschaft verbunden ist. Die politische Sozialisation steht damit im Gegensatz zur politischen Bildung, die zielgerichtet politisches Wissen vermittelt. Die gesellschaftlichen Institutionen (wie Familie, Schule, Freundesgruppe, Massenmedien) vermitteln unstrukturiert Werte und Einstellungen, ohne dass der Bürger sich dessen bewusst wird. Subjektiv gesehen ist der Sozialisationsprozess der Anpassungs- und Integrationsprozess an bzw. in die Gesellschaft. Jugendliche lernen darüber hinaus bestimmte Verhaltensweisen, z. B. Konfliktlösungsmuster, nach denen sie ihr eigenes Verhalten ausrichten und auch politische Zusammenhänge beurteilen. Die Problematik der massenmedialen politischen Sozialisation besteht darin, dass Fernsehen und Internet etwa Gewaltanwendung oft als Methode der Konfliktlösung aufzeigen, was im Widerspruch zu den in der demokratischen Ordnung geltenden Konfliktregelungen steht.

Politischer Prozess Interaktions- und Kommunikationsvorgänge zwischen verschiedenen gesellschaftlichen Akteuren (wie Parteien, Kirchen, Bürgerinitiativen, Verbänden) mit dem Ziel, Einfluss auf politische Entscheidungen und auf die öffentliche Meinung zu erlangen.

Politisches System Gesamtheit der Institutionen, Personen und Abläufe, die an politischen Entscheidungen, deren Ausführung und der Kontrolle ihrer Umsetzung und Einhaltung beteiligt sind.

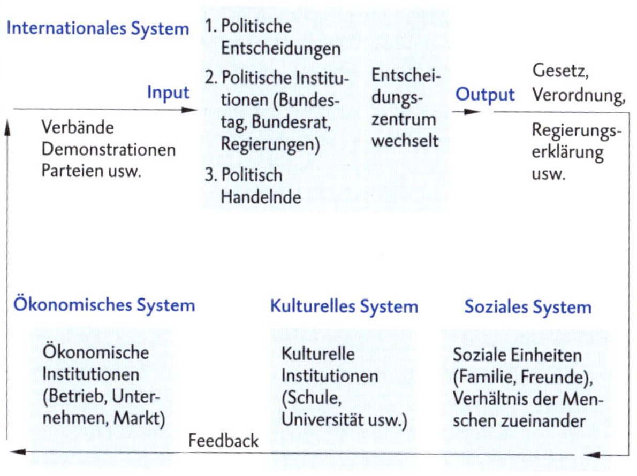

Das politische System und seine Wechselwirkungen mit den gesellschaftlichen Teilsystemen

Populismus Volksnaher Stil der Politik bzw. der politischen Rhetorik (abwertend gebraucht), der auf die Zustimmung breiter Bevölkerungsschichten abzielt. Populistische Politiker versuchen, Emotionen der Menschen wie Wünsche und Ängste anzusprechen und für ihre Ziele zu instrumentalisieren. Man unterscheidet zwischen Links- und Rechtspopulismus. Während erster „den Kapitalismus“ anklagt und für politische Probleme verantwortlich macht, findet man in rechtspopulistischen Deutungen oft undifferenzierte Aussagen zu Migrationsproblemen.

Präambel Einleitende Bemerkung, die Gesetzestexten und Verträgen, aber auch Verfassungen vorangestellt ist. Eine Präambel beschreibt z. B. die Ziele, die von den vertragschließenden Parteien verfolgt werden, benennt teilweise unterschiedliche Sichtweisen oder gibt Hinweise auf das Selbstverständnis einer Verfassung.

Propaganda Verbreitung von politischen oder religiösen Überzeugungen. Propaganda wird häufig von totalitären Regierungen verwendet, um gezielt möglichst große Massen zu beeinflussen und damit ihre Macht zu sichern oder auszuweiten.

Putsch Umsturzversuch an der Staatsspitze. Während bei einer Revolution der Widerstand von großen Teilen der Bevölkerung gegen die Regierung – oder das Staatssystem als solches – getragen wird, richtet sich ein Putsch meist nur gegen die obersten Machthaber und wird nur von wenigen Personen ausgeführt. Putschisten finden sich oft in den Reihen des Militärs, von wo aus sie die Machtübernahme koordinieren.

Quorum Durch Gesetz oder Satzung vorgeschriebene Mindestanzahl anwesender stimmberechtigter Teilnehmer einer Versammlung oder eines Gremiums, die notwendig ist, damit dieses Beschlüsse fassen kann, oder die Mindestanzahl abgegebener Stimmen, die benötigt wird, damit ein Beschluss Geltung erlangt. Ein Quorum erfüllt bei Mehrheitsbeschlüssen eine Schutzfunktion, die verhindern soll, dass sich eine gut engagierte Minderheit gegen die Mehrheit durchsetzt. Der Deutsche Bundestag ist z. B. nur beschlussfähig, wenn mehr als die Hälfte seiner Mitglieder bei der Abstimmung anwesend sind.

Rechtsgleichheit Prinzip, das Gleichheit vor dem Gesetz garantiert. Rechtsgleichheit bedeutet, dass weder die soziale Stellung noch religiöse Bekenntnisse oder individuelle Merkmale zu einer Bevorzugung oder Benachteiligung vor dem Gesetz führen dürfen. Dies gilt besonders für die Strafverfolgung. Die Strafverfolgungsbehörden dürfen sich nur nach dem Gesetz richten und müssen Verbrechen, unabhängig von der Person des Verdächtigten, verfolgen.

Rechtsstaat (1) Staat, dessen politische Ordnung die Verwirklichung rechtlicher Grundsätze anstrebt. (2) Staat, der an bestimmte Gesetze gebunden ist.

Referendum Eine mit Gesetzeskraft ausgestattete Mehrheitsentscheidung der stimmberechtigten Bürger über einen Gesetzentwurf. Der Begriff wird meist verwendet, wenn das Verfahren von der Regierung bzw. vom Parlament initiiert wird.

Regierung Oberstes Organ der Exekutive. So bilden der Bundeskanzler und die Bundesminister zusammen die Bundesregierung, welche das wichtigste Verfassungsorgan bei der Herrschaftsausübung in der BRD ist. Aufgabe einer Regierung ist es, den Vollzug des geltenden Rechts zu überwachen und die inneren und äußeren Politikinhalte zu gestalten. Neben der Regierung wirken weitere Verfassungsorgane an diesem Gestaltungsprozess mit. Eine Regierung muss, um völkerrechtliche Vertretungsbefugnis für ihren Staat zu erlangen, nicht international anerkannt sein, sondern lediglich Macht über ihr Staatsgebiet ausüben können und darf von der eigenen Bevölkerung keinen großen Widerstand erfahren.

Repression Unterdrückung, Verfolgung oder Gewalt gegen Einzelne oder Gruppen z. B. aufgrund ihrer politischen Einstellung, ethnischen Zugehörigkeit oder Religion.

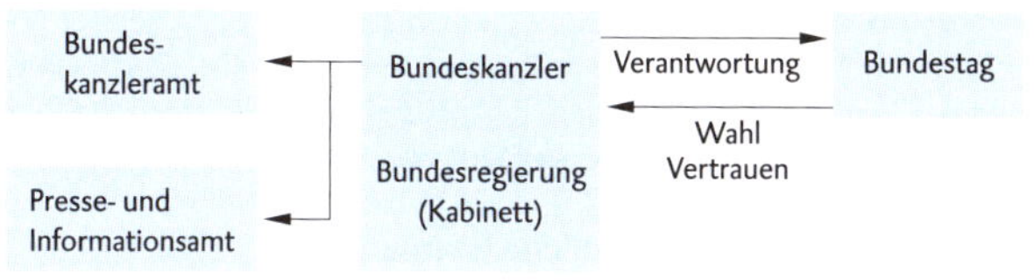

Kanzlerprinzip	Resortprinzip	Kollegialprinzip
Der Bundeskanzler bestimmt die Richtlinien der Politik und trägt dafür die Verantwortung.	Innerhalb der Richtlinien leitet jeder Minister sein Ressort selbstständig und in eigener Verantwortung.	Alle wichtigen Entscheidungen fällt das Kabinett kollegial, bei Meinungsverschiedenheiten zwischen Ministern entscheidet das Kabinett durch Mehrheitsbeschluss.

Systematischer Überblick zur Bundesregierung

Republik Staatsform, in der das Volk (Demokratie) oder ein Teil desselben (z. B. Aristokratie) Träger der Macht ist. Seit der Französischen Revolution wird der Begriff für einen sich von der Monarchie unterscheidenden Staat benutzt. Im republikanischen Gedanken ist die Forderung enthalten, die Staatsform an das Gemeinwohl zu binden. Heutige Ausprägungen sind die **parlamentarische** und die **präsidiale Republik**.

Republikaner Rechtskonservative deutsche Partei. Die Partei der Republikaner wurde 1983 von ehemaligen Mitgliedern der CSU gegründet, die die Initiative des CSU-Chefs *Strauß*, der DDR Milliardenkredite zur Verfügung zu stellen, nicht mittragen wollten. Die Partei hatte ihre größten Wahlerfolge Anfang der 1990er-Jahre, insbesondere als sie die bestehende Asylrechtsregelung angriff. Die Republikaner scheiterten zwar immer wieder deutlich bei den Bundestagswahlen, erzielten bei Landtagswahlen jedoch teilweise spektakuläre Ergebnisse (Baden-Württemberg 1992: 10,9 %, 1996: 9,1 %). Seitdem gelang der Partei allerdings kein nennenswerter Erfolg mehr. Diese Entwicklung wurde durch die Zusammenarbeit von DVU und NPD in einem gemeinsamen Wahlbündnis verstärkt. Der Verfassungsschutz erwähnt zwar Anhaltspunkte für rechtsextremistische Bestrebungen innerhalb der Republikaner, dennoch gelingt es der Partei, sich im Vergleich zu DVU und NPD als eher gemäßigt darzustellen. 2009 hatten die Republikaner ca. 6 700 Mitglieder zu verzeichnen.

Revolution Rascher und vollständiger Umsturz der bestehenden Verhältnisse. Politisch ist unter einer Revolution der – meist gewaltsame – Sturz der Regierung zu verstehen. Beispiele sind die Französische Revolution von 1789, die gescheiterte Deutsche Revolution von 1848, die Russische Revolution von 1917 und die Novemberrevolution von 1918 im Deutschen Reich. Eine **friedliche Revolution** fand 1989 in der DDR statt, als Bürgerinitiativen und Massendemonstrationen mit dem Ruf „Wir sind das Volk!" den Wandel des politischen Systems bewirkten. Auch nach dem Sturz des Staatsratsvorsitzenden *Erich Honecker* gingen die Demonstrationen weiter, bis die DDR-Führung am 9. 11. 1989 den Grenzübergang von Ost- nach West-Berlin öffnete. Die **Arabische Revolution**, die seit Dezember 2010 anhaltenden Proteste in vielen autoritären Staaten Nordafrikas und des Nahen Ostens, fand ihren Ausgangspunkt in der Jasminrevolution in Tunesien. Gefordert werden Freiheitsrechte, Demokratie und Mitbestimmung sowie die Abschaffung der Korruption, die für die Arbeitslosigkeit und den ökonomischen Rückschritt bei gleichzeitiger Bereicherung der Machthaber verantwortlich gemacht wird. Seitdem ist der tunesische Staatspräsident *Ben Ali* zurückgetreten, der ägyptische Staatspräsident *Husni Mubarak* zum Rücktritt gezwungen und der libysche Machthaber *Muammar al-Gaddafi* getötet worden. Wie sich das politische System in diesen Staaten entwickeln wird, bleibt abzuwarten. Auch in Syrien und weiteren Staaten wie Bahrain, Jemen oder Algerien gibt es Proteste gegen die Regierungen. Die UNO reagierte auf die blutigen Auseinandersetzungen in Libyen mit einer Resolution zum Schutz der Zivilbevölkerung durch militärische Maßnahmen und mit der Einrichtung einer Flugverbotszone. Daraufhin flogen vor allem die USA, Großbritannien und Frankreich Luftangriffe gegen Stellungen der libyschen Regierung.

Richtlinienkompetenz Vorrangstellung des Bundeskanzlers gegenüber den weiteren Regierungsmitgliedern, um die Einheitlichkeit und Handlungsfähigkeit der Bundesregierung zu gewährleisten. Die Richtlinienkompetenz ist in Art. 65 GG festgeschrieben. Inwiefern der Bundeskanzler dieses Recht in der Praxis umsetzen kann, liegt allerdings an den politischen Umständen wie z. B. der Stellung in seiner Partei, den Verhältnissen in der Koalition oder persönlichem Geschick.

Sainte-Laguë/Schepers → Kap. 2, Wahl

Selbstbestimmung Das Recht, sein Leben nach eigenen Vorstellungen zu gestalten. Im politischen Zusammenhang ist die Selbstbestimmung des Volkes gemeint. Sie findet ihren Ausdruck in freien Wahlen.

Senat (1) Die zweite Kammer in Bundesstaaten, die als Vertretung der Einzelstaaten bzw. Regionen auf oberster bundesstaatlicher Ebene zuständig ist. (2) Regierungen der Stadtstaaten (Berlin, Bremen, Hamburg). (3) Entscheidungsgremien höherer Gerichte, die mit mehreren Richtern besetzt sind.

Sicherheit → Kap. 4, Sicherheit

Solidarbeitrag Aus dem Solidarpakt resultierender finanzieller Betrag, der den neuen Bundesländern im Rahmen des Länderfinanzausgleichs zur Finanzierung der aus der Wiedervereinigung entstandenen Lasten bereitsteht. Er darf nicht mit dem Solidaritätszuschlag verwechselt werden, der von allen Steuerzahlern getragen wird.

Solidaritätszuschlag Seit 1991 mit Unterbrechungen erhobener Zuschlag zur Lohn-, Einkommens- und Körperschaftssteuer, der von jedem Steuerzahler zu entrichten ist. Der Solidaritätszuschlag sollte vorwiegend zur Finanzierung der Angleichung der Lebensverhältnisse zwischen den alten und den neuen Bundesländern dienen. Er steht allein dem Bund zu.

Souveränität Fähigkeit eines Staates, eines Herrschers oder der Bürger eines Staates zur Selbstbestimmung.

(1) **Innerstaatliche Souveränität:** Macht der Regierung, des Herrschers oder des Volkes, die keiner höheren Gewalt unterworfen ist. Im Absolutismus verkörpert der Alleinherrscher die Souveränität, in einer Demokratie ist das Volk der **Souverän**. Der neuzeitliche Souveränitätsbegriff wurde vor allem von dem frz. Juristen und Anhänger des Absolutismus *Jean Bodin* geprägt. Er überlebte 1572 nur knapp die Bartholomäusnacht, in der religiöse Fanatiker zahlreiche Hugenotten, zu denen er fälschlicherweise gezählt wurde, töteten. Durch dieses Ereignis stark beeinflusst, forderte Bodin einen Staat, der seinen Bürgern vor allem Sicherheit gewährleisten solle. Er prägte damit wesentlich den Begriff der Souveränität. Der Staat, der in seiner Gesamtheit nur eine Ansammlung von Haushalten darstelle, müsse von einer höchsten Gewalt geleitet werden, die nur an Gott gebunden sei. Die politische Theorie Bodins, die er in seinem Werk „Sechs Bücher über den Staat“ entwarf, basiert auf dem Gedanken, dass die höchste Staatsgewalt am besten von einer Monarchie ausgeübt werden könne. Der Herrscher, in dem sich die Souveränität manifestiert, dürfe zum Zweck der Sicherheit des Staates Gesetze erlassen, aber auch brechen. An den Monarchen stellte Bodin die Forderung, eine maßvolle und zuverlässige Herrschaft auszuüben, z. B. durch die Gewährung religiöser Freiheit. **Volkssouveränität** ist das Grundprinzip der Repräsentationstheorie und Gewaltenteilungslehre, nach dem politische Herrschaft übertragene Herrschaft ist. Sie kann nur im Namen des ganzen Volkes, nicht im Namen einer Klasse oder einer Rasse ausgeübt werden. Das Prinzip der Volkssouveränität ist in Art. 20 Abs. 2 GG festgelegt.

(2) **Zwischenstaatliche Souveränität:** In der internationalen Politik bedeutet der Begriff, dass ein Staat über seine inneren Angelegenheiten entscheiden und seine Beziehungen zu anderen Staaten selbst gestalten kann (Integrität). Für die Ausübung der Souveränität benutzt ein Staat die in der Verfassung vorgesehenen Verfassungsorgane. Begrenzt wird die staatliche Souveränität nur durch das Völkerrecht. Die freiwillige Mitgliedschaft in einer supranationalen Organisation beeinträchtigt den Souveränitätsstatus eines Staates nicht, auch wenn dieser Eingriffe in seine inneren und äußeren Angelegenheiten erlaubt. In der internationalen Politik kommt es zu einem Dilemma zwischen der Wahrung der Menschenrechte und der Souveränität eines Staates. Zur Wahrung der Menschenrechte wird aufgrund von Beschlüssen des UN-Sicherheitsrats auch die militärische Intervention in Staaten unter Missachtung ihrer Souveränität legitimiert.

Sozialdemokratische Partei Deutschlands → Kap. 2, SPD

SPD (Sozialdemokratische Partei Deutschlands) Deutsche Volkspartei. Die SPD, die seit 1875 eine kontinuierliche organisatorische Einheit bildet, ist die älteste politische Partei Deutschlands. In ihrer langen Geschichte setzte sie sich vor allem für die Verbesserung der Rechte der Arbeiterschaft ein. Dabei beschritt sie in deutlicher Abgrenzung zu kommunistischen Parteien den „parlamentarischen Weg". Forderungen nach Verbesserungen der Arbeits- und Lebenssituation der Arbeiterschaft verband sie im Kaiserreich gleichzeitig mit politischen Forderungen nach dem allgemeinen Wahlrecht und nach der Stärkung der Rechte des Parlaments.

Sperrklausel Verhindert bei einer Parlamentswahl die Zersplitterung des Parlaments dadurch, dass eine Partei eine gewisse Mindestanzahl an Stimmen benötigt, um in das Parlament einzuziehen. In der BRD gilt für die Wahl zum Deutschen Bundestag die Fünf-Prozent-Klausel.

Splitting Methode, bei der die Wähler mehrere Stimmen haben, die sie auf verschiedene Parteien oder Kandidaten aufteilen können. Bei der Bundestagswahl kann es zu einer hohen Anzahl von Überhangmandaten kommen, wenn viele Wähler das Stimmensplitting anwenden.

Staat Vereinigung vieler Menschen in einem klar begrenzten Gebiet unter einer souveränen Herrschaft. Der Staat ist gekennzeichnet durch den alleinigen Besitz der Gewaltmittel (Polizei, Militär), mit denen er den Rechtsfrieden garantieren soll. Die Rolle staatlicher Politik ist jedoch nicht einfach zu beurteilen. Analysiert man Politik allein aus Sicht formaler Aspekte und zählt man zum Staat nur Institutionen der Exekutive, Judikative und Legislative, besteht die Gefahr, dass man die Einflussmöglichkeiten des Staates überschätzt. Der moderne demokratische Staat kann die Gesellschaft nicht regeln, ohne auf soziale, ökonomische und internationale Entwicklungen Rücksicht zu nehmen. Um all diese Komponenten zu erfassen, wird bei der Untersuchung zum einen das Modell des politischen Systems hinzugezogen, das die Wechselwirkung zwischen Staaten und die Wechselwirkung zwischen Staat und internationalen Beziehungen berücksichtigt. Zum anderen werden auch regulative Ideen, die jeder Staatsordnung zugrunde liegen, betrachtet. Bei Berücksichtigung dieser Aspekte ist es sinnvoll, von „politischer Ordnung" zu sprechen. Eine multidimensionale Betrachtung des Staates ist auch deshalb wichtig, weil Nationalstaaten immer stärker von wirtschaftlichen Entwicklungen abhängig sind, die sie, besonders wegen der Globalisierung, nicht direkt beeinflussen können. Außerdem haben die Staaten viele Kompetenzen an supranationale Organisationen abgegeben.

Durch die Einbindung Deutschlands in die EU sind z. B. Bereiche der Landwirtschaft und der Währungspolitik auf die europäische Ebene übertragen worden.
Bereits seit der Antike beschäftigten sich verschiedene politische Theoretiker mit der Theorie des Staates. So entwarf der antike griechische Philosoph *Platon* in seinem Werk „Politeia“ (Der Staat) einen Idealstaat, der auf der Gerechtigkeit und dem Gemeinwohl basiert. Damit wandte er sich gegen den Sophismus, welcher im Machterhalt das eigentliche Staatsziel sah. Die Regierung obliege den besten, aus dem Soldatenstand hervorgehenden und philosophisch gebildeten Herrschern, da nur diese in der Lage seien, das Gute zu erkennen und durchzusetzen. Basis dieser Herrschaftsform ist eine Aristokratie. Der Erziehung kommt im platonischen Staat eine wichtige Rolle zu, da durch jahrzehntelange umfassende Weiterbildung eine Auslese der Besten stattfinde. Die Mächtigen sollten über keine Reichtümer verfügen, sondern ihre ganze Kraft dem Gemeinwohl widmen. Seine Verantwortung für den Staat sei dem Herrscher eine ehrenvolle Verpflichtung, nicht Befriedigung persönlichen Machtstrebens. Die Idee des tugendhaften Bürgers, die sich in der Vorstellung vom guten Staatswesen widerspiegelt, gehört seit Platon zu den wichtigsten Themen in der politischen Theorie Europas.
Sein Schüler *Aristoteles* griff als erster diese Idee auf. Die „Nikomachische Ethik“, die um 330 v. Chr. entstand und die Grundlage seiner Untersuchungen zur Politik bildet, behandelt die Frage nach dem guten und glücklichen Zusammenleben der Menschen innerhalb des Staates. Der

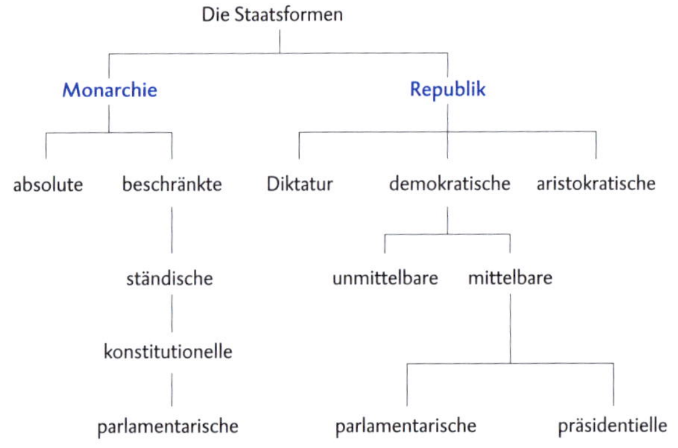

Die verschiedenen Staatsformen

Mensch wird als „zoon physei politikon" („Gemeinschaft bildendes Wesen") definiert, das nur in und durch die Gemeinschaft das individuelle und soziale Sein entfalten könne. Gerecht sei die politische Ordnung dann, wenn sie „den Fähigkeiten und Talenten eines jeden Menschen angemessen" sei. Aristoteles unterteilte die Staatsformen in Monarchie, Aristokratie und Politie (Volksherrschaft). Jede Staatsform existiere in einer guten und einer schlechten Ausprägung. Die Monarchie könne zu einer Tyrannis, die Aristokratie zu einer Oligarchie und die Politie zu einer Demokratie im Sinne einer willkürlichen Herrschaft des Pöbels entarten. Als Ideal sah Aristoteles eine Mischverfassung an, die Elemente aus den drei guten Staatsformen enthält.
Der römische Politiker *Marcus Tullius Cicero* bezog sich in seinen Schriften auf Aristoteles. In dem Werk „De re publica" behandelte er die Frage nach der besten politischen Ordnung des römischen Reiches. Staatskunst erschien ihm als höchste Form der Philosophie. An das griechische Modell der drei Staatsformen (Aristoteles) angelehnt, sah er eine gemischte Verfassung, die Elemente aus Monarchie und Aristokratie enthält, als das beste Staatswesen an. Tugend, rationales Handeln und die Anerkennung der Götter seien Grundvoraussetzungen für ein wohlgeordnetes Gemeinwesen. Recht und Unrecht seien somit nach den Maßstäben der Vernunft klar voneinander zu trennen.
Die politische Staatstheorie der antiken Autoren wurde mit der zunehmenden Ausbreitung des Christentums mit christlichen Elementen verbunden. So z. B. durch den Bischof und politischen Philosophen *Augustinus*. Sein bedeutendstes Werk „Vom Gottesstaat" stellt eine bewusste Abgrenzung von der bisherigen Staatstheorie (Platon, Aristoteles) dar. Augustinus unterschied das Reich Gottes von dem von Menschen geschaffenen Staat. Auch nahm er den Begriff des gerechten Krieges, der sich bereits bei Cicero findet, wieder auf und interpretierte ihn aus christlicher Sicht.

Staatsbürgerschaft Rechtsverhältnis, das zwischen einer natürlichen Person und einem Staat besteht. Daraus resultieren für den Staatsbürger einerseits gewisse Rechte, wie z. B. das Wahlrecht, andererseits aber auch Pflichten gegenüber dem Staat, wie z. B. die Steuerpflicht. Man unterscheidet zwei Arten der Staatsbürgerschaft. Entweder leitet sich diese von derjenigen der Eltern ab (wie in der Bundesrepublik gültig) oder von dem Ort, an dem eine Person geboren wurde.

Staatsorgan Staatliche Institution, deren Aufgaben durch die Verfassung besonders herausgestellt und begründet werden. Die **Verfassungsorgane** (vgl. Abb., S. 84) sind selbstständig, handeln eigenverantwortlich und sind keinem anderen Organ untergeordnet.

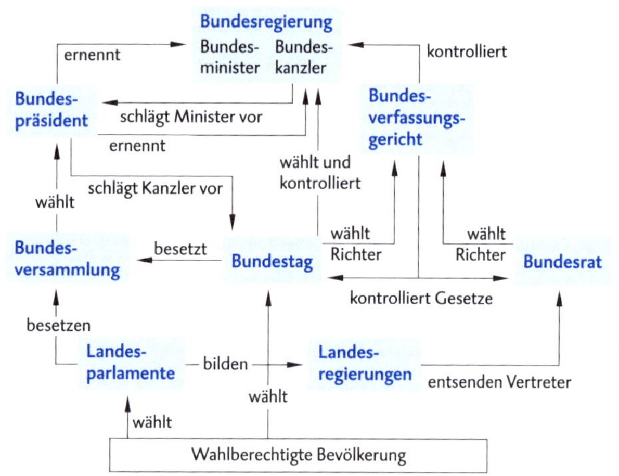

Die Verfassungsorgane der Bundesrepublik Deutschland

Staatsrat (1) Amtsbezeichnung einer einzelnen Person im Staatsdienst (z. B. Staatssekretär, Minister). (2) Bezeichnung für ein Staatsorgan, das z. B. Regierungen berät oder kontrolliert. (3) In der DDR und in anderen kommunistischen Staaten bezeichnete der Begriff das kollektive Staatsoberhaupt.

Stalinismus Ausprägung des Totalitarismus. Der Begriff bezeichnet einen exzessiven Personenkult und ein System gewaltsamer Unterdrückungsmethoden bis hin zur Deportation und Vernichtung ganzer Volksgruppen. Er geht auf *Josef Stalin*, Generalsekretär der Kommunistischen Partei und Führer der Sowjetunion, zurück. Stalin nahm an der Oktoberrevolution teil und vergrößerte seine Macht nach *Lenins* Tod. 1929 waren alle Rivalen politisch ausgeschaltet und Stalin begann ein „Modernisierungsprogramm", das vom Terror gegen gewisse politische Klassen und Bevölkerungsgruppen gekennzeichnet war. Von 1934 bis 1938 ließ Stalin „große Säuberungen" innerhalb der Armee durchführen, parallel dazu wurden im ganzen Land Arbeits- und Straflager eingerichtet. Im Zweiten Weltkrieg wurde der sowjetische Herrschaftsbereich über ganz Osteuropa ausgedehnt. Stalins Nachfolger *Nikita Chruschtschow*, von 1953 bis 1964 Erster Sekretär der Kommunistischen Partei der Sowjetunion (KPdSU), setzte sich für eine Abschaffung des Stalinismus („Entstalinisierung") ein. Die unter ihm durchgeführten Wirtschaftsreformen zielten auf eine Hebung des Lebensstandards und verstärkte Handelsbeziehungen mit dem Westen ab. In der Außenpolitik wurde allerdings der sowjetische Herrschaftsanspruch in Osteuropa beibehalten.

Stammwähler → Kap. 2, Wechselwähler

Stasi (auch: Ministerium für Staatssicherheit, MfS) Staatsministerium (Inlands- und Auslandsgeheimdienst) der DDR, das mit seinem umfangreichen Kontrollapparat und seinen Informanten in allen gesellschaftlichen Bereichen und auf allen Ebenen neben der Staatsanwaltschaft, den Gerichten und der Polizei für die „Bewahrung" der sozialistischen Gesellschaftsordnung in der DDR sorgte und deshalb eine wichtige Stütze der SED-Diktatur war. Die sog. Stasi griff rechtswidrig in die Privatsphäre der Bürger ein. In allen Betrieben und Organisationen arbeiteten ihre Informanten, sog. IMs (Inoffizielle Mitarbeiter), die ständig nach „Staatsfeinden" suchten. Die in der Bevölkerung bekannten Aktivitäten der Stasi waren ein wichtiger Grund für gegenseitiges Misstrauen und Unsicherheit der Bürger. Das MfS war ebenso als Auslandsgeheimdienst der DDR tätig. Es wurde 1990 aufgelöst und eine gleichzeitig gegründete Bundesbehörde (BStU) wurde beauftragt, die Unterlagen auszuwerten.

Streik Stärkste Form des Arbeitskampfes. Bei einem Streik kommt es zur Niederlegung der Arbeit durch die Arbeitnehmer mit dem Ziel, den Druck auf die Arbeitgeber zu erhöhen, damit diese auf ihre Forderungen (Lohnerhöhungen, Kürzungen der Arbeitszeit etc.) eingehen. Der Arbeitskampf ist das letzte Mittel, um einen neuen Tarifvertrag zu erzwingen. In Deutschland ist hierfür auf Gewerkschaftsseite eine Urabstimmung der Gewerkschaftsmitglieder erforderlich, wobei die IG Medien als einzige einen Streik per Vorstandsbeschluss in Gang setzen kann. Neben den **Flächenstreiks** (Streiks, die alle Betriebe eines Tarifgebiets umfassen) gibt es auch die Möglichkeit, sog. **Schwerpunktstreiks** nur in bestimmten Betrieben oder Abteilungen durchzuführen. Als Gegenmaßnahme zu einem Streik können die Arbeitgeber Abwehraussperrungen vornehmen. Die Gewerkschaften konzentrieren sich meist auf Streiks in Firmen in der Endproduktion, da hiervon kaum andere Unternehmen betroffen werden. Für bestreikte Firmen gibt es als Überbrückungshilfe einen Unterstützungsfonds aus einer Solidaritätskasse der Arbeitnehmerverbände. Einen wesentlichen Beitrag zur Stabilität der deutschen Wirtschaft leistet die Tatsache, dass **politische Streiks**, d. h. Streiks, die nicht unmittelbar auf die Tarif- und Arbeitsbedingungen der Arbeitnehmer bezogen sind, nicht üblich sind. Gesetzliche Grundlage des Streiks als Mittel des Arbeitskampfes ist das **Streikrecht**. Im Grundgesetz ist dies zwar nicht ausdrücklich erwähnt, jedoch wird es durch die Bestimmungen über die Koalitionsfreiheit nach Art. 9 GG (Recht, zur Wahrung und Förderung der Arbeits- und Wirtschaftsbedingungen Vereinigungen zu bilden) abgedeckt.

Subsidiarität Prinzip, nach dem Aufgaben so weit wie möglich von der jeweils kleineren Einheit übernommen werden. Grundgedanke der Subsidiarität ist es, einzelnen Menschen, Kommunen und Interessenverbänden usw. das größtmögliche Maß an Selbstständigkeit und Selbstverwaltung zu gewähren. Soweit eine Person oder eine Gemeinschaft selbst in der Lage ist, über ihre Belange zu entscheiden, sollen übergeordnete Ebenen wie der Staat nicht eingreifen. Der Föderalismus basiert auf der Subsidiaritätsidee.

Darf die Gemeinschaft tätig werden? →	Wenn ja, soll die Gemeinschaft tätig werden? →	Wenn ja, in welchem Umfang und auf welche Weise?
Nach Artikel 3 b des EG-Vertrags: • Gemeinschaft kann nur handeln, wenn ausdrücklich Befugnis dazu erteilt wurde. • Sie ist an Aufgabenkatalog und Ziele des EG-Vertrags gebunden.	• Gemeinschaft soll nur tätig werden, wenn Ziel auf europäischer Ebene besser erreicht werden kann als auf Ebene einzelner Mitglieder (Subsidiaritätsprinzip). • Für Bereiche, die in die alleinige Zuständigkeit der Gemeinschaft fallen, gilt diese Beschränkung nicht.	• Von Gemeinschaft eingesetzte Mittel müssen in angemessenem Verhältnis zu angestrebten Zielen stehen. • Z. B.: Verzicht auf übertriebenen Finanz- und Verwaltungsaufwand, Beschränkung auf europäische Rahmenvorschriften und Mindestnormen.

Die Funktionsweise des Subsidiaritätsprinzips in der Europäischen Union

Symbolische Politik In der Öffentlichkeit von Entscheidungsträgern inszenierte politische Handlungen, bei welchen der komplexe politische Prozess (der z. T. nicht zu beobachten ist, wie bei Konferenzen, Kabinetts- und Ausschusssitzungen) auf bestimmte Themen reduziert wird. Weitere Elemente der symbolischen Politik sind die starke Personalisierung und die Reduzierung auf wünschenswerte, positive Werte. Durch die zunehmende Bedeutung der Massenmedien in der Politik ist auch die Bedeutung der symbolischen Politik gestiegen, denn besonders mithilfe des Fernsehens besteht die Möglichkeit und Notwendigkeit, Politik zu veranschaulichen und darzustellen. Die symbolische Politik in diesem Verständnis sollte von Propaganda oder von der sog. Placebo-Politik (im Sinne des Vortäuschens tatsächlicher Handlungen) abgegrenzt werden.

Teilhabe Die Fähigkeit bzw. Möglichkeit, in gesellschaftlichen Teilbereichen zu partizipieren. So wird z. B. jedem Bürger durch ein allgemeines Wahlrecht die Teilhabe an der Politik ermöglicht.

Terrorismus Gewalttätige Aktionen, die sich gegen eine politische oder gesellschaftliche Ordnung richten und diese nach ideologischen Überzeugungen verändern wollen. Terrorismus stellt eher eine Kommunikationsstrategie zur Verbreitung von Unsicherheit und Schrecken auf der einen bzw. Sympathie auf der anderen Seite als eine militärische Strategie dar. Er richtet sich gegen Angehörige bestimmter Bevölkerungsgruppen oder sozialer Schichten und geht von Einzelpersonen oder Organisationen aus, die sich häufig als Befreier von staatlicher oder gesellschaftlicher Unterdrückung verstehen. Vor dem Hintergrund politischer und religiöser Auseinandersetzungen wie des Nahostkonflikts und des Nordirlandkonflikts kommt es immer wieder zu Terroranschlägen. Vor allem in den 1970er-Jahren war auch Deutschland vom Terrorismus betroffen. Verantwortlich hierfür war die „Rote Armee Fraktion" (RAF), die durch Anschläge und Entführungen einen Umsturz des politischen Systems bewirken wollte. Eine neue Dimension erreichte der Terrorismus am 11.9.2001 mit den Selbstmordanschlägen in New York und Washington D. C. Das Versagen der westlichen Geheimdienste wurde dabei ebenso offensichtlich wie mangelnde Sicherheitsvorkehrungen an vielen Flughäfen. Die große Herausforderung der internationalen Terrorismusbekämpfung liegt zum einen im Spannungsfeld zwischen innerer Sicherheit (Vorratsdatenspeicherung, Videoüberwachung) und freiheitlich-demokratischen Grundprinzipien, zum anderen in militärischen Auseinandersetzungen wie dem NATO-Einsatz zur Terrorismusbekämpfung in Afghanistan. In totalitären politischen Systemen ist der Terror, die Verbreitung von Angst und Schrecken, eine Methode der Durchsetzung der politischen Ziele der herrschenden Partei. Die Einschüchterung und Verfolgung von Teilen der Bevölkerung durch Propaganda, die Willkür staatlicher Stellen bei der Verteilung von Privilegien und Sanktionen, die Notwendigkeit, sich zur herrschenden Ideologie bekennen zu müssen, sowie die Geheimpolizei, die ohne Vorankündigung und Anklage Verhaftungen durchführt, sind Ausdruck dieses Terrors.

Totalitarismus Unbeschränkte und alle gesellschaftlichen Bereiche durchdringende politische Herrschaft. Der Staat greift in die Privatsphäre der Bürger ein und bemüht sich, diese unter ständiger Kontrolle zu halten. In totalitären Staaten versucht die Regierung, die Menschen im Sinne der herrschenden Ideologie zu formen, und verfügt dabei über zahlreiche Mechanismen: Politische Vereinigungen, Jugendorganisationen und Medien arbeiten unter Aufsicht der herrschenden Partei. Herrschaftsmethoden sind Terror und Mobilisierung für die herrschende Ideologie. Im 20. Jh. waren es vor allem der Faschismus/Nationalsozialismus und der Kommunismus, die totalitäre Systeme hervorbrachten.

Soziale Marktwirtschaft:
Selbstlenkung der Wirtschaft durch Angebot und Nachfrage
Gewerbefreiheit – Vertragsfreiheit – freie Preisbildung – Privateigentum

Jedoch:
Staatliche Eingriffe in den Wirtschaftsablauf

Sozialpolitik (Sozialversicherung)	Wettbewerbspolitik (Kartellgesetz)	Einkommenspolitik (Steuerprogression)	Strukturpolitik (Subventionen)	Konjunkturpolitik (Öffentliche Ausgaben)	Öffentl. Unternehmen (Verkehrsbetriebe)
Ziel ↓	Ziel ↓	Ziel ↓	Ziel ↓	Ziel ↓	Ziel ↓
Unterstützung Bedürftiger ↓	Sicherung des Wettbewerbs ↓	Gerechte Verteilung von Vermögen ↓	Unterstützung schwacher Gebiete/Wirtschaftszweige ↓	Beeinflussung der Konjunktur ↓	Sicherstellung der Versorgung der Bevölkerung ↓

Schutz der wirtschaftlich Schwachen und Benachteiligten in der Bevölkerung

Von einer ökonomischen Transformation hin zur sozialen Marktwirtschaft erhoffen sich die Bürger u. a. mehr soziale Gerechtigkeit

Transformationsprobleme Politische und wirtschaftliche Schwierigkeiten, die sich für einen Staat beim Übergang von einer Diktatur in eine Demokratie ergeben. Im politischen Sinne geht es bei dem **Transformationsprozess** darum, demokratische politische Strukturen aufzubauen. Die zentralistisch aufgebaute Verwaltung muss durch eine gegliederte Verwaltungsstruktur ersetzt werden: Gemeinde, Kreise, Bezirksverwaltungen, Länder und die Zentralverwaltung. Beim deutschen Einigungsprozess wurden die Strukturen der alten Bundesrepublik, die Gliederung in Länder, eine mittlere Verwaltungsstruktur und die Kommunen auf unterster Ebene übernommen. Die Demokratisierung der Verwaltungsstrukturen setzt die Etablierung von Vertretungskörperschaften und Parlamenten auf allen Ebenen voraus und hat im rechtsstaatlichen Sinne die Schaffung der Exekutive und die von dieser unabhängigen Judikative zur Folge. Die strukturellen Veränderungen sind allerdings nur möglich, wenn sich gesellschaftliche Kräfte, die sich gegen die zu überwindende Diktatur wenden, in politischen Parteien und Bürgerinitiativen organisieren, die Transformation im politischen, kulturellen und ökonomischen System vorantreiben und die notwendigen freien Wahlen organisieren. Ein großes Problem im Zusammenhang mit dem Transformationsprozess ist die Veränderung der politischen Kultur, sowohl im Sinne der demokratischen Einstellungen der Bürger, die noch keine Demokratieerfahrungen haben, als auch im Sinne des Umgangs der Parteien und neu entstandenen Verbände miteinander. Oft sind die Motive der Bürger bei der Unterstützung dieses Prozesses ökonomisch bedingt; sie erhoffen sich von der in der Demokratie neu erworbenen Freiheit auch eine bessere ökonomische Situation. Deshalb ist der ökonomische Aspekt des Transformationsprozesses von großer Bedeutung.

Tyrannis Antike Staatsform, in der ein Gewaltherrscher seine Macht willkürlich ausübt. *Aristoteles* beschreibt die Tyrannis als die negative Ausprägung der Monarchie.

Überhangmandate Zusätzliche Sitze im Bundestag, die entstehen, wenn eine Partei bei der Bundestagswahl in einem Bundesland mehr Direktmandate erringt, als ihr nach dem Zweitstimmenanteil dort zustehen (1998: 13 auf 669, 2002: 5 auf 603, 2005: 16 auf 614, 2009: 24 auf 622 Bundestagsmitglieder). Dazu wird bei der Stimmenauszählung zunächst festgestellt, wie viele Mandate einer Partei nach den für sie abgegebenen Zweitstimmen bundesweit zustehen. Dann werden diese Mandate nach dem in jedem Bundesland errechneten Zweitstimmenergebnis auf die Länder verteilt. Schließlich werden die Erst- und Zweitstimmen innerhalb der Länder gegeneinander verrechnet. Überhangmandate entstehen dann, wenn viele Wähler ihre Stimmen „splitten" – wenn sie z. B. großes Vertrauen in den Kandidaten der Partei A in ihrem Wahlkreis haben und diesen „vor Ort" wählen, aber auf Bundesebene eine Regierung wünschen, in der (auch) Partei B vertreten ist.

Umweltpolitik Politische Maßnahmen, die sich mit der Umwelt und deren Schutz beschäftigen. Ziel der Umweltpolitik ist es in erster Linie, die Verschmutzungen, die dem Boden, der Luft und den Gewässern durch die Eingriffe des Menschen zugefügt werden, zu verringern und ihre Folgen zu mildern. Umweltpolitik wird von Staaten und internationalen Organisationen betrieben. Instrumente hierfür sind z. B. die Festlegung von Grenzwerten, die Förderung umweltfreundlicher Produktionsmethoden und die ökologische Umgestaltung der Wirtschaft. In den 1970er-Jahren wuchs das Bewusstsein für Fragen der **Ökologie** in Deutschland stark. Aus den zunächst losen Verbindungen von Atomkraftgegnern und Umweltschutzgruppen ging im Januar 1980 die Partei Die Grünen (heute Bündnis 90/Die Grünen) hervor, die sich als Anwalt einer umweltfreundlichen Politik verstand. Heutige Umweltpolitik spielt sich im Rahmen der Globalisierung ab und findet nicht mehr nur im nationalen Rahmen statt. Internationale Abmachungen zur Umweltpolitik sind etwa die Agenda 21 und das Kyoto-Protokoll.

Untersuchungsausschuss Kommission, die zur Kontrolle von Regierung und Verwaltung vom Bundestag eingesetzt werden kann. Ein Untersuchungsausschuss hat die Aufgabe, einen bestimmten Sachverhalt, dessen Klärung im öffentlichen Interesse liegt, zu untersuchen und dem Bundestag darüber Bericht zu erstatten.

„Im Namen des Eigennutzes!" Besteht in der Macht der Verbände eine Gefahr für die pluralistische Gesellschaftsordnung?

Verband Zusammenschluss von Personen mit dem Ziel, gemeinsame Interessen durchzusetzen. Verbände – auch **Interessengruppen**, Lobbyisten oder Pressure Groups – versuchen, ihre Interessen zu organisieren, sie in der Öffentlichkeit zu vertreten und bei politischen Entscheidungsträgern durchzusetzen. Im Gegensatz zu politischen Parteien besitzen Verbände keine politische Gesamtkonzeption und versuchen nicht, möglichst viele Bürger verschiedener sozialer Schichten zu integrieren, sondern vertreten partielle Interessen ihrer Organisationsmitglieder. Dabei bedienen sie sich u. a. folgender Mittel: finanzielle Wahlhilfen, Mitgliedschaft von Funktionären in Parteien, Kontakt mit Bundesministerien, Bundestagsausschüssen oder Länderministerien, Eingaben und Stellungnahmen an diese Adressaten sowie Mitgliedschaft von Verbandsmitgliedern in Landtags- und besonders Bundestagsfraktionen. Im Bundestag von 1990 bis 1994 gehörten 39,4 % der Bundestagsmitglieder unterschiedlichen Verbänden an. Der Erfolg eines Verbands hängt von der Zahl seiner Mitglieder, den finanziellen Mitteln, der Geschlossenheit seines Auftretens und der personellen und interessenmäßigen Verbindung mit den an der Regierung beteiligten Parteien ab. Besonders große Macht haben Verbände, die Existenzbedürfnisse vertreten (wie Arbeitsplätze). Von großer Bedeutung ist auch die Staatsform, da vor allem in föderalistisch geprägten Ländern Verbände über die verschiedenen staatlichen Ebenen viel Einfluss erlangen können.

Verein Freiwillige und auf Dauer angelegte Vereinigung mehrerer Personen, die einen bestimmten Zweck verfolgt. Der Zweck eines Vereins kann gemeinnütziger, kultureller, wissenschaftlicher, religiöser oder auch wirtschaftlicher Art sein.

Verfassung Grundlegung der Ziele, der Wertorientierung, des Geltungsbereichs und der inneren Struktur einer politischen Ordnung, meist in einem zusammenhängenden, kompakten Dokument mit Präambel, Verfassungsartikeln und Schlussbestimmungen. In der Verfassung werden besonders die Staatsform, die Form der Willensbildung, die Rechtsstellung und Funktion der Verfassungsorgane, das Gerichtswesen und die Stellung der Staatsbürger behandelt. Geschaffen wird die Verfassung vom Träger der Verfassungsgewalt. In der Demokratie ist die Verfassung meist ein von Volksvertretern beschlossenes Gesetz, das häufig durch eine Volksabstimmung bestätigt wird. In Deutschland hat das Grundgesetz Verfassungsstatus.

Verfassungskern, unveränderbarer Bestandteile der Verfassung, die von jeglicher Änderung durch ein Gesetz ausgeschlossen sind.

Verfassungsnorm Durch die Verfassung vorgegebene normative Grundlage des politischen Systems.

Verfassungsorgan → Kap. 2, Staatsorgan

Verfassungsprinzipien (auch: Strukturprinzipien) In Art. 20 GG festgelegte Grundsätze, die die Ausformung der deutschen Staatsordnung festlegen. Für Deutschland und die einzelnen Bundesländer gelten das Demokratie-, das Rechtsstaats-, das Sozialstaats- und das Bundesstaatsprinzip. Nach Art. 79 Abs. 3 GG sind die Verfassungsprinzipien durch die **Ewigkeitsgarantie** geschützt, die bestimmt, dass eine Änderung des Grundgesetzes, durch die der Föderalismus oder die in Art. 1 und Art. 20 festgelegten Grundsätze berührt werden, unzulässig ist. Unabhängig von dem Tatbestand, dass bei den verschiedenen gesellschaftlichen Gruppen und politischen Parteien unterschiedliche Vorstellungen von der Ausgestaltung der Prinzipien bestehen, herrscht große Übereinstimmung bezüglich der Notwendigkeit der Verfassungsprinzipien als Grundlage für das gesellschaftliche Leben und als Orientierung für das politische Handeln. Die inhaltliche Orientierung bei der Ausgestaltung der vier Strukturprinzipien der politischen Ordnung der BRD in der praktischen Politik ist in Art. 1 GG im Sinne einer obersten Norm beschrieben. Danach ist die Würde des Menschen unantastbar; die Achtung und der Schutz der Würde des Menschen sind die Verpflichtung aller staatlichen Gewalt (Abs. 1).

Verfassungsprinzipien der Bundesrepublik Deutschland	
Demokratieprinzip	• politische Herrschaft kann nur im Namen des ganzen Volkes, nicht im Namen einer Klasse oder einer Rasse ausgeübt werden • gleiche Rechte für alle Staatsbürger (gleiche Grundrechte, gleiche Wahl- und Stimmrechte) • Selbstbestimmung für das Volk als Ganzes • Orientierung an der Repräsentations- und der Konkurrenztheorie
Rechtsstaatsprinzip	• Verpflichtung der staatlichen Exekutive und der Gerichte zum Schutz der Privatsphäre des Einzelnen gegenüber Eingriffen und Willkür vonseiten des Staates, anderer Individuen und gesellschaftlicher Gruppen • Freiheitssicherung: garantiert durch die Menschenrechte • Gleichheitsprinzip: bezieht sich zunächst auf die „Gleichheit vor dem Gesetz“, besteht jedoch auch als Forderung gesellschaftlicher Gruppen im gesellschaftlichen Bereich • die rechtlichen Folgen seines Handelns sollen für den Bürger kalkulierbar sein • Methoden: Ex-post-facto-Verbot (keine rückwirkende Geltung von Strafgesetzen), Verbot willkürlicher Verhaftung, Bindung von Exekutive, Judikative und Legislative an Verfassung und Recht, Gesetzesvorbehalt (der Staat darf nur aufgrund eines Gesetzes in die Privatsphäre des Einzelnen eingreifen) u. a.
Sozialstaatsprinzip	• Sozialstaatspostulat in Art. 20 Abs. 1 GG ist als Kernbestand der Demokratie und als Gestaltungsauftrag für die politischen Kräfte aufzufassen • als Reaktion auf das soziale Elend der Arbeiterschaften im 19. Jh. entstanden, in der Weimarer Republik und in der Bundesrepublik wesentlich ausgeweitet: Rentenversicherung, Pflegeversicherung u. a. • obwohl im Grundgesetz die sozialen Grundsätze – etwa das Recht auf Arbeit – nicht verankert sind, ist der Staat nach Art. 20 GG verpflichtet, Lebensbedingungen zu schaffen, die den Vorstellungen von sozialer Gerechtigkeit entsprechen • nach Art. 28 Abs. 1 GG gilt dies auch für die Länder
Bundesstaatsprinzip	Der Föderalismus (Art. 20 GG) wird an zwei Tatbeständen deutlich: • Exekutive, Judikative und Legislative wirken sowohl in den Bundesländern als auch im Bund • nach dem Beitritt der ehemaligen DDR zur BRD nehmen die nunmehr 16 Bundesländer durch den Bundesrat an der Gesetzgebung des Bundes teil

Verfassungsschutz Geheimdienst in der Bundesrepublik Deutschland, der Informationen über verfassungsfeindliche Aktivitäten sammelt und auswertet. Das **Bundesamt für Verfassungsschutz** untersteht dem Bundesinnenminister und hat seinen Hauptsitz in Berlin. Neben dem Bundesamt existiert in jedem Bundesland ein Landesamt für Verfassungsschutz. Der Verfassungsschutz unterliegt der parlamentarischen Kontrolle durch die sog. Parlamentarische Kontrollkommission.

Verfassungswirklichkeit Reale Zustände innerhalb eines politischen Systems, die häufig von den normativen Vorgaben der Verfassung abweichen.

Verhältniswahl → Kap. 2, Wahlsystem

Vermittlungsausschuss Gremium, das bei Auftreten von Meinungsverschiedenheiten zwischen Bundestag und Bundesrat im Gesetzgebungsprozess eingreift, um eine Lösung zu finden. Der Vermittlungsausschuss besteht aus je 16 Mitgliedern des Bundestags und des Bundesrats, die nicht an Weisungen gebunden sind und nicht öffentlich tagen. Er gilt als wichtige Stufe im Gesetzgebungsprozess, da hier alle Aspekte eines Gesetzes nochmals diskutiert und Kompromisse gefunden werden können.

Verordnung Rechtsverbindliche Anordnung, die im Gegensatz zu einem Gesetz von der Exekutive erlassen wird.

Vertrauensfrage In einer parlamentarischen Demokratie Antrag des Regierungschefs an das Parlament, ihm das Vertrauen auszusprechen. Art. 68 GG legt fest, dass, wenn ein Antrag des Bundeskanzlers, ihm das Vertrauen auszusprechen, nicht die Zustimmung der Mehrheit der Bundestagsmitglieder findet, der Bundespräsident innerhalb einer Frist von 21 Tagen den Bundestag auflösen kann. Bisher wurde bei Vertrauensfragen zweimal das Vertrauen ausgesprochen, dreimal nicht. Zweimal war das Scheitern einer Vertrauensfrage vom Bundeskanzler (*Kohl* 1982, *Schröder* 2005) jedoch beabsichtigt, um Neuwahlen zu erreichen. Im Jahr 2001 erzielte Bundeskanzler Schröder nur durch Verknüpfung einer Sachfrage mit seiner Vertrauensfrage eine eigene parlamentarische Mehrheit. Er machte damit als erster Kanzler in der Geschichte der BRD vom Recht einer solchen Verknüpfung Gebrauch, was zu heftigen Auseinandersetzungen in der rot-grünen Koalition führte.

Volksabstimmung Sammelbezeichnung für verschiedene Formen direkter Beteiligung des Volkes an politischen Entscheidungen. Dabei kann zwischen Volksbegehren und Volksentscheiden unterschieden werden. In der BRD sind Volksabstimmungen auf Bundesebene nur bei der Neugliederung des Bundesgebiets (Art. 29 GG) vorgesehen. Wesentlich ausgeprägter sind die Möglichkeiten für Volksabstimmungen in den Verfassungen der einzelnen Bundesländer und auf kommunaler Ebene.

Volksbegehren Instrument der direkten Demokratie, das die Möglichkeiten der politischen Mitbestimmung der Bürger während der Legislaturperiode erhöht. Mit der Unterstützung einer bestimmten Anzahl von Wahlberechtigten (oft 10 %) wird dem Parlament von den Bürgern ein Gesetzesentwurf zur Entscheidung vorgelegt oder das Parlament begehrt, dem Volk einen Gesetzesentwurf zur Abstimmung zu geben.

Volksentscheid Eine mit Gesetzeskraft ausgestattete Mehrheitsentscheidung der stimmberechtigten Bürger über einen Gesetzesentwurf. Der Begriff wird meist verwendet, wenn das Verfahren von Teilen der Bevölkerung initiiert wird.

Volkspartei Politische Partei, deren Mitglieder und Wähler aus allen Bevölkerungsschichten stammen und die deshalb sowohl in ihren programmatischen Aussagen als auch in ihrer praktischen Politik die Vielzahl der Interessen ihrer Wähler bzw. Mitglieder zu artikulieren und zu repräsentieren sucht.

Wahl Berufung von Personen in ein Amt oder eine Position. In Deutschland nehmen Bürger durch Wahlen zum Bundestag, zu den Land- und Kreistagen und Gemeinderäten am politischen Willensbildungsprozess teil. Sie bestellen diejenigen Personen für einen festgelegten Zeitraum, die politische Entscheidungen treffen, also von den Bürgern mit der politischen Herrschaft betraut sind (Demokratieprinzip). Die **Bundestagswahlen** finden alle vier Jahre statt, wobei jeder Wähler zwei Stimmen hat. Mit der **Erststimme** werden in jedem Wahlkreis die Direktkandidaten mit relativer Mehrheit gewählt. Bei 299 Wahlkreisen gibt es somit 299 direkt gewählte Bundestagsabgeordnete. Die Stimmen, die für die unterlegenen Kandidaten abgegeben werden, gehen verloren. Mit der **Zweitstimme** werden die von den Parteien aufgestellten Landeslisten gewählt. Über diese kommen ebenfalls 299 Abgeordnete in den Bundestag. Nach den für jede Partei in einem Bundesland abgegebenen Zweitstimmen wird errechnet, wie viele Bundestagssitze jede Partei insgesamt errungen hat. Des Weiteren werden hier Wahlkreismandate verrechnet. Gewinnt eine Partei mindestens drei Direktmandate, zieht sie in den Bundestag ein, auch wenn sie die 5 %-Hürde der Zweitstimmen (Fünf-Prozent-Klausel) nicht überwunden hat. Bei der Wahl können auch sog. Überhangmandate durch Stimmen-Splitting entstehen. Die Sitzverteilung im Bundestag wurde bis 1983 nach dem Höchstzahlensystem nach d'Hondt und von 1987 bis 2005 nach dem mathematischen Proportions-Verfahren nach Hare/Niemeyer ausgerechnet. Die dadurch bewirkte stärkere Berücksichtigung der kleineren Parteien hatte in einzelnen Fällen große politische Bedeutung. Das Verfahren nach Hare/Niemeyer wurde 2008 durch das Auszählungsverfahren nach Sainte-Laguë/Schepers ersetzt, durch das weder große noch kleine Parteien besonders bevorzugt werden. An folgender Berechnung zur Verteilung von Mandaten anhand der drei Verteilungsmethoden zeigen sich die unterschiedlichen Ergebnisse bei der Sitzverteilung. 11 Sitze sind zu vergeben, die Stimmen verteilen sich folgendermaßen: Partei A 6 000, Partei B 4 000, Partei C 1 800 Stimmen.

	Partei A		Partei B		Partei C	
÷ 1	6 000	**1**	4 000	**2**	1 800	**6**
÷ 2	3 000	**3**	2 000	**4**	900	
÷ 3	2 000	**5**	1 333	**8**	600	
÷ 4	1 500	**7**	1 000	**11**	450	
÷ 5	1 200	**9**	800		360	
÷ 6	1 000	**10**	666		300	
Sitze	6		4		1	

(1) **d'Hondt:** Die Stimmen der einzelnen Parteien werden jeweils durch 1, 2, 3, 4 etc. geteilt. Die höchste Stimmzahl in dieser Liste bekommt nun ein Mandat zugeteilt, dann erhält die zweithöchste Stimmzahl ein Mandat usw., bis kein Mandat mehr zu vergeben ist.

	Partei A	Partei B	Partei C
	$\frac{11 \times 6\,000}{11\,800}$	$\frac{11 \times 4\,000}{11\,800}$	$\frac{11 \times 1\,800}{11\,800}$
	5,59	3,73	1,68
Sitze	5	3 +1	1 +1
Sitze	5	4	2

(2) **Hare/Niemeyer:** Die Sitze jeder Partei werden mit der Formel „Gesamtzahl der Sitze mal Stimmenzahl der Partei dividiert durch Gesamtzahl der Stimmen aller Parteien" berechnet. Die übrigen Sitze werden in der Reihenfolge der größten Bruchteile hinter dem Komma zugeteilt.

	Partei A		Partei B		Partei C	
÷ 1	6 000	**1**	4 000	**2**	1 800	**4**
÷ 3	2 000	**3**	1 333	**5**	600	**10**
÷ 5	1 200	**6**	800	**8**	360	
÷ 7	857	**7**	571	**11**	257	
÷ 9	666	**9**	444		200	
Sitze	5		4		2	

(3) **Sainte-Laguë/Schepers:** Das Verfahren ähnelt dem nach d'Hondt. Die Stimmzahlen der einzelnen Parteien werden allerdings durch 1, 3, 5 etc. geteilt. Die Sitze werden anschließend auf die größten sich ergebenden Zahlen verteilt, bis keine Mandate mehr übrig sind.

Wahlbeteiligung Anteil der stimmberechtigten Bevölkerung, die an Wahlen teilnimmt. Die Wahlbeteiligung in Deutschland ist für ein Land ohne Wahlzwang hoch, sie betrug bei Bundestagswahlen bisher zwischen 70,8 % (2009) und 91,1 % (1972). Seit 1998 (82,2 %) ist die Beteiligung bei Bundestagswahlen rückläufig. Bei Landtagswahlen ist sie geringer als auf Bundesebene, liegt aber meist über 60 %; bei Kommunalwahlen liegt sie meistens über 45 %. Mit etwa 43 % ist die Wahlbeteiligung bei den Europawahlen für eine überregionale Wahl sehr gering. So wie bei den Bundestagswahlen ist auch bei den anderen Wahlen festzustellen, dass die Wahlbeteiligung steigt, wenn eine starke „Politisierung" vorliegt, also tatsächlich sach- oder personalpolitische Kontroversen bzw. Alternativen im Wahlkampf diskutiert werden.

Wahlkreis Unterteilung eines Wahlgebiets. Bei Wahlen zum Bundestag, Landtag oder zu kommunalen Vertretungen (z. B. Bürgermeister, Landräte) wird das jeweilige Wahlgebiet in Wahlkreise eingeteilt. Da negative Auswirkungen der Vergrößerung des Bundestags infolge der Wiedervereinigung (656 Abgeordnete, statt vorher 496 – ohne Überhangmandate) auf die Funktionserfüllung des Bundestags befürchtet wurden, wurde im Oktober 1996 beschlossen, mit Beginn der 15. Wahlperiode (September 2002) die Zahl der Mitglieder des Bundestags von 656 auf 598 und damit die Zahl der Wahlkreise von 328 auf 299 zu reduzieren.

Wahlrecht (1) Recht, an der Wahl von Parlamenten oder Amtsträgern (Bürgermeister, Landräte u. a.) **aktiv** teilzunehmen bzw. sich bei diesen als wählbare Person zur Verfügung zu stellen **(passiv)**. (2) Nach Art. 38 Abs. 1 GG sind die Wahlen in Deutschland allgemein, unmittelbar, frei, gleich und geheim. Diese Wahlgrundsätze bedeuten im Einzelnen, dass im Gegensatz zu Partei- und Militärdiktaturen jeder Staatsbürger das Wahlrecht wahrnehmen kann **(allgemein)**. In Deutschland werden die Stimmen direkt **(unmittelbar)** für einen Kandidaten abgegeben und nicht für Wahlmänner, die dann die eigentliche Wahl ausüben, wie dies bei der Präsidentenwahl in den USA der Fall ist. Niemand darf an der Ausübung seines Wahlrechts gehindert, aber auch nicht zur Wahl gezwungen werden. Die Wähler entscheiden zwischen mehreren konkurrierenden Parteien, die ihrerseits nicht an der Aufstellung der Kandidaten und an dem Werben um Wählerstimmen gehindert werden dürfen **(frei)**. Im Gegensatz etwa zum Dreiklassenwahlrecht gibt es nach dem Wahlrechtsgrundsatz der Gleichheit keinen Unterschied im Zählwert der einzelnen Stimmen **(gleich)**. Die Wahlen sind geheim, weil jeder seine Stimme unbeobachtet abgeben muss **(geheim)**. Wahlbeeinflussung durch soziale oder wirtschaftliche Abhängigkeit soll damit ausgeschlossen werden.

Wahlsystem Wahlsysteme können sich positiv oder negativ für einzelne Parteien auswirken. So kann es etwa sein, dass eine Partei zwar nur in wenigen Wahlkreisen die Mehrheit der Stimmen auf sich vereint, auf das ganze Land gerechnet aber eine Stimmenmehrheit erzielen kann. (1) **Mehrheitswahl** (Persönlichkeitswahl): Derjenige Kandidat gewinnt, der die meisten Stimmen auf sich vereinen kann. Die Stimmen für unterlegene Kandidaten gehen verloren. (2) **Verhältniswahl:** Die Bürger wählen Gruppen von Kandidaten (z. B. Parteilisten). Bei einer Parlamentswahl nach diesem System entspricht die Verteilung der Abgeordneten dem Verhältnis der für die Parteien abgegebenen Stimmen. (3) Bei der Bundestagswahl wird das **personalisierte Verhältniswahlsystem** angewandt, eine Mischform aus Mehrheits- und Verhältniswahl.

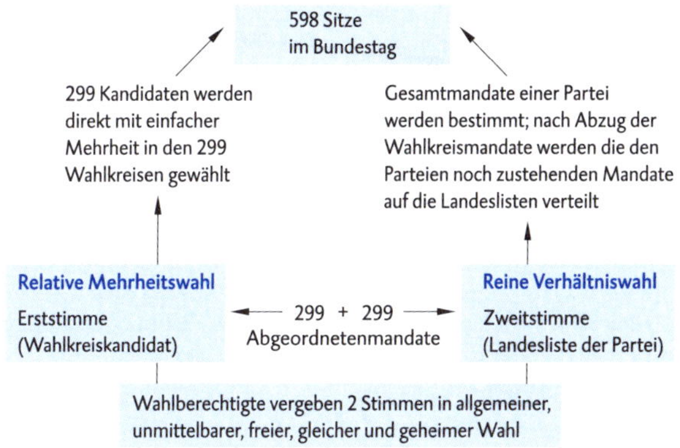

Das Wahlsystem der Bundesrepublik Deutschland

Wechselwähler Wähler, die erst kurz vor der Wahl entscheiden, wem sie ihre Stimme geben. Wechselwähler lassen sich bei der Stimmvergabe davon leiten, was die einzelnen Parteien in der zurückliegenden Wahlperiode geleistet haben und was sie für die Zukunft versprechen. Deshalb richtet sich der Wahlkampf heutzutage in erster Linie auf diese Wähler. Das Gegenteil sind **Stammwähler**, die über viele Jahre hinweg ihre Stimme stets derselben Partei geben. Der Anteil der Wechselwähler in Deutschland hat sich seit den 1980er-Jahren und insbesondere nach der Wiedervereinigung stark erhöht, weil die traditionellen Milieus durch den sozialen Wandel kaum mehr Bedeutung für die Orientierung des sozialen und politischen Handelns der Bürger besitzen.

Wehrbeauftragter An den vom Bundestag gewählten Wehrbeauftragten können sich die Soldatinnen und Soldaten der Bundeswehr im Beschwerdefall wenden. Er sorgt für die Einhaltung der Grundrechte im Sinne der „inneren Führung" und gibt dem Bundestag jährlich einen Bericht. Er ist nicht Mitglied des Bundestags.

Wehrdienst Aufgrund der Wehrpflicht zu leistender militärischer Dienst in den Streitkräften eines Staates. Nach Art. 12a GG sind alle männlichen deutschen Staatsbürger vom vollendeten 18. Lebensjahr an dazu verpflichtet, den Wehrdienst abzuleisten. Er ist in einen Grundwehrdienst (seit 2010 sechs Monate lang) und anschließende Wehrübungen unterteilt. Seit 2001 können auch Frauen freiwillig Wehrdienst leisten. Laut Art. 4 Abs. 3, 1 GG kann niemand gegen sein Gewissen zum Dienst an der Waffe gezwungen werden. 60 % der eingezogenen Männer entscheiden sich für den **Wehrersatzdienst**. Zumeist wird der sog. **Zivildienst** in sozialen Einrichtungen geleistet. Möglich ist u. a. auch ein Einsatz bei der Freiwilligen Feuerwehr oder beim Technischen Hilfswerk (THW). Seit 2002 wird das Freiwillige Soziale Jahr (FSJ) im In- und Ausland als Ersatzdienst anerkannt. Die Arbeit der Wehrersatzdienstleistenden, die aus Bundesmitteln bezahlt wird, ist unverzichtbar für viele soziale und karitative Einrichtungen. Im Dezember 2010 wurde die Aussetzung der Wehrpflicht zum 1. 7. 2011 beschlossen. Demzufolge wurden zum 1. 1. 2011 vorerst letztmalig Wehrdienstleistende einberufen. Mit der Aussetzung der Wehrpflicht ist auch die Aussetzung des Wehrersatzdienstes verbunden, welcher durch den **Bundesfreiwilligendienst** ersetzt wurde.

Widerstandsrecht Recht des Bürgers, sich gegen Machtmissbrauch durch den oder die Herrscher in einem Staat zu wehren. Das Widerstandsrecht wurde im Mittelalter zunächst aus der Vorstellung abgeleitet, dass ein ungerechter Herrscher sich selbst außerhalb der gottgewollten Ordnung stelle und daher nicht legitimiert sei zu herrschen. Während der Reformation bildeten sich verschiedene Meinungen über das Widerstandsrecht. Die Lutheraner meinten, der Mensch habe kein Recht, gegen die vorgegebene Ordnung zu rebellieren, während der radikalere Calvinismus ein Widerstandsrecht bis zum „Tyrannenmord" vertrat. Im deutschen Grundgesetz ist in Ausnahmefällen ein Widerstandsrecht vorgesehen (Art. 20 Abs. 4). Es erlaubt Widerstand gegen alle, die die verfassungsmäßige Ordnung beseitigen wollen.

Zensur Zumeist politisch motivierte Kontrolle der in modernen Massenmedien öffentlich geäußerten Meinungen. Laut Art. 5 GG ist eine Zensur der Medien in der BRD nicht gestattet.

Zentralismus Staatsaufbau, der den unteren Verwaltungsebenen (Ländern, Regionen, Kommunen) kaum politische Gestaltungsspielräume lässt. In einem zentralistischen Staat gibt es eine sehr starke Orientierung auf die Hauptstadt als übergeordnetes Machtzentrum, was eine verstärkte Effizienz der Verwaltung gewährleisten soll. Dabei wird bei der Politikgestaltung die Vernachlässigung kultureller und sozialer Unterschiede der Regionen in Kauf genommen. Dies kann im Extremfall dazu führen, dass die Hauptstadt wirtschaftliche Vorteile auf Kosten der Regionen genießt. Gegenüber dem Zentralismus steht der Föderalismus. Beispiele für zentralistische Staaten sind Frankreich und Großbritannien.

Zeugnisverweigerungsrecht → Kap. 2, Abgeordneter

Zivilcourage Öffentliches Eintreten für die einer Gesellschaft zugrunde liegenden Werte (z. B. Freiheit, Gleichheit, Gerechtigkeit, Solidarität) auch auf die Gefahr hin, dabei Nachteile oder Schaden zu erleiden.

Zivildienst → Kap. 2, Wehrdienst

Zustimmungsgesetz Vom Bundestag beschlossenes Gesetz, das die Zustimmung des Bundesrats benötigt, um Geltung zu erlangen (z. B. ein Gesetz, das Zuständigkeiten der Bundesländer berührt).

Zweitstimme → Kap. 2, Wahl

Sozialstruktur im Wandel

Der **soziale Wandel** in unserer Gesellschaft kann „**von außen**" beschrieben werden, indem wir die Veränderung der Sozialstruktur im Laufe der Zeit beobachten. Wir können nach den Gründen für die Veränderung fragen, die zum Beispiel in der Zu- und Abwanderung, der Geburtenrate oder in dem Tatbestand, dass die Menschen u. a. aufgrund des medizinischen Fortschritts immer älter werden, zu suchen sind. Ein anderer Gesichtspunkt sind Veränderungen in der Wirtschaft. Dabei wird die Verschränkung der nationalen Wirtschaft mit der Weltwirtschaft im Zuge des Globalisierungsprozesses immer größere Bedeutung erlangen. In diesem Zusammenhang stellt sich auch die Frage, ob von einem **politischen Wandel** gesprochen werden kann: Haben sich die Bedingungen für die politische Willensbildung und für das Zustandekommen politischer Entscheidungen fundamental geändert?

Wichtig ist aber auch die **Innenperspektive** des sozialen Wandels. Diese wird diskutiert, wenn es um die Bedeutung des sozialen Wandels, ja der Gesellschaft im Allgemeinen bzw. für das Individuum geht. Aufgrund dieser Überlegungen stellt sich die Frage: Wie bilden wir unsere eigene Identität in einer sich wandelnden Gesellschaft aus? Dies führt zu den weitergehenden Fragen: Was ist eine Gesellschaft? Unter welchen Gesichtspunkten unterscheiden sich Gesellschaften und wie können ihre Wandlungsprozesse erfasst werden? Was sind Werte? Was wissen wir über ihre Entstehung, ihre Bedeutung, ihren Wandel und über den Werteverfall?

Um die Bedeutung der Politik für den Zusammenhang zwischen der eigenen (politischen) Identität und der sich wandelnden Gesellschaft zu erfassen, ist sodann das Problem des Einflusses der Politik auf die gesellschaftlichen Institutionen zu diskutieren. Dieses Problem verdichtet sich im Sozialstaatsprinzip und gipfelt in den Fragen: Wodurch zeichnet sich die Sozialpolitik der Bundesrepublik aus? Welche neuen gesellschaftlichen Probleme entstehen durch den demografischen Wandel, auf die sodann etwa die Sozial-, Familien- und Bildungspolitik reagieren muss? Wie sehen die politischen Konsequenzen aus?

Zur Behandlung dieser Fragen sind in diesem Kapitel sowohl die **soziologischen Grundlagen** zu erörtern als auch **die sozialpolitischen Konsequenzen** und die spezifische **Ausformung des Sozialstaatsprinzips** der Bundesrepublik näher zu analysieren.

Bei den soziologischen Grundlagen spielen die Überlegungen zur **Identität**, welche sich im Interaktionsprozess entwickelt, eine zentrale

Rolle. Sie ist bei der Geburt noch nicht vorhanden, entsteht aber innerhalb des gesellschaftlichen Erfahrungs- und Tätigkeitsprozesses.

Wenn ein Kennzeichen der **Gesellschaft** darin besteht, dass sie eine funktionale Einheit darstellt, die den Rahmen für das Handeln der Menschen bildet, der nicht auf die Interessen der Gesellschaftsmitglieder zurückführbar ist, dann wird auch deutlich, dass sich zu unterschiedlichen Zeiten, also in unterschiedlichen **Phasen des sozialen Wandels**, die Bedingungen für die Ausbildung der Identität der Menschen verändert haben. Hieran ist zu sehen: Wir sind zwar unverwechselbare Individuen, aber unsere individuelle Identitäts- und Bewusstseinsbildung hängt doch von den gesellschaftlichen Wandlungsprozessen ab.

Die „Innenperspektive" zeigt somit auch, dass die Gesellschaft ein Produkt von Abläufen und von Zusammenhängen interdependent Handelnder ist.

In der **Interaktion** wird unsere Identität ausgebildet und wir erhalten unsere Wertorientierungen. Dabei sind die **Werte** als dauerhafte und zumeist sehr stabile Prinzipien zu verstehen, welche unser Verhalten und Handeln, aber auch unsere Deutungsmuster prägen. Doch auch diese Prinzipien sind einem Wandel unterworfen, wie ein Vergleich unserer Wertorientierungen mit denjenigen unserer Eltern zeigt.

Unsere Stellung in der Gesellschaft wird auch wesentlich durch die aktive **Steuerung** des **sozialen Wandels** durch die **Politik** beeinflusst. In diesem Zusammenhang sind die Bildungspolitik und die Strukturpolitik als Voraussetzung für die wirtschaftliche Entwicklung, aber auch die Sozialpolitik zu untersuchen und zu gewichten. Dabei ist davon auszugehen, dass die Bundesrepublik nicht nur eine demokratische politische Ordnung, ein Rechtsstaat und ein föderaler Staat, sondern auch ein Sozialstaat ist.

Im **Sozialstaat** sollen die Lebensrisiken und sozialen Folgewirkungen einer marktwirtschaftlichen Ökonomie aktiv politisch bearbeitet werden. Hierdurch sollen die politischen Entscheidungen auf die Herstellung sozialer Gerechtigkeit und sozialer Sicherheit, auf die Sicherung eines sozialen Existenzminimums für alle sowie auf die Milderung der ökonomischen Ungleichverteilung und der sozialen (Klassen-, Schichten-, Gruppen-)Gegensätze ausgerichtet werden.

Hierzu dient die **Sozialpolitik**, welche die Aufgabe hat, die in jeder Gesellschaft existierenden Konflikte über die Verteilung der begehrten Güter und Werte in den Bereichen Arbeit und soziale Sicherung auf staatlicher, verbandlicher, betrieblicher oder privater Basis mit Anspruch auf gesamtgesellschaftliche Verbindlichkeit zu regeln.

Agenda 2010 Programm der aus SPD und Bündnis 90/Die Grünen gebildeten Bundesregierung zur Reform des in der bisherigen Form nicht mehr finanzierbaren Sozialstaats. Die Agenda wurde im Jahr 2003 beschlossen und umfasst die Reform der sozialen Sicherungssysteme und des Arbeitsmarktes. Ihre Ziele sollten bis 2010 erreicht werden.

Agrargesellschaft Gesellschaft, die größtenteils auf dem Anbau landwirtschaftlicher Güter beruht. In einer Agrargesellschaft ist der überwiegende Teil der arbeitenden Bevölkerung in der Landwirtschaft tätig. Mit dem Aufkommen der maschinellen Produktion sinkt dieser Anteil (Industrialisierung) und die Arbeitskräfte wandern vom Land in die Städte, um in der Industrie Beschäftigung zu finden.

Altersstruktur Die Altersstruktur bezeichnet eine statistische Verteilung von Personen oder Gegenständen bezogen auf bestimmte Zeitpunkte oder Zeitabschnitte. Dabei bezieht sich die Altersstruktur überwiegend auf die Altersverteilung in der Bevölkerung. Diese wird zumeist in einer grafischen Darstellung – bezeichnet als Alters- oder auch Bevölkerungspyramide – beschrieben.

Ambiguitätstoleranz Auch Unsicherheits- oder Ungewissheitstoleranz. Die Fähigkeit, Widersprüchlichkeiten (Ambiguitäten) nicht negativ oder vorbehaltlos positiv zu deuten, sobald sie schwer verständlich oder inakzeptabel erscheinen. Zu diesen Ambiguitäten zählen etwa kulturell bedingte Unterschiede oder mehrdeutige Informationen. Eine Ambiguitätstoleranz stellt die Voraussetzung für die interkulturelle Kompetenz eines Menschen und die internationalen Beziehungen zwischen den Ländern dar.

Arbeit Diese dient einerseits als **Erwerbsarbeit** der Schaffung von kulturellen und materiellen Gütern. Hierfür erhalten Arbeiter, Angestellte und Beamte von den Unternehmen Löhne und Gehälter bzw. die Selbstständigen und Unternehmer erzielen einen Gewinn aus ihrer Tätigkeit. Die Bedeutung der Arbeit für die individuelle Selbstverwirklichung und für die soziale Stabilität in der Gesellschaft wird andererseits besonders deutlich bei der **Familienarbeit**, den freiwilligen sozialen Leistungen oder der künstlerischen Arbeit.

Arbeitslosengeld Finanzielle Unterstützung von Erwerbslosen bzw. Arbeitssuchenden zur Wahrung eines gewissen Lebensstandards. In Deutschland wird unterschieden zwischen dem Arbeitslosengeld I (ALG I, aus der Arbeitslosenversicherung finanzierte Lohnersatzzahlung) und dem ALG II (staatliche Grundsicherungsleistung für erwerbsfähige Hilfsbedürftige). Das ALG II (umgangssprachlich Hartz IV) ist das

Ergebnis des Vierten Gesetzes für moderne Dienstleistungen am Arbeitsmarkt und fasst seit 2004 die Sozialhilfe und die **Arbeitslosenhilfe** zusammen. Entgegen der Bezeichnung ist deshalb die Arbeitslosigkeit keine Voraussetzung für den Erhalt des Arbeitslosengeldes.

Arbeitslosigkeit Zustand von Arbeitnehmern, der durch Kündigung oder Mangel an Arbeitsplätzen, die den individuellen Anforderungen (Arbeitsentgelt, Ausbildung etc.) gerecht werden, bedingt ist. (1) **Saisonale Arbeitslosigkeit** entsteht aufgrund von Schwankungen der Produktionsauslastung in manchen Branchen durch Jahreszeitenwechsel (z. B. in der Bauwirtschaft im Winter). (2) **Konjunkturelle Arbeitslosigkeit** tritt infolge einer Stagnation oder Rezession von Wachstumsraten der Wirtschaft auf, da die Firmen dann mit Entlassungen oder Einstellungsstopp reagieren. (3) **Strukturelle Arbeitslosigkeit** entsteht durch Defizite in der Infrastruktur (z. B. geografische Randlage, schlechte Verkehrsanbindung) bzw. bei Produktionsbedingungen oder aber durch grundlegende Veränderungen in der Wirtschaftsstruktur einer Region. (4) **Friktionelle Arbeitslosigkeit** ist durch die kurzfristige Neudefinition von Arbeitsverhältnissen bedingt (z. B. bei einem Arbeitsplatzwechsel). Mithilfe von Existenzgründerprogrammen (sog. Ich-/Familien-AG, seit 2006 stattdessen Gründungszuschuss) und durch Niedriglohnjobs („Mini-/Midijobs"), die für den Arbeitgeber geringe Sozialversicherungsleistungen enthalten, sollen Arbeitsplätze geschaffen werden.

Arbeitsmarkt Bereich des Marktes, in dem Arbeitsleistungen angeboten und nachgefragt werden. Es existieren sowohl ein **organisierter Arbeitsmarkt**, über den Statistiken geführt werden, als auch ein **unorganisierter Arbeitsmarkt**, der die private Suche nach Arbeitsplätzen oder Arbeitskräften beinhaltet.

Armut Ökonomische Lage, in welcher jemand seinen Lebensunterhalt selbst nicht angemessen bestreiten kann. (1) **Absolute Armut** betrifft die Lebensgrundlagen der Menschen und bedeutet die direkte Bedrohung der physischen Existenz durch den Mangel an Nahrung, Unterkunft, Bildungseinrichtungen, Arbeitsplätzen oder medizinischer Betreuung. Die hohe Armut in Entwicklungsländern wird oft durch die starke Verschuldung dieser Staaten vergrößert (Teufelskreise der Armut). (2) **Relative Armut** zeigt sich in einem Vergleich der Wohlstandsverhältnisse von Personen, sozialen Gruppen und Staaten. Arm sind danach Personen, deren Einkommen unter dem Existenzminimum liegt und Haushalte, die weniger als einen bestimmten Anteil des durchschnittlichen Nettoeinkommens besitzen.

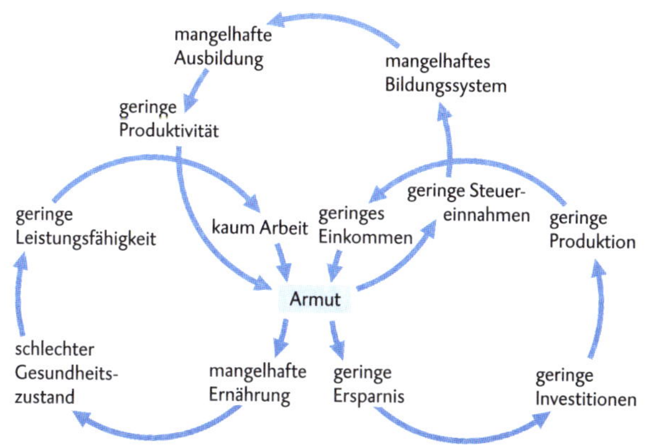

Die Teufelskreise der Armut

Asylbewerber (eher abwertend: Asylant) Person, die wegen politischer Verfolgung aus ihrem Heimatgebiet geflohen ist und in dem Zufluchtsland unter besonderem Schutz steht.

Ausländer Person, die nicht die Staatsangehörigkeit ihres Aufenthaltslandes besitzt und deshalb u. a. nicht das aktive und passive Wahlrecht wahrnehmen darf. Gemäß dem ab Januar 2005 gültigen sog. Zuwanderungsgesetz gibt es nur noch zwei Aufenthaltstitel, die sich nach dem Zweck des Aufenthalts richten: die befristete Aufenthaltserlaubnis und die unbefristete Niederlassungserlaubnis. Schwere und wiederholte Straftaten können zur Abschiebung führen.

Aussiedler Deutschstämmige Personen sowie deren nichtdeutsche Ehegatten und Kinder, die aus ehemaligen deutschen Gebieten in Ost- und Südosteuropa nach Deutschland übersiedeln. Von 1950 bis 2005 kamen ca. 4,5 Mio. Aussiedler (Russland 52 %, Polen 32 %) nach Deutschland. Die seit 1993 zuziehenden Aussiedler werden als Spätaussiedler bezeichnet. Ihr Zuzug ist auf 250 000 Personen pro Jahr begrenzt.

Bedürfnis Ein Mangel an materiellen Gütern oder physiologischen und psychologischen Zuwendungen. In der Sozialwissenschaft spielt die Maslow'sche Bedürfnispyramide eine entscheidende Rolle (s. Abb., S. 132) bspw. für die politische Gesellschafts- und Kulturforschung, da die Motivationen von Menschen und damit grundlegende Einstellungen und Wertmaßstäbe charakterisiert werden können.

Berufsstruktur Eine systematische Gliederung der Erwerbstätigen liefert entscheidende Einblicke in die Gesellschaft, deren Zusammensetzung und Veränderung. Anhand der Verteilung bzw. Stellung im Beruf (Angestellte, Selbstständige, Beamte, Arbeiter) kann die soziale Struktur einer Gesellschaft beschrieben werden.

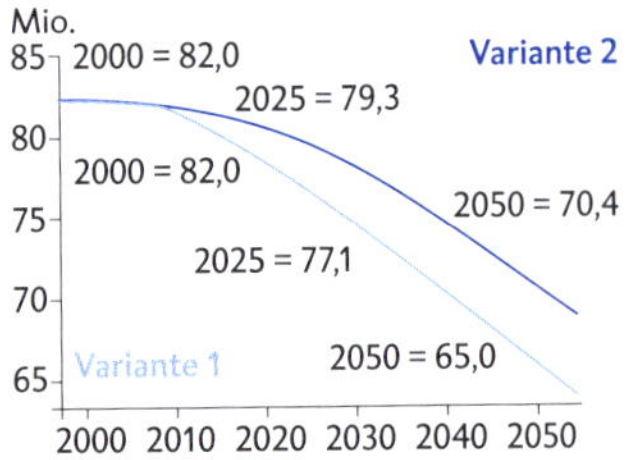

Szenarien zur Bevölkerungsentwicklung in Deutschland (V 2: stärkere Zuwanderung)

Bevölkerungsentwicklung Veränderungen der Zusammensetzung eines Volkes, die mithilfe der Demografie durch empirische Beobachtungen in Statistiken festgehalten werden. In Deutschland ist wie in anderen Industrienationen ein Bevölkerungsrückgang festzustellen: Im Jahr 2009 lebten in Deutschland 81,80 Mio. Menschen, ca. 200 000 weniger als im Vorjahr. Es starben etwa 189 000 Menschen mehr, als im gleichen Jahr geboren wurden. Neben Geburten und Sterbefällen wird die Bevölkerungszahl durch Zu- und Fortzüge aus dem bzw. in das Ausland (Migration) bestimmt. Die Zahl der Zuwanderer, die für die ständige Bevölkerungszunahme seit der Wiedervereinigung 1990 (Ausnahme 1998) verantwortlich war, nimmt seit 1995 ab, was u. a. mit Veränderungen in der Einwanderungspolitik zu tun hat. Deshalb wird prognostiziert, dass die Bevölkerung in Deutschland bis 2060 im Vergleich zu 2008 um ca. 15 % auf rund 70 Mio. zurückgehen und gleichzeitig altern wird. Selbst eine Nettozuwanderung von 100 000 bis 200 000 Personen im Jahr wird nicht verhindern, dass die Zahl der Todesfälle bald die der Geburten und Zugezogenen übersteigt. Weitere Gründe für die Bevölkerungsentwicklung und für die Veränderung der Altersstruktur sind u. a. der Geburtenrückgang nach 1964 durch den „Pillenknick“ und der Strukturwandel der Familie – handwerkliche Familienbetriebe und bäuerliche Großfamilien verlieren im Zuge der Entwicklung hin zu einer Dienstleistungsgesellschaft immer mehr an Bedeutung (s. Abb., S. 110 f.).

Bevölkerungswanderung Erzwungene oder freiwillige Umsiedlung aus humanitären, sozialen, politischen und ethnischen Gründen. Eine Dimension stellt die Abwanderung von ganzen Volksgruppen (Flüchtlingsströme) im Zuge von Bürgerkriegen (Bsp. Sudan) dar. Des Weiteren spielt vor allem in armen Ländern die Landflucht und damit eine zunehmende Verstädterung eine zentrale Rolle.

Bildung In Abgrenzung zur Sozialisation, der individuellen Aneignung von Normen, Werten und Rollen, ist Bildung das Ergebnis eines bewusst geplanten und vollzogenen Prozesses der Formung des Menschen und seiner geistigen Fähigkeiten. Der angestrebte Zustand orientiert sich an einem bestimmten Bildungsideal, welches angestrebt wird. Dieses ist einem zeitlichen Wandel unterworfen und unterscheidet sich in verschiedenen Gesellschaften. Denn die Vorstellungen über die konkreten Inhalte und über den lebensbegleitenden Entwicklungsprozess des Menschen, bei dem er seine geistigen, kulturellen und lebenspraktischen Fähigkeiten sowie seine personalen und sozialen Kompetenzen erweitert, sind von der jeweiligen Kultur abhängig. Von einem politisch gebildeten Menschen kann gesprochen werden, wenn dieser in der Lage ist, politische Zusammenhänge zu analysieren und sich ein eigenständiges Urteil zu bilden.

Bildungspolitik Politische und verbandliche Aktivitäten sowie gesetzgeberische Maßnahmen, die das Bildungswesen finanziell, organisatorisch und inhaltlich betreffen. Bildungspolitik fällt in der BRD nahezu ausschließlich in den Zuständigkeitsbereich der Bundesländer. Beteiligt ist der Bund an der Hochschulpolitik durch das Hochschulrahmengesetz und die Gemeinschaftsaufgabe Hochschulbau.

Chancengleichheit Aspekt von sozialer Gerechtigkeit. Danach sollen alle Bürger unabhängig von ihrer sozialen Herkunft das Recht auf gleiche Chancen in Ausbildung und Beruf haben. Deshalb besteht die politische Aufgabe darin, möglichst gleiche Startchancen **(Lebenschancen)** für alle zu schaffen. Dies bedeutet z. B., den Zugang zu allen Bildungs- und Ausbildungsgängen durch eine materielle Unterstützung zu gewährleisten. Hierfür wird auch der Begriff „Chancengerechtigkeit“ verwendet, bei dessen Verwendung noch stärker darauf abgehoben wird, dass es unterschiedliche individuelle Voraussetzungen an Begabungen und Interessen gibt und deshalb ein differenziertes Angebot an Strukturen (Bildungs- und Berufssystem) existieren sollte.

Demografie Bevölkerungswissenschaft.

Dienstleistungsgesellschaft Gesellschaft, in der die meisten Arbeitnehmer im Dienstleistungsbereich (Angestellte in Einzelhandel, Banken, Versicherung usw. sowie mittlere und höhere Beamte) tätig sind. Die Dienstleistungsgesellschaft wird als Nachfolgerin der Industriegesellschaft betrachtet (postindustrielle Gesellschaft, Informationsgesellschaft). Die USA liegen weltweit mit 75,4 % der erbrachten Wirtschaftsleistung im tertiären Sektor an der Spitze.

Diskriminierung Benachteiligung oder Herabwürdigung von Gruppen oder Individuen, bspw. aufgrund des Geschlechts, der Rasse, der ethnischen Zugehörigkeit, der Religion oder Weltanschauung, einer Behinderung, des Alters oder der sexuellen Ausrichtung. Das Antidiskriminierungsgebot nach Art. 3 Abs. 3 GG gilt für staatliches Handeln, es stellt aber auch den Bezug für Rechtsansprüche betroffener Personen z. B. gegenüber Arbeitgebern her. Hinzu kommen mehrere EU-Richtlinien zur Verhinderung von Diskriminierung.

Einstellung Grundorientierung, nach der eine Person oder eine soziale Gruppe Objekte und Entwicklungen beurteilt. Unter **politischer Einstellung** versteht man die politische Grundüberzeugung eines Individuums oder einer Gruppe. Bspw. kann jemand konservativ oder linksradikal eingestellt sein und dann für die entsprechenden Werte in aktuellen politischen Fragen eintreten. Die geäußerten politischen Einstellungen sind allerdings oft nicht identisch mit konkretem sozialen und politischen Handeln.

Einwanderungspolitik Maßnahmen, die sich auf den Zuzug einwanderungswilliger Menschen aus einem anderen Staatsgebiet beziehen. Für Deutschland ist eine gezielte Einwanderungspolitik wichtig, um die Altersstruktur der Bevölkerung und damit die Anzahl der Fachkräfte in mittleren Jahren zu erhöhen und eine Entlastung des Rentensystems zu garantieren. Hierzu ist es notwendig, zunächst den Bedarf an Arbeitskräften möglichst genau zu erfassen, um daraus Kriterien für die Einwanderung ableiten zu können. Des Weiteren ist die Einwanderungspolitik durch eine gezielte und integrationsfördernde Eingliederungspolitik zu unterstützen. Die Probleme ungezielter, unkontrollierter Einwanderung bestehen darin, dass Menschen, die für die hoch industrialisierte Gesellschaft nicht ausreichend qualifiziert sind, in Randexistenzen abgedrängt werden. Seit 2000 gilt für die zweite Einwanderergeneration in Deutschland das Geburtsortsprinzip zum Erwerb der Staatsbürgerschaft. Das seit 2005 gültige Zuwanderungsgesetz führte u. a. eine verpflichtende Teilnahme an Sprach- und Landeskundekursen für Neuzuwanderer ein.

Elterngeld Staatliche Geldleistung an Eltern, die ihr Berufsleben unterbrechen, um sich der Erziehung und Pflege eines Kindes zu widmen. Das Elterngeld wurde 2007 eingeführt und ersetzt das Erziehungsgeld. Der das Kind erziehende Elternteil erhält ab der Geburt eines Kindes zwölf Monate lang 67 % seines letzten monatlichen Nettoeinkommens, höchstens aber 1 800 Euro. Zwei weitere Monate stehen dem Partner zu, wenn er in dieser Zeit seine Erwerbstätigkeit für die Kindererziehung einschränkt.

Elternzeit Anspruch von Eltern auf Beurlaubung von der Arbeit zur Erziehung des Kleinkindes. Es besteht in dieser Zeit ebenso der Anspruch auf Elterngeld.

Emanzipation Befreiung aus politischer, sozialer oder rechtlicher Abhängigkeit. Politische Emanzipation verbessert die rechtliche Stellung einer unter Vormundschaft stehenden Bevölkerungsgruppe bzw. stellt sie rechtlich gleich. Sie ist das Ergebnis lang anhaltender Auseinandersetzungen. So können auch Revolutionen, wie die französische mit der Erklärung der Menschenrechte, als Teil eines Emanzipationsprozesses interpretiert werden, in dem die Menschen sich aus ökonomischer, religiöser und politischer Bevormundung befreit haben. Heute wird der Begriff zumeist mit Blick auf die Frauenrechtsbewegung verwendet.

Empathie Die Fähigkeit zur Perspektivenübernahme ist Voraussetzung dafür, sich in die Situation eines anderen (auch eines politischen Interaktionspartners) hineinzuversetzen. Dadurch können Gedanken, Emotionen und Absichten des anderen nachempfunden werden. Empathie ist die Bedingung dafür, die eigene Reaktion auf die möglichen Pläne, Vorstellungen, Gefühle anderer zu kontrollieren.

Empirische Sozialforschung Forschungsansatz, der gesellschaftliche Zustände und Vorgänge empirisch, d.h. von den durch Beobachtungen feststellbaren Tatsachen ausgehend, untersucht. In der empirischen Sozialforschung werden Informationen gesammelt und interpretiert, um Theorien und Hypothesen zu überprüfen und Prognosen aufzustellen.

Erlebnisgesellschaft Auch Spaßgesellschaft. Genuss und Glückseligkeit des Individuums gelten hier als oberstes Lebensziel.

Existenzminimum Die Mittel, die notwendig sind, um physisch zu überleben, also die Befriedigung grundlegender materieller Bedürfnisse. Zum Existenzminimum gehören vor allem Nahrung, Kleidung, eine Wohnung und eine medizinische Notfallversorgung. Die Definition des Existenzminimums ist immer kulturspezifisch. Bei der Berechnung des Arbeitslosengeldes II, der Hilfe zum Lebensunterhalt bzw. der entsprechenden Gewährung der Grundsicherung wird auf dieses Existenzminimum Bezug genommen. Die Zuteilung dieser Hilfen wird also demjenigen gewährt, der aktuell aus eigener Kraft das Existenzminimum für sich oder seine Familie nicht erwirtschaften kann.

Familie Eine durch Partnerschaft, Heirat oder Abstammung begründete Lebensgemeinschaft. Familie im engeren Sinne meint eine Gemeinschaft aus Eltern bzw. Erziehungsberechtigten und Kindern. Im weiteren Sinne zählen dazu auch andere, mitunter im gleichen Haushalt wohnende Verwandte. Durch die Pluralisierung der Lebensformen im späten 20. Jh. haben sich neben der Kernfamilie alternative Lebensformen herausgebildet. Dazu gehören zum Beispiel kinderlose Ehen, Patchwork-Familien und der Alleinerziehenden-Haushalt.

Familienpolitik Der Teil der Sozialpolitik, der zum Schutz und zur wirtschaftlichen und sozialen Förderung der Familie dient (z. B. Mutterschutz, Elternzeit).

Freiheit → Kap. 2, Freiheit

Freizeitgesellschaft Eine mögliche Gesellschaft, die es dem Einzelnen erlaubt, deutlich weniger zu arbeiten und mehr Freizeit zu haben, als es heute normalerweise möglich ist.

Geburtenrate Anzahl der Lebendgeborenen pro Jahr, auf 1 000 Einwohner bezogen. Besteht eine einheitliche Tendenz von hohen hin zu niedrigen Geburten- und Sterberaten – wie im Modell des demografischen Übergangs angenommen – dann steigt der Altenquotient.

Generationenvertrag Dieser basiert als Prinzip des gesetzlichen Rentensystems darauf, dass die erwerbstätige Generation die Rentengeneration über Transferzahlungen (Einkommensübertragungen) mit Einkommen versorgt. Die nachrückende junge Generation soll diese Pflicht ebenso übernehmen. Das strukturelle Problem liegt in dem wachsenden Ungleichgewicht zwischen der Altersgruppe der 20- bis 64-Jährigen und der Gruppe der 65-Jährigen und Älteren: 1993 versorgten 100 Bei-

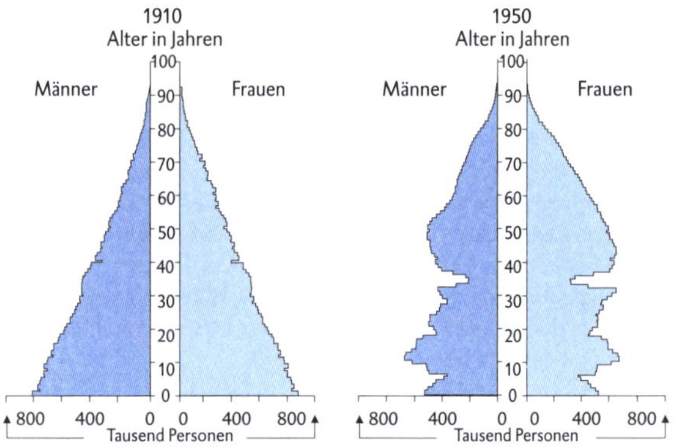

Die prognostizierte Bevölkerungsentwicklung in Deutschland verdeutlicht die …

tragszahler 35 Rentner, 2030 werden dagegen 61 Rentner von 100 Beitragszahlern versorgt werden müssen. Angesichts dessen stellt sich die Frage, ob das staatliche Rentenversicherungssystem in Deutschland aufrechterhalten werden kann, da die Renten und das Gesundheitssystem kaum mehr von Arbeitnehmern und Arbeitgebern finanzierbar sind. Im Rahmen des Systems gibt es nur Lösungsmöglichkeiten, die schnell an finanzielle Grenzen stoßen: Entlastung der Rentenversicherung durch späteres Renteneintrittsalter, geringeren Anstieg der Renten, Anstieg der Beitragssätze von Arbeitnehmern und Arbeitgebern, Abbau versicherungsfremder Leistungen wie Renten für Kindererziehungs- oder Ausbildungszeiten und Verlagerung auf private Altersvorsorge.

Generatives Verhalten Verhalten bezüglich der Fortpflanzung, welches durch ökonomische, soziale und kulturelle Faktoren bestimmt ist. Dazu gehören u. a. Familienverfassung, das Erbrecht, das Heiratsalter sowie die Fruchtbarkeit und die Sterblichkeit einer Bevölkerung. Das Geburtenverhalten wird oftmals anhand der totalen Fertilitätsrate gemessen. Diese gibt an, wie viele Kinder jede Frau während ihrer reproduktiven Lebensphase durchschnittlich lebend gebärt.

Gerechtigkeit Vorstellung, nach der (politisches) Handeln so ausgerichtet sein soll, dass es den Interessen aller Beteiligten entspricht. In einer Gesellschaft stehen Gleichheit und Freiheit in einem Spannungsverhältnis: Je stärker die Lebensbedingungen der Menschen einander angeglichen werden, umso geringer sind die individuellen Möglichkeiten der Selbstentfaltung. Je größer die Freiheitsbereiche der Individuen sind,

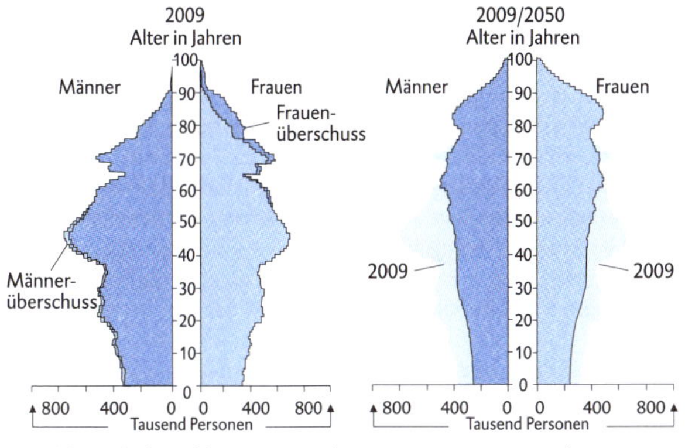

... Problematik, die auf die Konzeption des Generationenvertrags zukommt

desto eher kann es zu Ungleichheiten zwischen den Bürgern kommen. Deshalb kann nur von Gerechtigkeit gesprochen werden, wenn die weitaus größte Mehrheit der Bürger glaubt, dass das Verhältnis zwischen Freiheit und Gleichheit in etwa ausgeglichen ist. Der Begriff wird allerdings nur in den Fällen sinnvoll angewandt, in denen auch für schwächere Glieder der Gesellschaft humane Bedingungen zur Selbstentfaltung bestehen. Im internationalen System existiert zumindest dann Gerechtigkeit, wenn alle Staaten ihre legitimen Interessen zur Zufriedenheit verwirklichen können. Dies setzt voraus, dass keine Gewaltbeziehungen zwischen den Staaten bestehen und dass Freiheit und Gleichheit in der Gestaltung der internationalen Beziehungen berücksichtigt werden. **Soziale Gerechtigkeit** ist neben dem Freiheitsprinzip ein Gestaltungsprinzip der sozialen Marktwirtschaft, für die sie eine Struktur bildende Bedeutung hat. Ihr Grundgedanke ist, dass der Staat korrigierend in das Wirtschaftssystem eingreift. Das tut er durch soziale Leistungen, wie im Bereich der Renten-, Kranken- und Arbeitslosenversicherung sowie anhand von Wohnungsbauzuschüssen etc. Durch diese Maßnahmen sollen auch Gruppen mit niedrigem Einkommen am wirtschaftlichen Fortschritt teilhaben können. Weitere Gesichtspunkte der sozialen Gerechtigkeit sind der Ausbau einer gerechten Arbeits- und Sozialordnung (Mitbestimmung der Arbeiter in den Betrieben, Kündigungsschutz, Jugendschutzgesetz) und die Verpflichtung des Staates, durch eine entsprechende Konjunktur- und Wirtschaftspolitik für stabile Preise und ein angemessenes wirtschaftliches Wachstum zu sorgen, um Arbeitslosigkeit und soziale Missstände zu bekämpfen.

Gesellschaft (1) In der Soziologie alle Individuen in einem bestimmten Raum, ihre sozialen Beziehungen und Institutionen sowie die Ideen und Normen, nach denen sich die sozialen Beziehungen richten. Jede Gesellschaft ist permanent Wandlungen ausgesetzt, z. B. Veränderungen in Arbeitsbedingungen, Werthaltungen, sozialen Beziehungen und im Freizeitverhalten. Diese Veränderungen haben Auswirkungen auf die Struktur der Gesamtgesellschaft. Seit einigen Jahren ist in den Industriestaaten etwa eine Tendenz zur Individualisierung festzustellen. Diese ist das Ergebnis des technologischen, sozialen und kulturellen Wandels, der im Zusammenhang mit der ökonomischen, kommunikationstechnischen (Internet), kulturellen und politischen Globalisierung eine neue Dynamik entfaltet. Zur Analyse der Gesellschaft wurden Modelle der sozialen Schichten, Klassen und Milieus entwickelt. (2) Im Staatsrecht sind die Bürger gemeint, die dem Staat gegenüberstehen. (3) In der Wirtschaft bezeichnet „Gesellschaft“ einen Zusammenschluss von natürlichen oder juristischen Personen zu einem gemeinsamen Zweck.

Gesellschaftspolitik Gesamtheit aller politischen Maßnahmen, die auf die Verwirklichung einer nach bestimmten Werten organisierten Gesellschaft abzielen. Da die einzelnen politischen Entscheidungen, z. B. der Bildungs- und Sozialpolitik, letzlich die gesellschaftliche Ordnung verändern, können diese umgekehrt hinsichtlich ihrer gesellschaftspolitischen Ordnungsvorstellungen, besonders hinsichtlich der Gerechtigkeitsvorstellungen, überprüft werden.

Gewalt → Kap. 2, Gewalt

Gewerkschaft → Kap. 2, Gewerkschaft

Globalisierung → Kap. 4, Globalisierung

Habitualisierungsprozess In einem weiteren Sinne Verinnerlichung von Werten und Normen durch regelmäßige Wiederholung von Handlungen. Während der Sozialisierung eines Individuums übernimmt dieses die in der Gesellschaft verbreiteten und anerkannten Werte und Normen und richtet sein Verhalten danach aus. In einem engeren Sinne wird unter der Habitualisierung die Anwendung eines automatisierten Handelns, z. B. im Arbeitsprozess, verstanden.

Hartz IV Umgangssprachlich für das Arbeitslosengeld II. Benannt nach dem Vierten Gesetz für moderne Dienstleistungen am Arbeitsmarkt, welches im Anschluss an die Vorschläge der Hartz-Kommission beschlossen wurde.

Gesetze	Maßnahmen
Hartz I (2003)	Einrichtung von Personal-Service-Agenturen zur Vermittlung von Arbeitssuchenden
Hartz II (2003)	Schaffung von Niedriglohnjobs
Hartz III (2004)	Umbau der Bundesanstalt für Arbeit in eine Dienstleistungsagentur (Bundesagentur für Arbeit)
Hartz IV (2005)	Zusammenlegung von Arbeitslosenhilfe und Sozialhilfe zum Arbeitslosengeld II (umgangssprachlich Hartz IV)

„Gesetze für moderne Dienstleistungen am Arbeitsmarkt"

Hartz-Kommission Vertreter aus Politik, Wirtschaft, Gewerkschaften und Wissenschaft unter dem Vorsitz von VW-Manager *Peter Hartz* erarbeiteten im Jahr 2002 vier „Gesetze für moderne Dienstleistungen am Arbeitsmarkt", mit denen eine Reform des Arbeitsmarktes und ein Sinken der Arbeitslosigkeit erreicht werden sollte.

Identität Bei der Identität einer Person handelt es sich um die einzigartige Kombination von persönlichen und damit unverwechselbaren Eigenschaften des Individuums, welche in der Interaktion entstehen. Sie umfasst deshalb nicht nur den Namen, das Geschlecht und den Beruf, sondern auch das Bild, welches das Individuum von sich selbst besitzt und das es u. a. an Rollenerwartungen ausrichtet.

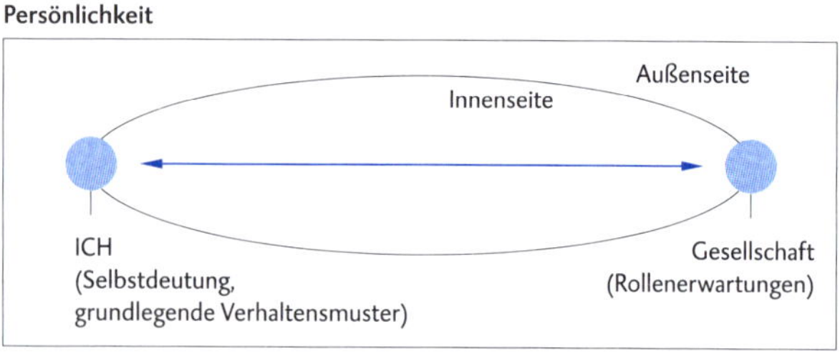

Identitätsbildung im Interaktionsprozess: Erklärungsansätze

Individualisierung Aspekt des sozialen Verhaltens, nach dem sich die Individuen in einem Übergang von Fremdbestimmung zu Selbstbestimmung befinden. Dieser Prozess hängt eng mit der Industrialisierung und Modernisierung in der jeweiligen Gesellschaft zusammen, da hier etwa die Arbeitsteilung zunimmt und soziale Verbindungen – wie die Großfamilie oder die Dorfgemeinschaft – geschwächt werden. Dadurch kommt es auch zu einer Pluralisierung der Lebensstile.

Industrialisierung Umwandlung von einer Agrar- in eine Industriegesellschaft, bei der die maschinelle Produktion eines Staates die Landwirtschaft als wichtigste Erwerbsgrundlage ablöst. In Europa erlangte Großbritannien ab der zweiten Hälfte des 18. Jh. einen deutlichen industriellen Vorsprung. Wichtige Stationen der klassischen Industrialisierung waren die Erfindung der Dampfmaschine und der Spinnmaschine (beide 1769) sowie der Anfang des 19. Jh. einsetzende Bau von Eisenbahnstrecken. Die Industrialisierung hatte bedeutende soziale Konsequenzen: Es kam zu einer Abwanderung der Bevölkerung aus ländlichen Gebieten hin zu den Industriestandorten und zu der Entstehung einer neuen sozialen Schicht abhängiger Arbeiter. Wegen des hohen Tempos der Industrialisierung in Europa redet man auch von einer „**industriellen Revolution**“. Heute befinden sich zahlreiche Entwicklungsländer im Stadium der Industrialisierung.

Industriegesellschaft Gesellschaft, bei der die Lebensgrundlage der meisten Arbeitskräfte durch die industrielle Güterherstellung im sekundären Sektor gewährleistet wird. Die Industriegesellschaft ist wirtschaftlich hoch entwickelt und u. a. geprägt von starker Arbeitsteilung, Massenproduktion und einer Konzentration der Arbeitnehmer in Ballungsgebieten.

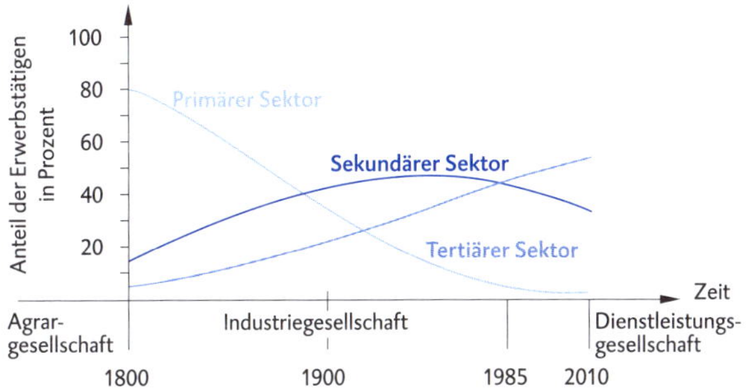

Entwicklungskurven der Erwerbstätigenstruktur

Informationsgesellschaft Gesellschaft, die durch die Computertechnik geprägt und in der die Mehrheit der Arbeitnehmer mit der Produktion und Verarbeitung von Informationen beschäftigt ist. Die Informationsgesellschaft ist eine hoch technologisierte Industriegesellschaft, in der Informations- und Kommunikationstechniken maßgeblich das wirtschaftliche, kulturelle und soziale Leben beeinflussen, weshalb die Fähigkeit zur Nutzung der neuen Medien von großer Bedeutung ist.

Infrastruktur Alle Einrichtungen, die zur wirtschaftlichen und sozialen Entwicklung und Versorgung einer Region notwendig sind. Die Infrastruktur umfasst sowohl Verkehrswege/-mittel, Telefon-, Wasser- und Elektrizitätsleitungen als auch Schulen, Theater und Krankenhäuser. In Deutschland weisen die Ballungszentren (Rhein-Main-, Ruhrgebiet, Berlin, München, Hamburg) eine dichte Infrastruktur auf (Flughäfen, Schienennetz, Straßen, große Industrie- und Dienstleistungsbranche). Die Infrastruktur einer Region ist einer der wichtigsten Standortfaktoren.

Institutionalisierung Die regelmäßig wiederholten Handlungen (Interaktionen) mit typischen Interaktionspartnern in typischen Situationen, bei denen wechselseitige Typisierungen stattfinden (sog. Reziprozität) – z. B. in der Schule von Lehrern und Schülern, in der Freizeit bei einer Freundesgruppe, bei internationalen Konferenzen von Ministern aus verschiedenen Ländern, bei regelmäßigen Treffen und Gesprächen von Koalitionspartnern, etwa bevor sie im Kabinett beraten. Hierbei handelt es sich um **Institutionen** in einem weiteren Sinne, die von formalen Organisationen mit einer festgelegten Hierarchie und eindeutigen Positionszuweisungen, den Institutionen in einem weiteren Sinne, unterschieden werden müssen. Institutionalisierungen können also in und außerhalb formaler Organisationen stattfinden. Will man politische Prozesse im nationalen und internationalen Bereich umfassend analysieren, sollte man daher alle Arten von Institutionen betrachten.

Integration (1) Im innerstaatlichen Bereich bedeutet Integration meist die Aufnahme und Eingliederung von Ausländern in die Gesellschaft. (2) Zusammenarbeit von Staaten zum Zweck der Vereinheitlichung bestimmter Politikbereiche und Abgabe von Hoheitsrechten an supranationale Organisationen. Die europäische Integration, die nach dem Zweiten Weltkrieg einsetzte, ist durch den Aufbau gemeinschaftlicher Institutionen (EG, EU) gekennzeichnet. Ziel ist eine möglichst enge und nutzbringende wirtschaftliche Verflechtung.

Interaktion Aufeinander bezogenes Handeln zwischen zwei oder mehr Personen. In der Soziologie Bezeichnung für die Wechselbeziehung zwischen Individuen und gesellschaftlichen Gruppen und die Orientierung des eigenen Handelns an Erwartungen der anderen in Gruppen und sozialen Systemen (Rollendefinition). Eine nähere Untersuchung der Alltagswelt der Menschen zeigt vier Elemente der Interaktion, die Elemente der Ausbildung einer persönlichen Identität darstellen. Sie wirken nicht in einer zeitlichen Reihenfolge, sondern sind in unbestimmbarer Weise im Bewusstsein des Individuums miteinander verbunden. (1) Übernahme der Rolle des anderen als Reaktion auf die Umwelt. Dieses im Kinderspiel zu beobachtende Verhalten ist ein Element der individuellen Bewusstseins- und Persönlichkeitsbildung. Das Individuum erlernt durch Rollenübernahme in seiner Alltagswelt (Familie, Freunde, Beruf, Medien) nicht nur allgemeine soziale Verhaltensweisen, sondern auch politische Verhaltensweisen, Einstellungen und Werte. (2) Ausrichtung des eigenen Denkens und Handelns an der tatsächlichen oder vermuteten Reaktion des anderen. Indem das Individuum seine Handlungsweise in der Reflexion auf den anderen ausrichtet, bildet es seine Einstellung zu sich selbst aus. (3) Bedeutung der Gemeinschaft für die eigene Bewusstseinsbildung. Die Gemeinschaft erscheint dem Individuum nicht in ihrer Pluralität, sondern als Einheit. Indem der Mensch die Haltung der Gemeinschaft ihm gegenüber übernimmt, wird er sich seiner selbst als Objekt oder Individuum bewusst und entwickelt somit eine Identität der Persönlichkeit. (4) Übertragung der wechselseitigen Perspektive auf die gesamtgesellschaftlichen Interaktionen. In der Politik identifiziert sich der Einzelne z. B. mit einer politischen Partei und übernimmt etwa deren Haltung gegenüber der Gemeinschaft.

Internalisierung Verinnerlichung gesellschaftlicher Werte, Sitten, Normen und sozialer Rollen im Rahmen des Interaktionsprozesses.

Jugend (auch: Adoleszenz) Die Phase zwischen Kindheit und Erwachsensein – in etwa die Zeit vom 13. bis zum 21. Lebensjahr. Nach deutschem Recht ist Jugendlicher, wer 14 (außer im Jugendarbeitsschutzgesetz, dort 15), aber noch nicht 18 Jahre alt ist.

Kirchen Soziale Organisationsformen von Religionen/Religionsgemeinschaften, insbesondere christlicher Bekenntnisse.

Klasse Umgangssprachlich die Bevölkerungsgruppierung, deren Angehörige durch eine gemeinsame ökonomische und soziale Lage und die damit angenommenen sozialen und politischen Interessen gekennzeichnet sind. „Klasse" wird oft mit dem Begriff „Schicht" gleichgesetzt.

Kommunikation Form sozialen Handelns, die auf Verständigung ausgerichtet ist. Zwischenmenschliche Kommunikation dient der „gemeinsamen Aktualisierung von Sinn" (*Niklas Luhmann*, deutscher Soziologe) und wirkt ein auf Gefühle, Gedanken oder Tätigkeiten des Kommunikationspartners. Kommunikation setzt mindestens einen Sender (Kommunikator), eine Mitteilung (Aussage) und einen Empfänger (Rezipienten) voraus. Beim Kommunikationsprozess wandelt der Kommunikator seine Mitteilungsabsicht in ein für den Empfänger verständliches Zeichensystem um. Dieser deutet und interpretiert dann die akustisch oder optisch wahrgenommenen Zeichen (Sprache, Schrift, Gestik).

Konflikt → Kap. 4, Konflikt

Lage, soziale Stellung eines Individuums oder einer Gruppe in der Gesellschaft hinsichtlich der **Lebenschancen** und Lebensqualität. Dabei werden verschiedene Faktoren wie Beruf, Einkommen, Bildung, Arbeitsplatzsicherheit, Wohngegend, Freizeit und Integration in die Gesellschaft berücksichtigt.

Lebenschancen → Kap. 3, Chancengleichheit; Lage, soziale

Lebensrisiken Die verschiedenen Risiken, die zum Tod führen können. Dazu zählen Suizid, Tod durch Haushalts-, Verkehrs- und Arbeitsunfälle, Tod durch Berufskrankheit, Geburtskomplikationen oder Tod im militärischen Dienst. In der Biografie eines Menschen gibt es berufliche Risiken wie Arbeitsplatzwechsel und Arbeitslosigkeit, die oft mit privaten Risiken verbunden sein können (Krankheit, Beziehungsprobleme mit Partnern, Scheidung, Alleinerziehung etc.).

Leistungsgesellschaft Eine Gesellschaft, in der die Verteilung angestrebter Güter (z. B. Macht, Prestige, Vermögen) entsprechend der von jedem einzelnen Gesellschaftsmitglied erbrachten Leistung erfolgt. Dabei wird Leistung entsprechend bestimmter gesellschaftlich gegebener Konventionen oder Nützlichkeitserwägungen bewertet.

Magisches Viereck Die vier wirtschaftspolitischen Ziele, zu deren gleichrangiger Verfolgung sich die Bundesregierung mit dem Gesetz zur Förderung der Stabilität und des Wachstums der Wirtschaft von 1967 verpflichtet hat.

Medien Sowohl gedruckte (Zeitungen) als auch akustische (Rundfunk) und audio-visuelle (Fernsehen, Internet) Kommunikationsmittel. „**Neue Medien**" ist eine Sammelbezeichnung für neue Trägermedien und Übertragungstechniken, z. B. Satelliten- und Kabelfernsehen, die eine große Ausdehnung des Fernsehprogrammangebots ermöglichen, Textübertragung (Videotext) und Internet, wodurch eine weltweite Kommunikation möglich ist. Hierdurch kommt es z. B. zur Zusammenarbeit von Geschäftspartnern unabhängig von Zeit und Ort. „**Massenmedien**" sind solche Kommunikationsmittel, die zahlreiche Menschen erreichen können. So sind sowohl Bücher und Zeitungen als auch Radio und Fernsehen sowie das Internet Massenmedien. Die Kommunikation, die von Massenmedien ausgeht, ist oft einseitig, da Leser, Zuschauer und Zuhörer keine direkte Möglichkeit haben, Einfluss auf die Gestaltung und die Auswahl der angebotenen Informationen zu nehmen. Das Internet erlaubt eine „wechselseitige" Kommunikation.

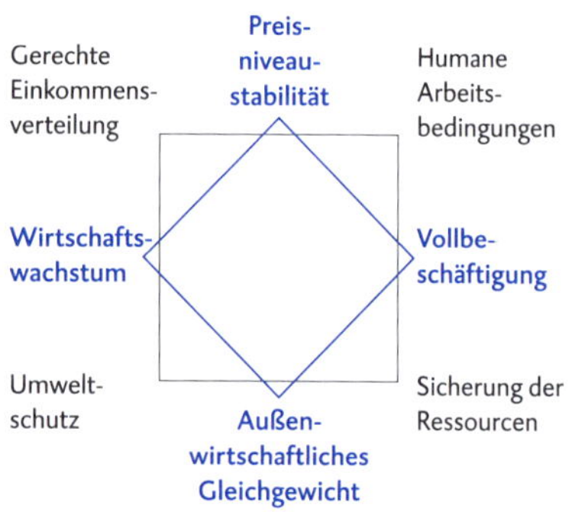

Das Magische Achteck ergänzt die Ziele des Magischen Vierecks (blau) um weitere Aspekte

Zeitspanne	Phase
ab ca. 1944	• 12 Mio. Flüchtlinge und Vertriebene aus ehemaligen deutschen Ostgebieten (z. B. Schlesien, Ostpreußen, Westpreußen, etc.) • Arbeitskräftepotenzial für westdeutschen Wirtschaftsaufschwung
1945–1961	• 3,1 Mio. Übersiedler aus der sowjetischen Besatzungszone bzw. der DDR in die BRD • 470 000 Auswanderer von der BRD in die DDR und 2 Mio. nach Übersee
1961–1989 (besonders bis 1974)	Anwerbung von 4,85 Mio. ausländischen Arbeitnehmern
ab 1987	• verstärkte Zuwanderung von Spätaussiedlern aus Ost- und Südosteuropa (seit 1950 ca. 2,4 Mio. Zuwanderer) • kinderreiche Familien trugen zur Verbesserung der Altersstruktur bei
1988–1990	erneute Ausreisewelle aus der DDR: ca. 700 000 Übersiedler aus der DDR zwischen 1988 und 3. 10. 1990

Die verschiedenen Migrationsphasen in der Bundesrepublik Deutschland

Migration Wanderungsprozesse von Einzelnen oder Gruppen zwischen verschiedenen Gesellschaften oder innerhalb einer Gesellschaft. Die Migration innerhalb Deutschlands und die Zuwanderung nach Deutschland beeinflussen nicht nur die Einwohnerzahl, sondern verändern auch die Bevölkerungsstruktur. Einerseits kann durch kinderreiche Familien zur Verbesserung der Altersstruktur beigetragen und durch die Zuwanderung qualifizierter Arbeitskräfte ein wirtschaftlicher Aufschwung bewirkt werden. Andererseits kann eine zunehmende Zahl von Asylbewerbern die Staatskosten erhöhen und bei fehlender Integration soziale Spannungen verschärfen.

Milieu Das soziale Umfeld, in dem eine Person aufwächst oder lebt. In diesem Umfeld gelten bestimmte Regeln und Normen, die auf den Einzelnen oder eine Gruppe einwirken (s. Abb., S. 120).

Mittelstand Teil der Bevölkerung, der sich aufgrund seiner gesellschaftlichen Lage zwischen der oberen und der unteren sozialen Schicht befindet. Die gesellschaftliche Schicht des **„alten" bürgerlichen Mittelstands** umfasst diejenigen, die nicht in einem abhängigen Beschäftigungsverhältnis arbeiten, sondern eigene Betriebsmittel besitzen und Produkte herstellen oder Dienstleistungen anbieten. Zum Mittelstand gehören u. a. Ein-Mann-Betriebe, Lebensmittelhändler, Bauern, Ärzte, Rechtsanwälte, Wirtschaftsprüfer sowie Unternehmer. Kennzeichen für diese Gruppe ist ein hohes Maß an Autonomie im Arbeitsleben, aber auch eine außerordentliche Vielfalt von Einkommensverhältnissen, hohe Leistungsbereitschaft und Fluktuation. Zum **„neuen" Mittelstand** gehören die Angestellten in Banken, Versicherungen, öffentlicher Verwaltung und in Unternehmen. Die starke Zunahme der Angestelltenschicht hängt mit der Entwicklung der modernen Gesellschaft zur Dienstleistungsgesellschaft zusammen. In einer **Mittelstandsgesellschaft** gehört ein großer Teil der Bevölkerung dem Mittelstand an. Des Weiteren gibt es eine kleine Ober- (Hochadel, Großunternehmer, Spitzenpolitiker, Finanzspitzen), eine Unterschicht (ungelernte Arbeiter) und eine geringe Zahl sozial Benachteiligter. Schon in den 1960er-Jahren wurde die bundesdeutsche Gesellschaft als Mittelstandsgesellschaft beschrieben.

Mobilität Die Beweglichkeit von Sachen oder Personen. In der Analyse von gesellschaftlichen und ökonomischen Entwicklungen sind drei Arten von Mobilität zu unterscheiden. (1) **Berufliche Mobilität:** Der Grad der beruflichen Mobilität in der sozialen Marktwirtschaft, in der die freie Wahl des Arbeitsplatzes existiert, ist abhängig von den Bedingungen des Arbeitsmarktes. Der Staat wirkt über die Agentur für Arbeit (Fortbildungsprogramme, auch zusammen mit Unternehmen) regulie-

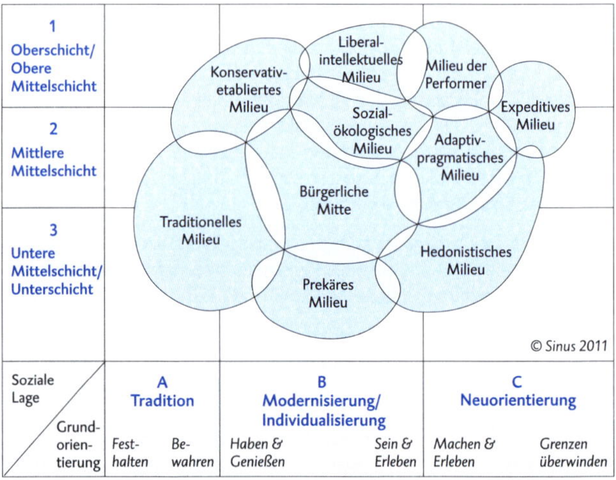

Die Sinus-Milieus® in Deutschland 2011 – Soziale Lage und Grundorientierung

rend auf die berufliche Mobilität ein. (2) **Räumliche Mobilität:** Die Beweglichkeit von Personen und Gütern im geografischen Raum. Man unterscheidet dabei die **residenzielle Mobilität**, also die Wahl eines neuen Wohnorts, und die **zirkuläre Mobilität**, bei der der Arbeitnehmer wieder nach Hause zurückkehrt. (3) **Soziale Mobilität:** Die Bewegung von Einzelpersonen und/oder Gruppen zwischen unterschiedlichen sozio-ökonomischen Positionen. So kann bspw. eine Veränderung der beruflichen Position dazu führen, dass man in der sozialen Schichtung auf- oder absteigt.

Modernisierung Wandel der Sozialstruktur. Die Modernisierung zeichnet sich durch gesellschaftliche Wandlungsprozesse aus, die folgende Tendenzen verstärken: Trennung von Wohn- und Arbeitsplatz, Entpersonalisierung der Arbeitsbeziehungen, Verstädterung, Individualisierung, Wertewandel, relative Autonomie gesellschaftlicher Teilbereiche (Beruf, Arbeit, Freizeit, Politik, Bürokratie, Erziehungs- und Gesundheitswesen u. a.) und zunehmende Bedeutung „gesellschaftlicher Universalien“, besonders des Rechtssystems, das die Gleichheit aller voraussetzt, aber auch von Geld und Medien. Diese Entwicklungstendenzen werden mit dem Begriff „Modernisierung“ belegt, ohne dass damit eine Bewertung im Sinne einer positiven oder negativen Entwicklung gemeint ist.

Norm Regelt das zulässige oder gewünschte Verhalten in einer Gesellschaft. **Traditionelle Normen** (Grüßen, Anstellen beim Einkauf, Älteren den Vortritt lassen oder Behinderten helfen) oder rechtlich festgelegte Normen (Regeln des Straßenverkehrs, Schulordnung) sind mit Sanktionen belegt (von der Dankbarkeit des anderen bis hin zu Strafen beim Übertreten von Gesetzen). **Politische Normen** sind solche, die politisch, d. h. durch zentrale, für alle verbindliche Entscheidungen festgelegt sind und damit einen Teil unseres Alltags „normieren“. Dies sind einerseits die gesetzlich geregelten Teile des Alltagslebens, wie die Schulpflicht, oder die Rechte und Pflichten, die sich z. B. für die Arbeitnehmer aus dem Betriebsverfassungsgesetz ergeben. Es sind aber andererseits auch die Rechte und Pflichten, die in der demokratischen politischen Ordnung mit der Wahrnehmung der Bürgerrolle verbunden sind. Dazu gehören die Wahrnehmung der freien Meinungsäußerung und die Regeln, die dabei zu beachten sind (den anderen ausreden lassen, seine Meinung tolerieren, ihn in der Diskussion nicht persönlich beleidigen etc.). In den politischen Normen, die für den Alltag Gültigkeit haben, ist sodann auch der Bezug zu den Werten, die in einer Gesellschaft gelten, zu sehen: Die Norm, den anderen in der Diskussion ausreden zu lassen, bezieht sich z. B. auf den in der Verfassung festgelegten Wert der freien Meinungsäußerung und ist letztlich in der Würde des Menschen (die nach Art. 1 GG unantastbar ist) begründet. Des Weiteren ist zu beachten, dass sich die Wahrnehmung der Bürgerrolle nicht in der Teilnahme an Wahlen erschöpft, sondern auch in der Beachtung der demokratischen Normen im Alltag liegt.

Organisation (1) **Formale Organisationen** zeichnen sich in Abgrenzung zu Institutionen als Ergebnis regelmäßiger Interaktionen (wie die Freundesgruppe) durch eine festgelegte Hierarchie aus. Personen in bestimmten Positionen (Rollenträger) haben in formalen Organisationen demnach genau festgelegte Funktionen (z. B. hat der Schulleiter das Recht und die Pflicht, die Anwesenheit der Lehrer zu überprüfen, der Schulsprecher hat das Recht, bei der Schulkonferenz die Interessen der Schüler zu vertreten). Vereine, Verbände, Parteien, Schulen, Ministerien, aber auch internationale Organisationen wie die NATO und die UNO zählen zu diesen formalen Organisationen. Ihnen ist – in unterschiedlicher Ausprägung und Komplexität – gemein, dass eine Herrschaftsstruktur besteht, denn Entscheidungen genau festgelegter Gremien (Mitgliederversammlung, Gesamtkonferenz, Minister, NATO-Rat, UN-Vollversammlung etc.) sind in genau festgelegten Fällen und für bestimmte Personengruppen verbindlich und ihre Einhaltung wird kontrolliert bzw. bei Nichteinhaltung drohen u. U. Sanktionen. (2) **Soziale Organisationen** wie Vereine und Kirchen sind formale Organisationen, die in einer freien Gesellschaft nicht unmittelbar am politischen Willensbildungsprozess teilnehmen. (3) **Politische Organisationen** unterscheiden sich demnach von den sozialen Organisationen durch Teilhabe an den zentralen, für alle Bürger des entsprechenden Staatsgebiets verbindlichen Entscheidungen. Verbände und Parteien z. B. nehmen am politischen Willensbildungsprozess teil, die Staatsorgane sind Elemente des Entscheidungsprozesses auf Bundesebene, Länder und Kommunen treffen in ihrem Kompetenzbereich verbindliche Entscheidungen, sind aber auch wesentlich an der Verwaltung, also der Durchführung und Kontrolle politischer Entscheidungen beteiligt.

Politikverdrossenheit Eine immer geringere Wahlbeteiligung, negative Einstellungen besonders der Jugendlichen zu den Politikern sowie die sehr große Distanz zu traditionellen Politikbereichen sind Hinweise auf Politikverdrossenheit. Gerade das geringe Institutionenvertrauen gilt als Indikator für Politikverdrossenheit. Dem widerspricht die Einstellung der Bürger, besonders der Jugendlichen, zur Idee der Demokratie, die eine große Akzeptanz (gemessen z. B. an den Einstellungen zum Recht auf freie Meinungsäußerung, zum Recht auf Demonstration, zur Notwendigkeit der Opposition) besitzt. Zudem ist die Ablehnung des politischen Extremismus hoch. Deshalb liegt die Vermutung nahe, dass die

Bürger einerseits bestimmte Verhaltensweisen von Politikern missbilligen (Parteispendenaffären, Plagiatsvorwürfe, Machtmissbrauch im Amt etc.), andererseits der Meinung sind, dass sie zu wenig Einfluss auf die politischen Entscheidungen in der repräsentativen Demokratie besitzen. Allerdings zeichnet sich das politische System der BRD gerade durch Stabilität und – im Vergleich mit anderen Demokratien – eine relativ geringe Anzahl von politischen Affären aus. Hinzu kommt, dass in den Ländern und Kommunen viele Elemente der direkten Demokratie vorhanden sind. Dies lässt vermuten, dass die Politikverdrossenheit mit der Komplexität politischer Entscheidungen zusammenhängt.

Politische Bildung → Kap. 2, Politische Bildung

Politische Kultur → Kap. 2, Politische Kultur

Politische Sozialisation → Kap. 2, Politische Sozialisation

Politische Willensbildung Am politischen Willensbildungsprozess sind Parteien, Verbände und Medien beteiligt. Er kann vom politischen Entscheidungsprozess im politischen System abgegrenzt werden. Die Meinungen und Wünsche vieler werden zum Ausdruck gebracht und von politischen Entscheidungsträgern ganz oder teilweise aufgenommen. Dort werden sie mit anderen Interessen und Zielen zusammengefasst und münden schließlich in einer politischen Entscheidung.

Randgruppe Gesellschaftliche Gruppe, die sozial isoliert, also nicht in die Gesellschaft integriert ist. Die Mitglieder dieser Gruppe sind von allgemeinen Lebenschancen ausgeschlossen (z. B. Obdachlose, Straßenkinder). Ethnische, religiöse und kulturelle Minderheiten können ebenfalls Randgruppen sein.

Rationalisierung Die Welt in allen Dimensionen berechenbar und beherrschbar machen und unter Effizienzgesichtspunkten neu ordnen.

Repräsentativität Empirische Erhebungen, die Aussagen über eine Grundgesamtheit zulassen, sind repräsentativ. Mithilfe repräsentativer Umfragen wird bspw. versucht zu ermitteln, wie die Grundhaltung in der Gesellschaft zu einem bestimmten Thema ist. Repräsentative Befragungen sind die Voraussetzung für Prognosen. Auf diese Weise werden etwa vor Parlamentswahlen Wahlprognosen erstellt.

Ressourcendistribution Verteilung der produzierten Güter auf die Individuen oder die gesellschaftlichen Gruppen. Nach dem Sozialstaatsprinzip geschieht dies jedoch nicht nur nach Rationalitätsgesichtspunkten, sondern Solidarität mit Kranken, Behinderten oder Arbeitslosen u. a. ist bei der Ressourcendistribution zu berücksichtigen.

Risikogesellschaft Gesellschaft, in der sich soziale, politische, ökonomische und ökologische Risiken, die durch den Fortschritt in der Industriegesellschaft hervorgerufen werden, verändert und vermehrt haben. Das Konzept der Risikogesellschaft wurde in den 1980er-Jahren von dem deutschen Soziologen *Ulrich Beck* entwickelt. In dieser Gesellschaft ist anstelle des Erwerbs von Reichtum die Abwendung von Risiken oberstes Ziel. Diese sind global vorhanden, die Gefährdungen sind jedoch auf der Ebene von arm und reich (Wohnen, Ernährung) sowie auf nationaler und internationaler Ebene (Sicherheitsnormen in der Atomenergie oder Gentechnik) verschieden groß. Dies führt zu innergesellschaftlichen und globalen Ungerechtigkeiten. Risiken, die zunächst nur die Armen treffen, können aber langfristig auch die Reichen einschränken (Bumerang-Effekt), z. B. durch den Import billiger Lebensmittel aus der Dritten Welt oder die weltweite Luftverschmutzung. Insofern sind Risiken immer global und nicht national eingrenzbar.

Rollen, soziale Gesellschaftliche Erwartungen an das Verhalten von Personen in bestimmten sozialen Positionen. Hierzu gehören etwa Geschlechter- und Berufsrollen. Gerade mit Blick auf erstere lässt sich die Differenz zwischen dem persönlichen und einem fremden Rollenverständnis verdeutlichen. Auch wenn die Erwartungen „von außen" standardisiert sind, werden die Rollen individuell ausgestaltet. Ein Teil der Rollen und damit auch ein Teil des individuellen Verhaltens in der Alltagswelt sind politisch bedingt. Zum Beispiel sind die formalen Gegebenheiten der Schülerrolle durch Schulverordnungen bestimmt. Hieran ist die zum Teil politische Bedingtheit unserer Alltagswelt zu sehen. Freiheitliche Gesellschaften zeichnen sich dadurch aus, dass ein möglichst großer Teil der Rollenwahrnehmung individuell, ohne politische Kontrolle zu gestalten ist. Auch die Bürgerrolle, die sich aus Pflichten wie der Steuerabgabe, aber auch aus Rechten wie dem Wahlrecht und der Partizipation in Parteien und Verbänden ergibt, soll möglichst frei gestaltet werden können. Demgegenüber besteht bei Diktaturen und noch stärker bei totalitären politischen Systemen die Tendenz, einen möglichst großen Teil der Rollen festzulegen und politisch zu kontrollieren.

Schicht, soziale Umfasst Personen mit dem gleichen sozialen Status. Diese Personen weisen gleiche Merkmale in Beruf, Herkunft, Einkommen und/oder Besitz auf.

Segregation Das Phänomen, dass sich z. B. der städtische Raum, in dem bezüglich bestimmter Merkmale (z. B. Einkommen, Ethnizität, Religion) meist sehr unterschiedliche Bevölkerungsgruppen zusammenleben, entlang dieser Merkmale aufspaltet. Das bedeutet, es kommt zu einer „Entmischung" der verschiedenen Bevölkerungsgruppen. Diese Segregation war bereits in den mittelalterlichen und frühneuzeitlichen Städten Europas zu beobachten, wo es eine räumliche Trennung der Kaufleute und der Handwerker gab, die in jeweils eigenen Stadtteilen lebten. Eine Segregation nach religiösen Merkmalen äußerte sich etwa in der Bildung jüdischer Ghettos. Auch in modernen Gesellschaften sind Segregationsprozesse immer wieder festzustellen. So leben z. B. in dem New Yorker Stadtteil Harlem hauptsächlich Afroamerikaner, in Chinatown überwiegend Asiaten.

Solidarität Prinzip, das die Zusammengehörigkeit, also die gegenseitige (Mit-)Verantwortung und (Mit-)Verpflichtung hervorhebt. Es ist sinnvoll, zwischen **mechanischer Solidarität**, d. h. einer Solidarität, die auf gemeinsamen Merkmalen beruht (z. B. gleiche regionale Herkunft), und **organischer Solidarität**, d. h. einer Solidarität von Personen, die aufeinander angewiesen sind (z. B. Mitarbeiter in demselben Betrieb, Mitspieler in einer Mannschaft), zu unterscheiden.

Soziale Differenzierung Aufspaltung der Gesellschaft in verschiedene soziale Positionen, Lebenslagen oder Lebensstile. Man unterscheidet u. a. die horizontale und die vertikale Differenzierung voneinander. **Horizontale Differenzierung** meint die zunehmende Arbeitsteilung und damit Spezialisierung sowie die Vervielfältigung von Lebensstilen. **Vertikale Differenzierung** meint die Spaltung in ein hierarchisches System, die mit der Entstehung von Herrschafts- und Machtstrukturen verbunden ist.

Schicht	Beruf
Oberschicht	z. B. Großunternehmer, Spitzenpolitiker, Hochfinanz
Obere Mittelschicht	z. B. leitende Beamte und Angestellte, Professoren, Ärzte, Rechtsanwälte
Mittlere Mittelschicht	z. B. mittlere Angestellte und Beamte, Handwerksmeister, hoch qualifizierte Facharbeiter, Einzelhändler
Untere Mittelschicht	z. B. untergeordnete Beamte und Angestellte, Handwerksmeister, hoch qualifizierte Facharbeiter, Einzelhändler
Obere Unterschicht	z. B. unterste Beamte und Angestellte, Kellner, Handwerker, kleine Gewerbetreibende, qualifizierte Arbeiter
Untere Unterschicht	z. B. Straßenarbeiter, Landarbeiter, Hilfsarbeiter, Matrosen
Sozial Verachtete	z. B. Handlanger, Gelegenheitsarbeiter

Soziale Schichtung nach Status und Prestige

Soziale Marktwirtschaft Wirtschaftsordnung, in der Prinzipien der sozialen Gerechtigkeit (Solidarität und Subsidiarität) mit Freiheit verknüpft werden. Dabei gilt die Maxime „Möglichst viel Freiheit für Unternehmer und Konsumenten". Korrekturen durch den Staat sollen nur dann erfolgen, wenn die Bedingungen für den Konkurrenzkampf völlig ungleich sind, d. h. auch, wenn die Konkurrenz durch Kartelle der Unternehmen auf Kosten der Konsumenten ausgeschaltet werden soll. In Deutschland schlägt sich das Freiheitsprinzip der sozialen Marktwirtschaft in folgenden Regelungen nieder: Eigentumsgarantie, Produktionsfreiheit der Unternehmer und Konsumfreiheit der Konsumenten, Preisbestimmung durch Angebot und Nachfrage, Wettbewerbsfreiheit, freie Berufswahl und freie Wahl des Arbeitsplatzes. Es gibt keine Garantie für Arbeitsplätze oder die Existenz der Betriebe. 1948 von den Westalliierten mit der Währungsreform (Freigabe der Preise und Einführung der DM) betraut, gilt *Ludwig Erhard,* erster Wirtschaftsminister der Bundesrepublik (1949–1963), als „Vater des Wirtschaftswunders" und Begründer der sozialen Marktwirtschaft in der BRD.

Soziale Sicherung Bestreben, die Folgen sozialer Risiken auszugleichen. Dieses orientiert sich an einer bestimmten Vorstellung von sozialer Gerechtigkeit. Nach Art. 20 GG hat das Sozialstaatsprinzip den Rang

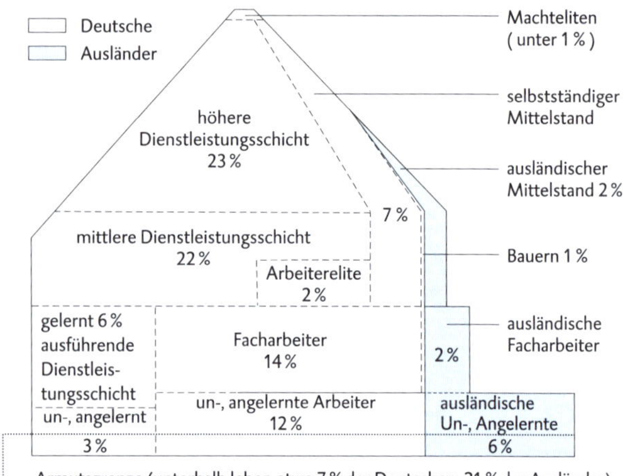

Das „Hausmodell" ist eine Möglichkeit, die Sozialstruktur der deutschen Gesellschaft vereinfacht darzustellen.

eines Verfassungsprinzips. Die soziale Sicherheit soll in Deutschland gewährleistet werden durch das Solidaritäts- und Subsidiaritätsprinzip, das Versicherungs-, Versorgungs- und Fürsorgeprinzip und das soziale Netz.

Soziale Ungleichheit Ungleiche Verteilung materieller oder immaterieller Ressourcen in einer Gesellschaft, weshalb soziale Ungleichheit auch aus politischer Sicht als problematisch betrachtet wird. Daraus resultieren unterschiedliche Möglichkeiten zur Teilhabe an dieser Gesellschaft. Im Gegensatz zum Begriff der sozialen Differenzierung ist der Begriff der sozialen Ungleichheit daher negativ belegt.

Soziales Klima Die allgemeine Gefühlslage in einer Gruppe bzw. in der Gesellschaft.

Soziales Netz Oberbegriff für vielfältige Leistungen des Sozialstaats, die möglichst gleiche Lebensbedingungen für alle Bürger sichern sollen. Das soziale Netz in Deutschland, das die Sicherung der ökonomischen und sozialen Existenz vieler Menschen garantiert, besteht u. a. aus Renten-, Kranken-, Unfall-, Invaliden- und Arbeitslosenversicherung (s. Tabelle, S. 129) sowie Sozialhilfe, Ausbildungs- und Umschulungsförderungen. Unabhängig von der Diskussion über die zunehmende Höhe der Lohnnebenkosten wird das System grundsätzlich als Stabilitätsfaktor (z. B. geringe Anzahl von Streiks) angesehen.

Sozialisation Individuelle Aneignung von Verhaltensweisen, Normen, Werten. Im Rahmen der Interaktion mit dem konkreten Anderen in vis-à-vis-Situationen und mit dem verallgemeinerten Anderen (Typenbildungen, die seinen Annahmen von gesellschaftlichen Erwartungen zugrunde liegen) übernimmt ein Individuum gesellschaftliche Rollen, gestaltet sie und bildet seine Persönlichkeit aus.

Sozialstaatsgebot Art. 20 GG wird als Sozialstaatsgebot bezeichnet. Er besagt, dass die BRD ein sozialer Bundesstaat ist (s. Tabelle, S. 128). Das Sozialstaatsprinzip fällt unter die sog. Ewigkeitsgarantie.

Sozialstruktur Einteilung der Gesellschaft entsprechend bestimmter Merkmale. So kann die Gesamtgesellschaft vertikal (Stand, sozialer Status, Stellung im Beruf usw.) oder horizontal (Alter, ethnische Herkunft, Konsumverhalten usw.) gruppiert werden.

Staatsbürger Angehöriger eines Staates, der alle sich daraus ergebenden Rechte und Pflichten in diesem Staat besitzt. Demnach gehört ein Staatsbürger der Rechtsgemeinschaft eines Staates an. In Deutschland wird die Staatsangehörigkeit hauptsächlich entsprechend dem Abstammungsprinzip erworben (Staatsbürgerschaft der Eltern), das dem Territorialprinzip (Geburtsort des Kindes) gegenübersteht.

Aufgaben des Staates	Maßnahmen
Sicherung sozialer und ökonomischer Existenz der Bürger (soziales Netz)	• Sozialversicherungen • Sozialhilfe • Ausbildungs- und Umschulungsförderung etc.
Ermöglichung sozialer Teilhabe der Bürger	• Koalitionsfreiheit (Möglichkeit der Bürger nach Art. 9 GG, sich in Berufsverbänden zusammenzuschließen) • Tarifautonomie (Garantie der Mitbestimmung in Betrieben und in der Vermögensverteilung)

Das Sozialstaatsprinzip des Grundgesetzes

Stabilitätspolitik Maßnahmen einer Regierung, um ein makroökonomisches Gleichgewicht und einen hohen Beschäftigungsstand zu erreichen. Am 8. 6. 1967 wurde dafür das „Gesetz zu Förderung der Stabilität und des Wachstums der Wirtschaft“, kurz „Stabilitäts- und Wachstumsgesetz“ (StWG) verabschiedet. Dieses regelt die Rechte und Pflichten der Länder und des Bundes bei ihren wirtschafts- und finanzpolitischen Maßnahmen. Es schreibt vor, dass alle entsprechenden Maßnahmen daraufhin untersucht werden müssen, ob sie zur Förderung bzw. Stabilisierung des gesamtwirtschaftlichen Gleichgewichts beitragen. Dabei angestrebte Ziele sind eine relative Preisniveaustabilität, ein hoher Beschäftigungsstand, ein außenwirtschaftliches Gleichgewicht sowie ein angemessenes und stetiges Wirtschaftswachstum.

Status, sozialer Stellung eines Menschen innerhalb der Rangordnung einer Gruppe bzw. der Gesellschaft. Der soziale Status richtet sich nach sozialen Kriterien, die die Wertschätzung eines Individuums in der Gesellschaft kennzeichnen (z. B. Berufsabschluss, Einkommen). Innerhalb einer sozialen Schicht ist der Status das Kriterium zum Positionieren einer Person in einem hierarchisch geordneten System. **Statussymbole** bringen den gesellschaftlichen Stand oder den sozialen Status des Besitzers zum Ausdruck.

Strukturpolitik Bestrebungen, den wirtschaftlichen Strukturwandel zu unterstützen und in die gewünschte Bahn zu lenken. Strukturpolitik beinhaltet alle supranationalen, nationalen und regionalen Ansätze, eine moderne, gewinnbringende sowie konkurrenzfähige regionale Wirtschaft aufzubauen, die darüber hinaus Arbeitsplätze sichert. Mittel der Strukturpolitik sind insbesondere die regionale Steuer- und Abgabenpolitik, die direkte und indirekte Wirtschaftsförderung, etwa durch Subventionen, die Erleichterung von Unternehmensgründungen und der Ausbau der Infrastruktur.

Versicherung (Träger)	Finanzierung	Leistungen	Geschichte
Krankenversicherung (Krankenkassen)	zu ca. 47 % vom AG, zu ca. 53 % (u. U. zzgl. Zusatzbeiträge) vom AN	Arztbesuche, Krankengeld, Krankenhauspflege, Mutterschaftshilfe	basiert auf Krankenversicherungsgesetz von 1883
Unfallversicherung (Berufsgenossenschaften bzw. Unfallkassen)	zu 100 % vom AG	Unfallverhütung, Heilbehandlung, Unfallrenten, Berufshilfe	basiert auf Unfallversicherungsgesetz von 1884
Rentenversicherung (Versicherungsanstalten)	je zu 50 % vom AG und AN	Altersrente, Berufsunfähigkeitsrente, Erwerbsunfähigkeitsrente, Hinterbliebenenrente, aber: private Vorsorge zunehmend notwendig	basiert auf Invaliden- und Altersversicherungsgesetz von 1889
Arbeitslosenversicherung (Bundesagentur für Arbeit)	je zu 50 % vom AG und AN	Arbeitsförderung, Arbeitssicherung, Arbeitslosengeld I und II	basiert auf Gesetz über Arbeitsvermittlung und Arbeitslosenversicherung von 1927; 2005 Zusammenlegung von Arbeitslosen- und Sozialhilfe
Pflegeversicherung (Krankenkassen)	je zu 50 % vom AG und AN (aber: AG-Anteil durch Streichung des Buß- und Bettags als Feiertag ausgeglichen)	Pflegeleistungen bei Pflegebedürftigkeit im Alter aufgrund von Krankheit und Behinderung	Pflegeversicherung ab 1995, ab Mitte 1996 auch Leistungen für stationäre Pflege

Sozialversicherungen in Deutschland (AG = Arbeitgeber, AN = Arbeitnehmer)

Strukturwandel Der Wandel der Dominanz von Wirtschaftssektoren. Die „Drei-Sektoren-Hypothese“ von den Wirtschaftswissenschaftlern *Allan G. B. Fisher* und *Colin G. Clark* aus den 1930er-Jahren besagt, dass es einen primären, einen sekundären und einen tertiären Wirtschaftssektor gibt. Der primäre Wirtschaftssektor ist für die Rohstoffgewinnung (z.B. Landwirtschaft) zuständig, der sekundäre für die Rohstoffverarbeitung (z. B. industrielle Produktion) und der tertiäre Sektor setzt sich aus Dienstleistungen zusammen. Weiterhin besagt die Hypothese, dass Länder mit einem niedrigen Entwicklungsstand eine Dominanz des primären Sektors vorweisen, diejenigen mit einem fortgeschrittenen Entwicklungsstand einen dominanten sekundären Sektor entwickelt haben und Länder auf hohem Entwicklungsniveau einen dominanten tertiären Sektor aufweisen. Zu diesen Entwicklungen kommt es aufgrund des marktwirtschaftlichen Wettbewerbs, der etwa eine veränderte Nachfrage und erhöhte Preise mit sich bringt. Mit fortlaufendem technologischen, kulturellen und sozialen Wandel differenziert sich somit auch die Wirtschaftsstruktur aus. Die ökonomischen Wandlungsprozesse führen jeweils zu neuen ökonomischen Umverteilungen, sozialen Risiken und Spannungen, die politisch gelöst werden müssen. Die zunehmende Dynamik bei der Veränderung der Arbeitsbedingungen durch die modernen Kommunikationsmittel stellt z. B. auch neue Anforderungen an die Bildungspolitik (Erwerb der Medienkompetenz).

Überalterung Erhöhung des Durchschnittsalters in einer Gesellschaft. Es wird davon ausgegangen, dass sich die Altersstruktur in der Bundesrepublik markant und dauerhaft verschiebt. Eine Überalterung hat zur Folge, dass eine stabile Rentenversicherung zunehmend erschwert wird bzw. im Extremfall nicht mehr möglich ist, da es zu wenige Bürger im arbeitsfähigen Alter gibt, die in eine Rentenkasse einzahlen könnten.

Wandel (1) **Demografischer Wandel:** Eine Veränderung der Zusammensetzung der Altersstruktur. Der Begriff kann somit auf eine Bevölkerungszunahme oder -abnahme hinweisen. In der Bundesrepublik wird die Tendenz zur Bevölkerungsabnahme beobachtet.
(2) **Sozialer Wandel:** Die dauerhafte Veränderung der Sozialstruktur innerhalb einer Gesellschaft. Bei der Untersuchung der gesellschaftlichen Wandlungsprozesse wird von der Strukturanalyse, welche die Gesellschaft in ihre Teilbereiche gliedert und die zwischen diesen bestehenden relativ dauerhaften Wechselbeziehungen und Wirkungszusammenhänge erfassen will, ausgegangen. Im Blick stehen die sozialstatistischen Merkmale (Einkommen, Beruf, Bildung, Geschlecht, Alter) und deren Veränderungen in verschiedenen Zeitabschnitten. Danach bilden Schichten, Klassen, soziale Ungleichheit und deren Wandel den Untersuchungsgegenstand von Sozialstrukturanalysen. Den tendenziell positiven Ergebnissen des Strukturwandels in modernen Gesellschaften (wie steigendem Wohlstand und steigender sozialer Sicherheit, Bildungsexpansion und Höherqualifizierung der Bevölkerung, Zunahme der vertikalen Mobilität, besonders der Aufstiegsmobilität, Abbau sozialer Ungleichheiten zwischen Frauen und Männern, Differenzierung der Formen privaten Zusammenlebens, Anstieg der Lebenserwartung u. a.) stehen Risiken gegenüber, die sowohl im Geburtenrückgang sowie, damit zusammenhängend, in der zunehmenden Alterung der Bevölkerung

zu sehen sind. Hinzu kommen Risiken der Globalisierung. So führen etwa der Wegfall von Ein- und Ausfuhrbeschränkungen, die Möglichkeit, Betriebe in Ländern mit geringeren Lohnkosten anzusiedeln, sowie die Kommunikationsmöglichkeiten des Internets, welche eine weltweite geschäftliche Zusammenarbeit ermöglichen, zu einem erhöhten Konkurrenzdruck, besonders bei Löhnen und Sozialleistungen.
(3) Der gesellschaftliche Wandel ist von dem **politischen Wandel** abzugrenzen. Mit diesem Begriff werden gesamtgesellschaftliche Veränderungen erfasst, welche die Teilsysteme der Gesellschaft selbst (das ökonomische, das kulturelle, das soziale Teilsystem), ihr Verhältnis zueinander und die Fähigkeit, die ihnen zuzuschreibenden Funktionen zu erfüllen, betreffen. Bei der Untersuchung des politischen Wandels ist nach *Gabriel A. Almond*, einem amerikanischen Politikwissenschaftler, davon auszugehen, dass das politische System eine Integrations- und Mobilisierungsfunktion, eine internationale Anpassungsfunktion, eine Beteiligungsfunktion und eine Umverteilungsfunktion besitzt. Mithilfe der so aufgefächerten Funktionen besteht die Möglichkeit, auch durch einen Vergleich der politischen Systeme, den politischen Wandel zu erfassen: Die Ziele in einer demokratischen politischen Ordnung (Rechtsstaatlichkeit, Demokratieprinzip, Föderalismus u. a.) führen zum Beispiel zu bestimmten Formen der Integration und Mobilisierung (Möglichkeit, sich zu unterschiedlichen Zielen zu bekennen/gesellschaftlicher Pluralismus etc.) sowie zu bestimmten notwendigen Beteiligungsformen (Mehrparteiensystem, Demonstrationsrecht etc.).

Werte Letzte Begründungen für soziales Handeln. Beobachtbare Verhaltensnormen, z. B. Begrüßungen, können auf Werte bezogen werden (Respekt vor dem anderen bis hin zur Respektierung der Menschenwürde des anderen). Werte sind dauerhafte und zumeist sehr stabile Prinzipien, welche das Verhalten, das Handeln, aber auch die Deutungsmuster des Menschen prägen. Ein **Wertewandel** ist der Wandel von Norm- und Wertvorstellungen innerhalb einer Gesellschaft. Er ist mit dem politischen Wandel verbunden, denn neben den Veränderungen der Umverteilungs-, Integrations- und Internationalen Anpassungsfunktion ist die Auffassung über die für die politische Ordnung bedeutsamen Werte als Legitimation für politisches Handeln bedeutsam. Wenn neue Werte in den Fokus der Wähler rücken, kann dies etwa ihre Wahlentscheidungen beeinflussen.

Wirtschaftssektor Bereich der Wirtschaft, in dem ähnliche Produkte hergestellt bzw. Dienstleistungen erbracht werden. Der Begriff findet in der „Drei-Sektoren-Hypothese" der Wirtschaftswissenschaftler Fisher und Clark aus den 1930er-Jahren erstmals Erwähnung.

Wohlfahrt Die allgemeine sozialpolitische und kulturelle Zielsetzung eines Staates. Die Verbesserung der Güterversorgung der Bürger oder die Erhöhung der Beschäftigtenrate könnten Zielsetzungen sein, die auf eine Steigerung der Wohlfahrt des Bürgers ausgerichtet sind. Die Grundlage der mit dem Wohlfahrtsbegriff beschriebenen Zielsetzung bildet die Deckung der sozialen, ökonomischen und kulturellen Bedürfnisse der Menschen.

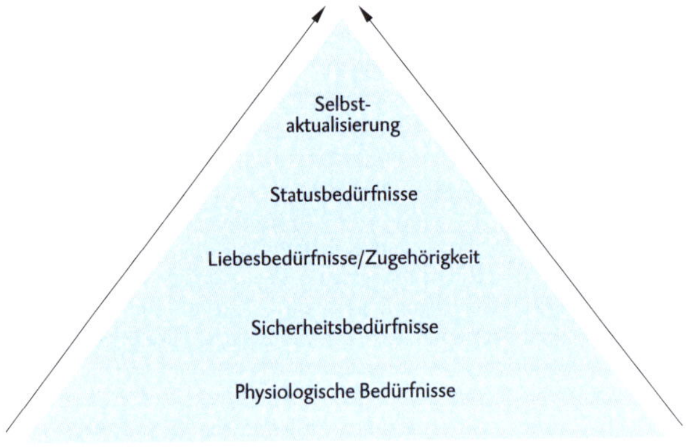

Die Maslowsche Bedürfnispyramide

Zuwanderung Der Zuzug aus einem anderen Bundesland, Kreis, einer anderen Gemeinde oder dem Ausland, um am Zuzugsort dauerhaft oder für längere Zeit wohnhaft zu werden. In der Bundesrepublik wird wie bei internationalen Organisationen unter dem Begriff nur die Migration aus dem Ausland verstanden, was sich z. B. in entsprechenden Gesetzen und Statistiken niederschlägt.

Zwei-Drittel-Gesellschaft Der Begriff weist auf eine zunehmende soziale Kluft in der Gesellschaft hin. Diese verläuft zwischen der gutbezahlten, erwerbstätigen Bevölkerung, die am Zuwachs des Volkseinkommens teilhat (etwa zwei Drittel), und jenem einen Drittel der Bevölkerung, welches eher von Transferleistungen lebt und nicht am wirtschaftlichen Wachstum teilnimmt.

Internationale Beziehungen

Bei Diskussionen über außenpolitische und internationale Ereignisse bzw. Entwicklungen werden oft Fragen wie die folgenden gestellt:

- Wie soll sich die **Bundesrepublik Deutschland** bei internationalen Ereignissen, z. B. beim Luftwaffeneinsatz der NATO in Libyen oder im Prozess der europäischen Integration verhalten?
- In welcher Weise sollen **internationale Organisationen** oder internationale Beziehungen umgestaltet werden, damit sie den Veränderungen in der Welt, z. B. der zunehmenden Armut in der Dritten Welt, dem internationalen Terrorismus oder den Weltwirtschaftsproblemen gerecht werden?
- Nach welchen **grundlegenden Ideen** sollen die Beziehungen zwischen Staaten, Parteien, Kirchen, Interessengruppen etc. auf internationaler Ebene gestaltet werden? Sollen Staatengruppen z. B. in einer Konfliktsituation ihre Interessen mit Macht und Militär zur Geltung bringen? Oder sollen sie unter allen Bedingungen „nur“ verhandeln?
- Ist es sinnvoll, die Beziehungen zwischen Industrie- und Entwicklungsländern nach den **wirtschaftspolitischen Ideen** des Freihandels oder auf eine starke Regelung des Handels ausgerichtet zu gestalten?

In den alltäglichen Diskussionen beurteilen die Teilnehmer diese Fragen vor dem Hintergrund jeweiliger politischer **Alltagstheorien über die internationalen Beziehungen**. Mit deren Hilfe nehmen sie die vielfältigen Informationen über die internationalen Probleme aus den Massenmedien auf, ordnen sie, kommen zu Beurteilungen sowie Problemlösungen und ziehen ihre politischen Schlussfolgerungen.

Eine **rationale Diskussion** dieser und anderer Fragen der internationalen Politik liegt dann vor, wenn die Diskussionspartner vorurteilsfrei von den zu beobachtenden Tatbeständen und Prozessen in der internationalen Politik ausgehen, diese in einen Gesamtzusammenhang einordnen und sie unter Berücksichtigung genannter und erklärter Werte, die etwa im Völkerrecht ihren Niederschlag gefunden haben, beurteilen. Wichtig für diese Betrachtungsweise der internationalen Beziehungen ist eine **realistische Analyse**.

Ausgangspunkt solcher Überlegungen ist die Annahme, dass verschiedene Gesellschaften und Staaten bestimmte Bedürfnisse und Interessen besitzen: ökonomische Bedürfnisse und Interessen (Rohstoffe, Rücksichtnahme auf Handelspartner), Sicherheitsbedürfnisse, Freiheitsbedürfnisse u. a. Die typische **Bedürfnis- und Interessenlage** hängt von einer Vielzahl von Bedingungen ab – der geografischen Lage, den kulturellen, ökonomischen und technischen Möglichkeiten, der historischen Entwicklung usw.

Unterschiedliche Bedürfnis- und Interessenlagen sowie der Einsatz von Macht in der internationalen Politik führen zu **Konflikten**. Wegen der Häufigkeit der Konflikte und ihrer Bedeutung für die internationalen Beziehungen sollte die **Analyse** mithilfe folgender Kategorien durchgeführt werden: am Konflikt **Beteiligte**, deren jeweilige **Interessen**, **Konfliktgegenstände**, Entwicklung des Konflikts, Beziehung des konkreten Konfliktgegenstands zu einem übergeordneten Konflikt, **Machtpotenziale** und möglicher Mitteleinsatz der Konfliktgegner, Bereitschaft der Beteiligten zum Abbau der Spannungen bzw. Möglichkeiten des **Kompromisses** und des Interessenausgleichs.

Wichtig für die **Beurteilung** der internationalen Beziehungen sind die **Zielsetzungen des Völkerrechts**. Von den immer gültigen Prinzipien des naturrechtlich begründeten Völkerrechts – der Freiheit, der Souveränität sowie der Integrität der Staaten und ihrer Gleichberechtigung in den internationalen Beziehungen – werden Rechtsgrundsätze für die zwischenstaatlichen Beziehungen abgeleitet. Man spricht von dem **positiven** (gesetzten) **Völkerrecht**. Dieses unterliegt also den Vereinbarungen zwischen den Staaten und besteht aus den sich gewohnheitsmäßig herausbildenden Prinzipien der zwischenstaatlichen Beziehungen. Das positive Völkerrecht besteht aus:

- Völkergewohnheitsrecht: Hierunter sind Grundsätze zu verstehen, die unter den Nationen nach Tradition als Recht geachtet werden. Es beruht auf stillschweigender Übereinkunft derjenigen Staaten, die es anerkennen;
- dem Recht der Verträge: Eine Unzahl von Verträgen regelt die Beziehungen zwischen den Staaten, verpflichtet aber nur die jeweils beteiligten Parteien zur Einhaltung der Abkommen.

Aus den genannten Elementen des Völkerrechts geht dessen **Wesensmerkmal** hervor: Es ist nicht erzwingbar. Darin ist auch der Unterschied zwischen der Politik innerhalb eines Staates und der internationalen Politik zu sehen. Der Staat hat nach innen ein Gewaltmonopol. In der internationalen Politik gibt es keine Institution, welche etwa über den Staaten stünde und somit in der Lage wäre, die Erhaltung der im Völkerrecht zugrunde gelegten Rechtsprinzipien zu erzwingen. Die **internationalen Institutionen**, die sich in besonderer Weise für die Durchsetzung und Sicherung der Völkerrechtsprinzipien verpflichtet fühlen, wie etwa die UNO, haben also **nur so viel Macht, wie ihnen von den beteiligten Staaten zugestanden wird**.

ABC-Waffen Sammelbegriff für atomare, biologische und chemische Waffen. Für biologische Waffen werden speziell gezüchtete Bakterienkulturen benutzt, die den Menschen mit Krankheiten infizieren. Chemische Waffen greifen den Organismus über Haut oder Atemwege an. ABC-Waffen gelten als **Massenvernichtungswaffen**. Zur Eindämmung ihrer Verbreitung existieren internationale Abkommen (Atomwaffensperrvertrag, Bio- und Chemiewaffenkonvention). Viele Staaten versuchen jedoch, biologische und chemische Waffen zu entwickeln, die als preiswerte Alternative zu einem Atomwaffenprogramm gelten. Der Giftgasanschlag der Aum-Sekte in einer U-Bahn in Tokio im März 1995 und das Auftauchen von Briefen mit Milzbrand-Erregern im Oktober 2001 in den USA schürten die Angst, dass auch Nuklearmaterial in die Hände von Terroristen gelangen könnte.

Abrüstung → Kap. 4, Rüstung

Abschreckung Alle politischen und militärischen Maßnahmen mit dem Ziel, gegnerische Staaten von einem Angriff abzuhalten. Abschreckung durch die Androhung eines Einsatzes von Atomwaffen nennt man **nukleare Abschreckung**. Die **gegenseitige Abschreckung** der Supermächte im Kalten Krieg führte in Europa zu einer Stabilisierung der politischen Situation, gleichzeitig wurde aber die Teilung des Kontinents vertieft.

Afrikanische Union → Kap. 4, AU

Die EU-Agrarpolitik und ihre Folgen für den Agrarmarkt

Agrarpolitik Gestaltet die ordnungspolitischen Rahmenbedingungen im Agrarsektor mit Schwerpunkt auf der Landwirtschaft und ist damit ein Teilbereich der Wirtschafts- und Gesellschaftspolitik. Sie kann untergliedert werden in landwirtschaftliche Markt- und Preispolitik, Agrarsozialpolitik, Agrarstrukturpolitik und Agrarumweltpolitik. Wichtige Akteure sind z. B. Nationalstaaten, EU, WTO und FAO (s. Abb., S. 135).

AKP-Staaten Staaten im afrikanischen, karibischen und pazifischen Raum mit engen wirtschaftlichen Beziehungen zur Europäischen Union. Seit 1990 waren die AKP-Staaten durch das Lomé IV-Abkommen mit der EU assoziiert und erhielten dadurch Vorteile beim Handel. So verzichtete die EU auf freien Zugang zu den Märkten dieser Länder und bot Abnahmegarantien für bestimmte Produkte wie z. B. Zucker an.

Akteur In der Politikwissenschaft ein Handlungsträger in der nationalen bzw. internationalen Politik. Als Akteure gelten alle Regierungen, Parteien, Organisationen und Personen, die auf den politischen Prozess Einfluss nehmen. In der internationalen Politik gilt nach wie vor der Staat als Hauptakteur. Sein Einfluss nimmt jedoch ab, da einerseits supranationale Organisationen zunehmend staatliche Kompetenzen für sich beanspruchen, andererseits die Tendenz zur Regionalisierung die Länder- bzw. die kommunale Regierungsebene aufwertet.

al-Qaida Weltweit agierendes, lose organisiertes islamistisches Terrornetzwerk, das den „Ungläubigen, besonders der westlichen Zivilisation“, den Krieg erklärt hat. Übergeordnetes Ziel der al-Qaida ist die Errichtung eines Gottesstaats, der mindestens alle mehrheitlich islamischen Länder umfasst. Mit Terroranschlägen wird versucht, Angst und Schrecken zu verbreiten, um die kulturelle, wirtschaftliche und machtpolitische Dominanz des Westens gegenüber der muslimischen Gesellschaft zu brechen. Zahlreiche Attentate vor allem in Touristengebieten in Indonesien oder Indien, bspw. in Mumbai 2008, verfolgen dieses Ziel. Unmittelbar ist die al-Qaida auch daran interessiert, die westlichen Regierungen zu einer Beendigung des militärisch-humanitären Engagements in Afghanistan und im Irak zu zwingen – Operationen, die direkter oder zumindest indirekter Bestandteil der Terrorismusbekämpfung nach den Anschlägen auf das New Yorker World Trade Center am 11. 9. 2001 sind.

Anarchismus → Kap. 1, Anarchismus

Annexion Angliederung eines fremden Gebiets an einen Staat. Einer Annexion geht zumeist die Eroberung des Gebiets voraus. So wurde Kuwait während des zweiten Golfkriegs vom Irak annektiert, nachdem die politischen Voraussetzungen dafür geschaffen worden waren (Vertreibung der Regierung und Unterdrückung von Widerstand). Annexionen gab es auch während beider Weltkriege. Heute kommt es nur noch selten zum Gebrauch dieser aggressiven politischen Maßnahme, da es häufig wirkungsvoller ist, Gebiete militärisch oder wirtschaftlich zu beherrschen, ohne sie dem eigenen Staatsgebiet einzuverleiben.

APEC (engl. *Asia-Pacific Economic Corporation*) 1989 gegründete Organisation des asiatisch-pazifischen Raums zur Förderung der ökonomischen Beziehungen. Mitglieder der APEC sind u. a. die USA, Kanada, Russland, Australien, Chile, Thailand, Japan und China. 1994 beschlossen die Mitgliedstaaten die Schaffung einer Freihandelszone bis 2020.

Arabische Liga 1945 in Kairo gegründetes Regionalbündnis arabischer Staaten. Sitz der Organisation ist Kairo. Ihre Gründung spiegelte den Wunsch vieler Araber nach nationaler Einheit wider. Sie sollte dazu dienen, die innerarabischen Beziehungen zu vertiefen, Konflikte abzubauen und die arabische Souveränität zu schützen. So leistete sie neu entstehenden Staaten wie Tunesien, Algerien und Kuwait Hilfe bei der Entkolonialisierung. Der Vertrag über die Gründung der Liga beinhaltet auch ein Verteidigungsbündnis, das bisher noch nicht in Anspruch genommen wurde. Wegen großer Interessenunterschiede zwischen den Mitgliedstaaten ist sich die Liga in wichtigen Fragen uneinig und somit international weitgehend handlungsunfähig. Mit dem irakischen Einmarsch in Kuwait (Zweiter Golfkrieg) wurde die Liga in ihre schwerste Krise gestürzt und es konnte nur knapp ein Auseinanderbrechen verhindert werden. Auch im Zusammenhang mit der Unterstützung der Arabischen Revolution brachen Interessenkonflikte auf.

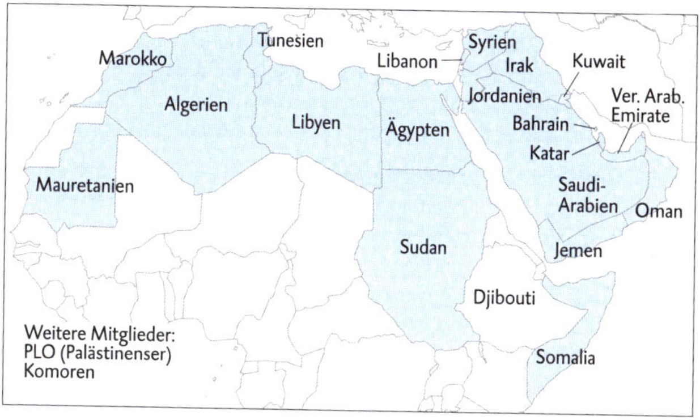

Die Mitgliedstaaten der Arabischen Liga

ASEAN (engl. *Association of Southeast Asian Nations*) 1967 zum Zweck einer engeren wirtschaftlichen und politischen Zusammenarbeit gegründete Regionalvereinigung Südostasiens mit Sitz in Jakarta (Indonesien). Die teilnehmenden Staaten wollen die Handelsbeziehungen untereinander intensivieren, den Fortschritt fördern und die regionale Sicherheitslage verbessern. Ein Hindernis sind die großen wirtschaftlichen Unterschiede zwischen den Staaten. Ökonomisch starke Länder wie Singapur streben die schnelle Schaffung einer umfassenden Freihandelszone an, während z. B. Laos diese Pläne skeptisch betrachtet.

Die ASEAN-Staaten

Asylrecht Recht auf Schutz vor politisch motivierter Verfolgung. In Deutschland ist das Asylrecht in Art. 16a GG verankert. Politisch Verfolgte genießen danach innerhalb der Grenzen Deutschlands **Asyl**, falls sie nicht aus einem der Mitgliedsländer der EU oder aus einem Land kommen, in dem Menschenrechte und Grundfreiheiten als gesichert gelten. Mit dem Asylrecht ist ein Auslieferungsverbot verbunden. Das Grundgesetz grenzt allerdings den Begriff „politisch Verfolgter" nicht näher ab. Dies ist Aufgabe der **Asylpolitik**. Hier wird vor allem diskutiert und entschieden, welchen Personen unter welchen Umständen das Grundrecht auf Asyl gewährt werden soll. 1993 wurde Art. 16a GG grundlegend verändert. Seitdem können Asylsuchende, die über einen sicheren Drittstaat einreisen, an der Grenze abgewiesen werden.

Asymmetrische Kriegsführung Militärische Auseinandersetzung unter Parteien, die sich waffentechnisch und strategisch stark voneinander unterscheiden. Die Überlegenheit der einen Kriegspartei würde in offenen Gefechten zwar die Niederlage des Gegners bedeuten. Aufgrund interner Ortskenntnisse, der Vernetzung in der Zivilbevölkerung bzw. durch den Missbrauch von menschlichen/zivilen Schutzschilden können der überlegenen Partei über einen langfristigen Zeitraum aber nadelstichartige Verluste zugeführt werden, wie dies bei den Terrorakten der al-Qaida und etwa der Taliban in Afghanistan der Fall ist. Sowohl die Kolonialkriege des 20. Jh., in denen die Befreiungsbewegungen in Kolonien gewaltsam und meist erfolgreich gegen die jeweiligen Kolonialmächte vorgingen, als auch die innerstaatlichen Konflikte nach dem Ende des Kalten Krieges 1990 können als Beispiel für eine asymmetrische Kriegsführung herangezogen werden. Mit dem Begriff wird zunehmend auch der NATO-Einsatz in Afghanistan charakterisiert.

Atomwaffen Bomben und Sprengköpfe, deren große Zerstörungskraft auf Kernspaltung beruht. Während des Zweiten Weltkriegs entwickelten die USA als erster Staat Atomwaffen, die sie 1945 gegen die japanischen Städte Hiroshima und Nagasaki einsetzten. Weit mehr als 100 000 Menschen starben sofort, die Langzeitfolgen (Verstrahlung des Gebietes) führen bis heute zu Fehlbildungen bei Neugeborenen und zu Krankheiten. Zahlreiche Länder forschen heutzutage an der Entwicklung von Atomwaffen. Obwohl technisch dazu in der Lage, hat Deutschland sich international verpflichtet, keine Atomwaffen herzustellen, Japan lehnte die Produktion aufgrund seiner Geschichte bisher ab. Nach dem Zerfall der Sowjetunion fürchten viele westliche Regierungen, Atomwaffen könnten in die Hände aggressiver Staaten oder Terroristen fallen. Um die Proliferation von Atomwaffen, d. h. ihre Verbreitung, einzudämmen, unterzeichneten bis heute viele Staaten den **Atomwaffensperrvertrag**. In diesem Abkommen vom 1. 7. 1968 verpflichteten sich ursprünglich die USA, Großbritannien und die Sowjetunion, keine Pro-

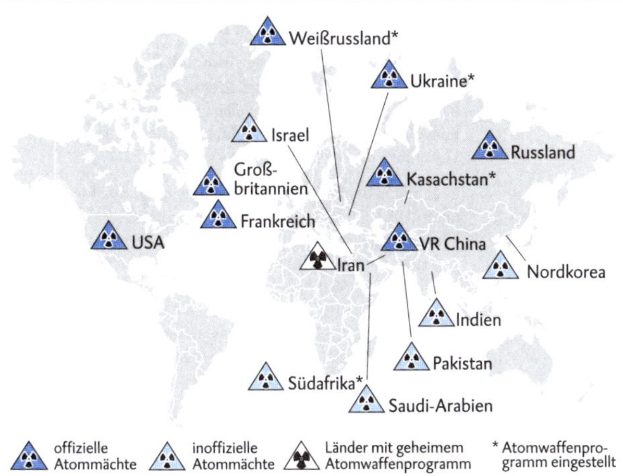

Die weltweite Verbreitung von Atomwaffen

liferation zu betreiben. Am 5. 3. 1970 wurde der Atomwaffensperrvertrag zum „Vertrag über die Nichtverbreitung von Kernwaffen" erweitert. In ihm verpflichten sich die unterzeichnenden Atomwaffenmächte des Weiteren zur Aufnahme von Abrüstungsgesprächen. Viele Staaten, die über kein eigenes Nuklearasenal verfügten, sicherten zu, keine Kernwaffen zu erwerben, herzustellen oder zu lagern. Sinn des Abkommens war es, das Gleichgewicht des Schreckens überschaubar zu halten und eine unkontrollierte Weiterverbreitung dieser Massenvernichtungswaffen zu verhindern.

AU (Afrikanische Union) Nachfolgeorganisation der 1963 gegründeten OAU (engl. *Organisation of African Unity*), Gründung 2002 in Durban (Südafrika), mit Sitz in Addis Abeba (Äthiopien). Zu ihren Aufgaben zählen die Förderung der Einheit und Solidarität der afrikanischen Staaten, die Koordinierung der innerafrikanischen Zusammenarbeit sowie die Eigenverantwortung bei Eindämmung von Konflikten, Kriegen und Armut. Die AU zählt 53 Mitglieder. Als höchstes Entscheidungsgremium fungiert die Versammlung der AU in Form eines jährlichen Treffens der Staats- und Regierungschefs mit einer Zweidrittelmehrheitsentscheidung, weitere Organe sind u. a. der Exekutivrat der AU-Außenminister und die AU-Kommission.

Ausländer → Kap. 3, Ausländer

Regierungsperiode	Außenpolitische Themen der Bundesrepublik Deutschland
Nachkriegszeit 1945–1949	Besatzungszonen; Potsdamer Abkommen: Oder-Neiße-Grenze, Aussiedlungen; Ausgliederung des Saarlandes aus der französischen Zone; Marshallplan für Europa unter Einbeziehung der Westzonen; Berliner Blockade durch die UdSSR, Luftbrücke durch die USA.
Koalitionen aus CDU/CSU und FDP 1949–1966	Einbindung der BRD in westliche Organisationen: Montanunion 1951/52; Diskussionen um eine europäische Verteidigungsgemeinschaft bis 1954 (EVG) und die Stalin-Note 1952, Aufnahme in die NATO 1955, EWG 1958; Souveränität der BRD seit 1954/55 (Deutschlandvertrag, diplomatische Anerkennung im westlichen und neutralen Ausland, 1955 auch durch die UdSSR); Alleinvertretungsanspruch der BRD für ganz Deutschland; 1961 Berliner Mauer; 1963 Präsident *Kennedy* in West-Berlin.
Große Koalition 1966–1969	Vorbereitung einer neuen Ostpolitik: Passierscheinabkommen zwischen Westberlin und der DDR; diplomatische Beziehungen mit Rumänien und Handelsabkommen mit der Tschechoslowakei.

Sozialliberale Koalitionen 1969–1982	Ostpolitik: Treffen der Regierungschefs beider deutscher Staaten, Verträge über Gewaltverzicht; Sicherung West-Berlins durch Viermächtevereinbarung (1971); Grundlagenvertrag mit der DDR (1972); Beitritt von BRD und DDR zur UNO (1973); 1975 Bundeskanzler *Schmidt* in China; BRD und DDR in der KSZE 1975; NATO-Doppelbeschluss.
Koalitionen aus CDU/CSU und FDP 1982–1998	Ziel: Stärkung des westlichen Bündnisses; Stationierung von Pershing-2-Raketen in der BRD (1983); 2 + 4-Verhandlungen; volle Souveränität (3. 10. 1990); deutsch-polnischer Grenzvertrag (14. 11. 1990): Garantie der Oder-Neiße-Grenze, keine gegenseitigen Gebietsansprüche; Unterstützung der Entspannungsbemühungen zwischen USA und UdSSR; konsequente Politik der europäischen Integration (Wirtschafts- und Währungsunion und politische Union am 7. 2.1992); Unterstützung des Transformationsprozesses in Mittel- und Osteuropa; bilaterale Verträge mit Russland und den osteuropäischen Staaten; erste Bundeswehreinsätze bei UNO-Blauhelm- und NATO-Einsätzen außerhalb des NATO-Gebiets.
Koalitionen aus SPD und Bündnis 90/Die Grünen 1998–2005	Unterstützung des Militäreinsatzes gegen die Serben während des Kosovo-Konflikts (1999); Ausrufung des NATO-Bündnisfalls nach den Terroranschlägen vom 11. 9. 2001: Teilnahme am Afghanistaneinsatz; Abkühlung des transatlantischen Verhältnisses durch deutsche Ablehnung des Irak-Kriegs (2002/2003).
Große Koalition 2005–2009	Fortschritte im Prozess der Europäischen Verfassung (EU-Reform 2007) und in der Umweltpolitik erzielt; Bundeskanzlerin *Merkel* setzt sich weiterhin für eine Entspannung des transatlantischen Verhältnisses ein.
Koalition aus CDU/CSU und FDP ab 2009	Allmählicher Rückzug der Truppen (zusammen mit den NATO-Partnern) aus Afghanistan; Herausforderungen der Finanz- und Eurokrise für die EU durch die Verschuldung etwa Griechenlands, Irlands, Portugals und Spaniens: Euro-Rettungsschirm, Euro-Rettungsfonds; keine Beteiligung der BRD an der militärischen Unterstützung der Opposition in Libyen durch NATO-Luftangriffe.

Außenpolitik Jede staatliche Aktion, bzw. Unterlassung von Aktion, die der Durchsetzung von Normen oder Interessen gegenüber anderen Staaten, internationalen oder supranationalen Organisationen dient. Die Außenpolitik eines Staates wird von Faktoren wie geografischer Lage, Geschichte, Erfahrungen mit Nachbarländern, Traditionen, wirtschaftlichem Entwicklungsstand und internationalen Rahmenbedingungen geprägt.

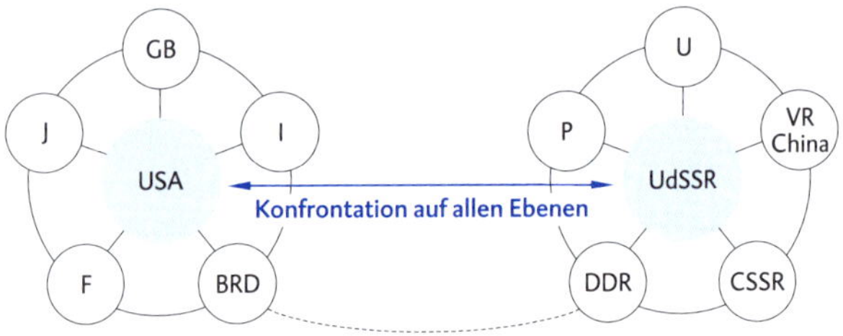

Die bipolare Weltordnung im Kalten Krieg

Bipolarität Zustand, in dem das internationale politische System von zwei gegnerischen Supermächten dominiert wird. Während des Kalten Krieges waren dies die USA und die Sowjetunion mit jeweils einer Gruppe verbündeter Staaten. Im Gegensatz zur Bipolarität steht die Multipolarität.

Blauhelme Multinationale, freiwillige Friedenstruppen der UNO. Blauhelme (wegen der blauen Schutzhelme) werden auf Ersuchen des UN-Sicherheitsrats tätig. Dies geschieht z. B. zur Überwachung von Waffenstillstandsabkommen oder aber zur militärischen Absicherung von humanitären Interventionen (Friedenssicherung). 1994 entschied das Bundesverfassungsgericht, dass eine Teilnahme von Bundeswehreinheiten an solchen Missionen rechtens ist. Blauhelme wurden während des Nahostkonflikts und auch im Balkankonflikt eingesetzt und sind heute an zahlreichen Orten der Welt tätig.

Blockfreie Staaten (engl. *Non Aligned Movement, NAM*) Staatengruppe, die sich vor dem Hintergrund des Kalten Krieges formierte. Hauptmotivation waren der Wunsch nach Selbstbestimmung und die Angst, zu einem Spielball der Supermächte zu werden. Die einflussreichsten Teilnehmerstaaten waren Ägypten, Äthiopien, Indien, Indonesien, Saudi-Arabien und Jugoslawien. Angeprangert wurde die internationale Vorherrschaft der Industriestaaten. Mit den auf der Konferenz von Bandung 1955 entwickelten zehn Prinzipien wurde eine gerechtere Weltpolitik gefordert: u. a. ein Verbot militärischer Interventionen, keine Einmischung in die inneren Angelegenheiten eines Staates und keine wirtschaftliche und ethnische Diskriminierung. Die 1961 gegründete „Bewegung der Blockfreien Staaten“ trat zunehmend als Anwalt der Entwicklungsländer im Nord-Süd-Konflikt auf. Heute sehen die inzwischen 118 Staaten ihre Aufgabe vor allem darin, etwa in der UNO ein Gegengewicht zur Vormachtstellung der USA zu bilden.

Botschaft Höchste diplomatische Vertretung eines Staates im Ausland. Zu ihren Aufgaben gehören die außenpolitische Interessenwahrung und die völkerrechtliche Vertretung des Entsendestaats. Botschaften genießen den Status der Extraterritorialität. Das heißt, sie sind der Gerichtsbarkeit des Aufenthaltsstaats weitgehend entzogen.

Boykott Maßnahme, die zum Ziel hat, einen Staat, ein Unternehmen oder eine Personengruppe wirtschaftlich zu schädigen oder gesellschaftlich zu ächten. Der Boykott ist der Aufruf, z. B. keinen Handel mit einem bestimmten Staat zu treiben. So rief der UN-Sicherheitsrat 1965 zum Boykott gegen das unrechtmäßig entstandene Rhodesien (heutiges Simbabwe) in Form einer Nichtanerkennung des Regimes auf. Die rechtliche Ausprägung eines Boykotts ist das Embargo.

Bundeswehr → Kap. 2, Bundeswehr

Bündnis Abkommen zwischen mehreren Staaten zum Schutz vor militärischer Bedrohung. Bündnisse verfügen über eigene Institutionen, in denen Beratungen stattfinden und Entscheidungen getroffen werden. Im Kalten Krieg standen sich die weltweit größten Bündnissysteme Warschauer Pakt und NATO gegenüber. Das Bündnis der Alliierten Staaten im Zweiten Weltkrieg (USA, Großbritannien, Frankreich, Sowjetunion), das seine Politik und militärischen Aktionen untereinander abstimmte, war der stärkste Kriegsgegner des nationalsozialistischen Deutschlands.

Bürgerkrieg Bewaffneter Konflikt um Herrschaft bzw. nationale Unabhängigkeit zwischen Bewohnern eines Staates. Ursachen können die Unvereinbarkeit von Religionen, die Auflehnung einer Volksgruppe gegen eine andere bzw. gegen die eigene Regierung (ethnische Konflikte) oder ein gewaltsamer Umsturzversuch (Putsch, Revolution) sein.

Charta Satzung bzw. gemeinsame Erklärung, vor allem im Bereich der internationalen Politik. Die Charta der UNO kennzeichnet z.B. deren Funktionen und Aufgaben.

Charta für ein neues Europa → Kap. 4, OSZE

Cotonou-Abkommen Als Nachfolger des Lomé-Abkommens in Benin am 23. 6. 2000 von den seinerzeit 15 EU-Mitgliedstaaten und 79 AKP-Staaten unterzeichnet. Es skizziert das zwischenstaatliche Verhältnis der Vertragspartner in den Bereichen Entwicklungshilfe, Handel, Investitionen und Menschenrechte. Die EU gewährt den AKP-Exporten freien Zugang zu ihren Märkten, im Gegenzug öffnen die AKP-Staaten ihre eigenen Märkte für EU-Exporte. Neben dieser Reziprozität legt das Abkommen fest, dass die am wenigsten entwickelten Länder gegenüber den besser entwickelten Ländern eine besondere Behandlung erfahren. Die Finanzierung der Maßnahmen erfolgt durch den Europäischen Entwicklungsfonds (EEF) sowie durch Darlehen der Europäischen Investitionsbank.

Diplomatie Gesamtheit der internationalen Beziehungen bzw. der Außenpolitik eines Staates. Die heutige Diplomatie, die ihre rechtliche Gestalt auf dem Wiener Kongress von 1815 erhielt, folgt festen Regeln. So gelten die Konsulate bzw. Botschaften eines Staates als dessen Hoheitsgebiet, diplomatisches Gepäck darf nicht durchsucht, Diplomaten im Ausland dürfen von Vertretern dieses Landes nicht strafrechtlich verfolgt werden. Für die Diplomatie der BRD ist das Auswärtige Amt zuständig, an dessen Spitze der Außenminister steht.

Dritte Welt Gesamtheit der unterentwickelten Staaten bzw. der Entwicklungsländer. Der Begriff folgt der Einteilung der Welt in eine sog. Erste Welt, die westlichen Industriestaaten, und eine sog. Zweite Welt, die ehemals sozialistischen Ostblockstaaten. Gelegentlich ist auch von einer **Vierten Welt**, den ärmsten der Entwicklungsländer, die Rede. Die Begriffe sind sehr umstritten, da sie den Eindruck erwecken, es handele sich um getrennte Welten, wodurch mit anderen Ländern verbundene Probleme in weite Ferne rücken und leichter verdrängt werden. Die UNO spricht daher von „Least Developed Countries" (LDC/LLDC), zu denen im Jahr 2011 48 Staaten gezählt wurden (s. Abb., S. 192).

EAG → Kap. 4, EURATOM

EFTA (engl. *European Free Trade Association*) 1960 als Reaktion auf die Europäische Wirtschaftsgemeinschaft gegründete Freihandelsvereinigung. Die EFTA mit Sitz in Genf bestand ursprünglich aus sieben europäischen Staaten (Dänemark, Großbritannien, Norwegen, Österreich, Portugal, Schweden, Schweiz) und sah den Abbau von Zöllen und Handelshemmnissen vor. Da die meisten Mitglieder inzwischen der EU beigetreten sind, hat die EFTA an Bedeutung verloren. Heute gehören ihr nur noch Island, Liechtenstein, Norwegen und die Schweiz an; mit 31 Staaten gibt es Freihandelsabkommen.

EG (Europäische Gemeinschaft) Institutionen und Abkommen der europäischen Staaten mit dem Ziel wirtschaftlicher und politischer Integration. Bis zum Vertrag von Lissabon bildete die EG eine der drei Säulen der EU. Sie setzte sich zusammen aus der Europäischen Gemeinschaft für Kohle und Stahl (EGKS), der Europäischen Wirtschafts- (EWG) sowie der Europäischen Atomgemeinschaft (EURATOM). Eine enge wirtschaftliche und kulturelle Vernetzung der westeuropäischen

Staaten sollte ein Wiederaufkeimen des Nationalismus verhindern und Europa als eigenständige politische Kraft etablieren. Besonders die Erfahrungen des Zweiten Weltkriegs, der ganz Europa in Mitleidenschaft gezogen hatte, trugen zu diesem Wunsch bei. 1951 einigten sich Frankreich, Deutschland, Italien und die Benelux-Staaten auf die Gründung der EGKS. Am 1. 1. 1958 traten die EWG und der EURATOM-Vertrag in Kraft (Römische Verträge), die von nun an die Grundlage der weiteren Integration Europas bildeten. 1973 fand die erste Erweiterung der EG mit der Aufnahme Großbritanniens, Dänemarks und Irlands statt. 1981 trat Griechenland und 1986 traten Spanien und Portugal bei. Diese Süderweiterung war unter den Mitgliedstaaten heftig umstritten, da sie wegen der wirtschaftlichen Rückständigkeit der hinzukommenden Staaten eine große Belastung für den Haushalt, insbesondere aber für den Agrarmarkt der EG, bedeutete. Mit dem Vertrag über die Europäische Union 1993 wurde die EG in die EU integriert.

EGKS (Europäische Gemeinschaft für Kohle und Stahl) 1951 von Frankreich, Deutschland, Italien und den Benelux-Staaten gegründete Organisation, die für eine effiziente Versorgung und eine Harmonisierung des europäischen Energiemarktes sorgte. Darüber hinaus regulierte sie die Preise für Kohle und Stahl und verbesserte die Lebens- und Arbeitsbedingungen der Arbeitnehmer in diesen Branchen. Der Vertrag trat 1952 in Kraft und wurde auf 50 Jahre abgeschlossen. Die EGKS war die einzige Organisation der EG mit zeitlicher Befristung.

Einwanderungspolitik → Kap. 3, Einwanderungspolitik

Eiserner Vorhang Auf *Winston Churchill* zurückgehende Bezeichnung für die Grenze zwischen der sowjetischen und der amerikanischen Einflusssphäre in Europa während des Kalten Krieges. Churchill prägte den Begriff *iron curtain* am 5. 3. 1946 in einer Rede in Fulton, Missouri.

Embargo Verbot, bestimmte Waren an ein Land zu liefern. Ein Embargo richtet sich meist gegen einen als Bedrohung angesehenen Staat, kann aber auch als rein wirtschaftliches Kampfmittel eingesetzt werden. Die EU etwa verschärfte ihr Embargo gegen den Iran wegen dessen Atomwaffenprogramms bereits mehrfach.

Enklave Gebiet, das vollständig von einem Staat umgeben ist, aber zu einem anderen Staat gehört. Je nach Perspektive wird dieses Gebiet Enklave (aus Sicht des umgebenden Staates) bzw. **Exklave** (aus Sicht des Mutterlands) genannt. Die Existenz einer Enklave kann, je nach Beziehung der beteiligten Staaten zueinander, Probleme bedeuten, z. B. Streit um die Zugehörigkeit oder Erreichbarkeit. So kam es zwischen Armenien und Aserbaidschan 1992–1994 zu einem Krieg, aber auch in den folgenden Jahren zu erheblichen Spannungen wegen der überwiegend armenischen Region Nagornij Karabach, die innerhalb aserbaidschanischen Gebiets liegt.

Entkolonialisierung Beseitigung der Fremdherrschaft in einer Kolonie. Diese ist oft mit einer neuen Staatsgründung verbunden. Die große Welle der Entkolonialisierungen setzte nach dem Zweiten Weltkrieg ein, als viele Kolonien Freiheit und nationale Selbstbestimmung einforderten. Dies führte oft zu langwierigen Unabhängigkeitskriegen (in Vietnam 1946–1954, Algerien 1954–1962), da die Kolonialmächte ihren Herrschaftsanspruch nicht aufgeben wollten. Die Kolonialherren hinterließen oft ein schwieriges Erbe, weil Verwaltungsgrenzen willkürlich gezogen worden waren und nicht den ethnischen und religiösen Grenzen entsprachen. Deshalb kam es nach Ende der Kolonialherrschaft zu vielen Konflikten, die teilweise bis heute andauern. So weiteten sich in Indien nach dem Abzug der britischen Truppen die Unruhen zwischen Muslimen und Hindus aus, was schließlich zur Teilung des Landes in ein überwiegend hinduistisches Indien und ein mehrheitlich islamisches Pakistan führte. Eine weitere Folge der Entkolonialisierung war, dass das *Commonwealth* (engl. für Gemeinwohl) *of Nations* seine Eigenschaft als britisch dominierter Bund verlor. Inzwischen hat es wegen seines eher losen Charakters kaum noch politische Bedeutung.

Entspannungspolitik Phase zur Zeit des Ost-West Konflikts (1963–1979), in der beide Seiten von der Konfrontation zur Kooperation übergingen (Friedliche Koexistenz). Sie setzte nach Ende der Kubakrise ein, die die Supermächte an den Abgrund eines Atomkriegs gebracht hatte. Eine direkte Maßnahme war die Vereinbarung über einen „heißen Draht“ am 20. 6. 1963, eine direkte Telefonverbindung zwischen den Büros der Staatschefs der USA und der Sowjetunion. Die Entspannungspolitik führte zum Abschluss einer Reihe von Verträgen (Atomwaffensperrvertrag, SALT-/START-Verträge), die trotz der weiterhin bestehenden Interessenkonflikte eine begrenzte Zusammenarbeit zwischen den beiden gegnerischen Staaten vorsahen. Eine zweite Phase der Entspannung setzte mit *Gorbatschows* Politik der Glasnost und Perestroika und dem Beginn demokratischer Reformen in der Sowjetunion Ende der 1980er-Jahre ein. Den vorläufigen Höhepunkt der **deutschen Entspannungspolitik** stellte der Grundlagenvertrag dar, abgeschlossen zwischen der BRD und der DDR am 21. 12. 1972. Dieser und die Errichtung der Ständigen Vertretungen in Bonn und Ost-Berlin (2. 5. 1974) bildeten die Grundlage für den Ausbau der Beziehungen zwischen den beiden deutschen Staaten.

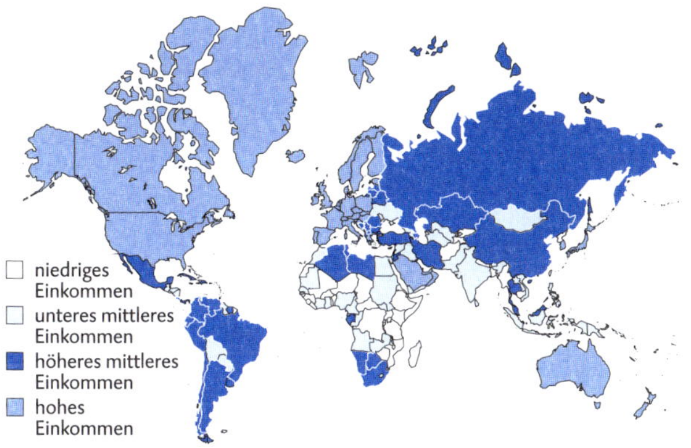

Die Staaten der Welt, nach dem Einkommen der Bevölkerung

Entwicklungsländer Staaten, in denen im wirtschaftlichen und sozialen Bereich im Vergleich mit den Industriestaaten Unterentwicklung herrscht. Die Angaben über die Zahl der Entwicklungsländer variieren. Der weitaus größte Teil dieser Länder befindet sich auf der Südhalbkugel der Erde. Entwicklungsländer werden in verschiedene Gruppen eingeteilt, wobei sich die Einordnungen von Organisation zu Organisation teilweise stark unterscheiden. Die Weltbank bspw. gruppiert alle Länder nach dem Bruttonationaleinkommen und unterscheidet dann nach niedrigem *(Low Income)*, mittlerem *(Lower Middle Income* und *Upper Middle Income)* und hohem Einkommen *(High Income)*. Zu Letzteren zählen bei dieser Einteilung nicht nur die westlichen Industriestaaten, sondern z. B. auch Länder wie Israel, Hongkong und Singapur sowie die bevölkerungsarmen Erdölexporteure Kuwait und die Vereinigten Arabischen Emirate. Mit Portugal und Griechenland hingegen rechnet die Weltbank zwei der EU-Mitgliedsländer zu der Gruppe der *Upper Middle Income* Staaten. In der Einteilung der UNO gibt es u. a. die Gruppe der ärmsten Entwicklungsländer (LDC: *Less Developed Countries* bzw. LLDC: *Least Developed Countries*), die über ein sehr niedriges Pro-Kopf-Einkommen und eine geringe Entwicklung des Humankapitals (Ernährung, Gesundheit, Bildung) verfügen. Des Weiteren weisen sie eine hohe Anfälligkeit im ökonomischen Bereich auf (kaum wirtschaftliche Diversifikation, Instabilität). Für die Entwicklungsländer besteht außerdem das Problem, dass auch ein Defizit an modernen Informationstechnologien existiert, was die zukünftige Entwicklung weiter erschwert.

Entwicklungspolitik Strategien und Maßnahmen, die von Industrie- und Entwicklungsländern eingesetzt werden, um der Unterentwicklung entgegenzuwirken. Entwicklungspolitik beinhaltet sowohl Wirtschaftshilfe als auch die Unterstützung etwa demokratischer Reformen. Die Mitglieder der OECD haben vereinbart, dass die Entwicklungshilfe jährlich mindestens 0,7 % ihres jeweiligen Bruttoinlandsprodukts betragen sollte, wie dies von der UNO gefordert wird. Wie zahlreiche andere Staaten liegt Deutschland 2010 jedoch mit 0,4 % für u. a. Nahrungsmittelhilfe, Armutsbekämpfung, Nothilfe und Krisenprävention, Familienplanung und Bevölkerungspolitik sowie Wasserversorgung deutlich unter diesem Wert.

800 Mio.	keine ärztliche Versorgung
870 Mio.	kein sauberes Wasser
960 Mio.	chronischer Hunger
1 Mrd.	keine Unterkunft
1,3 Mrd.	keine Schreib-/Lesekenntnisse
1,7 Mrd.	< 1 Dollar Tageseinkommen
2,7 Mrd.	keine sanitären Anlagen

Ausgewählte Daten zur Unterentwicklung in Entwicklungsländern (Anzahl der betroffenen Personen, 2008)

Ethnie Einheit von Menschen, die sich aufgrund gewisser Merkmale (z. B. Volkszugehörigkeit, Sprache) von ihrer Umwelt abgrenzt. Die Bezeichnung ist unscharf, da sie vor allem durch das Bewusstsein von Menschen, zu einer Ethnie zugehörig zu sein, bestimmt wird. So gibt es z. B. Ethnien, die nur wenige Familien umfassen.

EU (Europäische Union) Zusammenschluss von Staaten Europas mit dem Ziel wirtschaftlicher und politischer Integration. Die mit dem Vertrag über die Europäische Union („Maastrichter Vertrag") am 1. 11. 1993 in Kraft getretene Organisation entstand aus der Europäischen Gemeinschaft und bestand aus den drei Säulen Europäische Gemeinschaft (EGKS, EG und EURATOM, vertieft und erweitert um die Wirtschafts- und Währungsunion), Gemeinsame Außen- und Sicherheitspolitik (GASP) und Polizeiliche und Justizielle Zusammenarbeit in Strafsachen (PJZS). Seit dem Lissabon-Vertrag 2007 agiert die EU als eigenständige Rechtsinstitution, sodass das **Drei-Säulen-Modell** zur Beschreibung des politischen Systems nicht mehr geeignet ist: Die Zuständigkeiten der EG wurden auf die EU übertragen, für die PJZS wurden die gleichen Entscheidungsverfahren eingeführt, die vorher nur für die EG gegolten hatten. Die GASP dagegen bildet aufgrund nach wie vor eigener Entscheidungsverfahren einen besonderen Bereich innerhalb der EU. Die „Unionsbürgerschaft" erlaubt Bürgern aus allen Mitgliedstaaten, an Kommunalwahlen in ihrer jeweiligen Aufenthaltsregion teilzunehmen. Des Weiteren wurde der Ausschuss der Regionen eingerichtet, der eine beratende Rolle innehat und bereits bestehende Tendenzen der Regionalisierung unterstützen soll. Die EU verfügt über 27 Mitgliedstaaten, in denen rund 500 Mio. Menschen leben. An Beitrittskandidaten stellt die EU folgende Bedingungen („Kopenhagener Kriterien"): eine demokratische und rechtsstaatliche Verfassung, ein marktwirtschaftliches System, Schutz nationaler Minderheiten, Mindeststandards beim Umweltschutz und in der Sozialgesetzgebung. Nach der im Jahr 2009 abgeschlossenen Ratifizierung des Lissabon-Vertrags stellt die internationale Finanzkrise bzw. die Stabilisierung der Gemeinschaftswährung Euro eine der größten Herausforderungen dar.

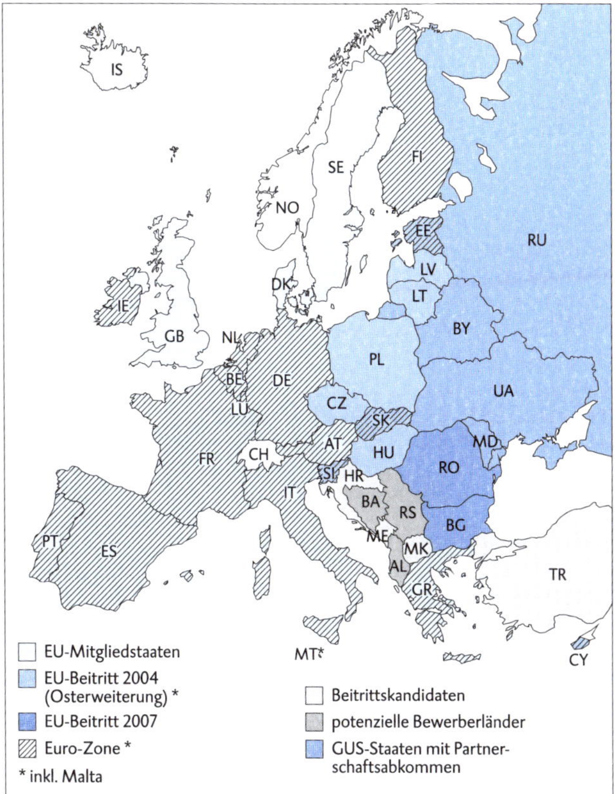

Mitglieder und Beitrittskandidaten der Europäischen Union und der Euro-Zone

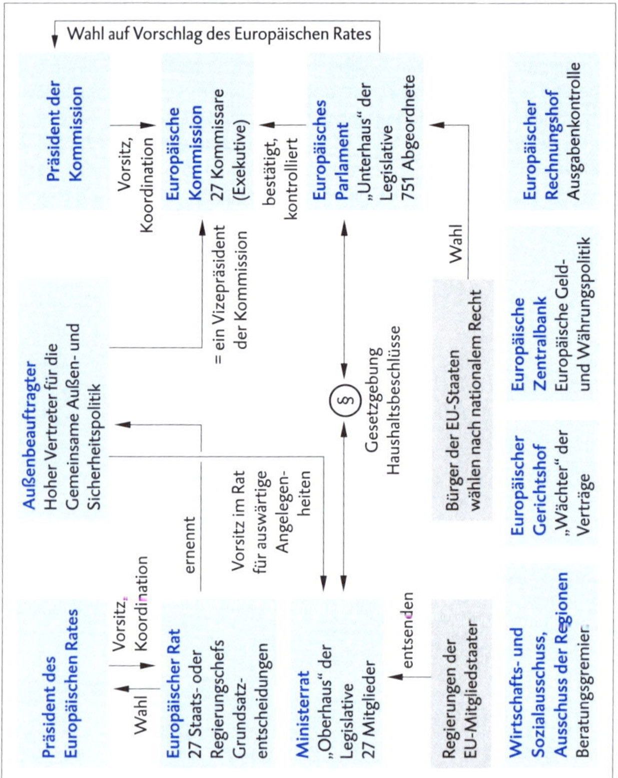

Das politische System der Europäischen Union

EURATOM (Europäische Atomgemeinschaft, auch **EAG**) Vertragsorganisation, die am 25. 3. 1957 gegründet wurde. Ihre ursprüngliche Aufgabe war es, für eine schnelle technologische Entwicklung in der Kernforschung und eine stärkere Zusammenarbeit der Mitglieder in diesem Sektor zu sorgen. Auch sollte sie nach dem Scheitern der Europäischen Verteidigungsgemeinschaft im Bereich Verteidigungspolitik nach neuen Perspektiven suchen. Bis heute wurden aber nur bei der Reaktorsicherheit und in der gemeinsamen Forschung Fortschritte erzielt. Ein gemeinsamer Atomenergiemarkt blieb ebenso Wunschdenken wie der Aufbau einer europäischen Atomindustrie.

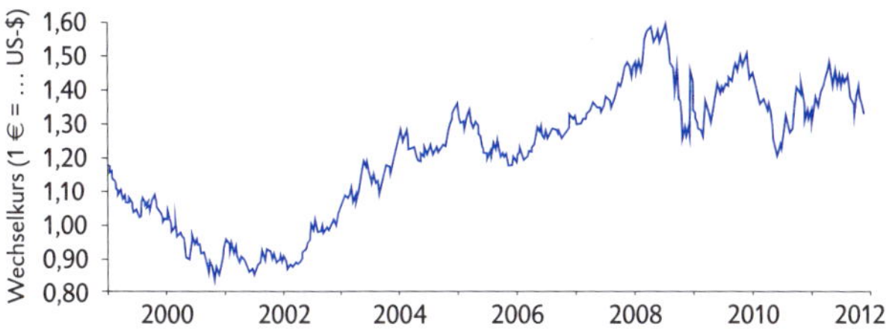

Die Entwicklung des Eurokurses

Euro Europäische Gemeinschaftswährung, deren Einführung zum 1. 1. 1999 auf der Konferenz von Maastricht im Vertrag über die Europäische Union beschlossen wurde (Währungsunion). Der Euro trat in den vorerst zwölf Teilnehmerstaaten (Belgien, Deutschland, Finnland, Frankreich, Griechenland, Irland, Italien, Luxemburg, Niederlande, Österreich, Portugal, Spanien) zunächst nur im bargeldlosen Zahlungsverkehr an die Stelle der nationalen Währungen und löste diese Anfang 2002 ab. In Deutschland betrug der Tauschkurs D-Mark zu Euro 1,95583 zu 1. Inzwischen wird innerhalb der EU auch in Estland, Malta, der Slowakei, Slowenien und Zypern mit dem Euro bezahlt. Außerdem wird der Euro in Andorra, San Marino, Montenegro, dem Kosovo und dem Vatikan verwendet; weitere Staaten haben die Kurse ihrer Währungen an den Euro geknüpft. Ziel der gemeinsamen Währung ist es, den grenzüberschreitenden Handel innerhalb der EU zu vereinfachen. Auch wird der direkte Preisvergleich zwischen Produkten möglich gemacht, da Kursschwankungen ausbleiben. Zusätzlich verhindert der Wegfall finanzpolitischer Instrumente wie Auf- und Abwertung den währungspolitischen Ausgleich zwischen Staaten, die eine stark voneinander abweichende Handelsbilanz haben. In vielen Teilnehmerstaaten war die Euroeinführung umstritten: So regte sich in Deutschland Widerstand gegen die Abschaffung der „stabilen D-Mark". Der Kurs des Euro, der zunächst von einer Schwäche gegenüber dem US-Dollar geprägt war, konnte sich in den Jahren 2002–2004 deutlich stabilisieren. Im Zuge der weltweiten Finanzkrise und der Zahlungsunfähigkeit von EU-Ländern wie Griechenland und Portugal musste jedoch ein 780 Milliarden Euro umfassender Rettungsschirm zur Stabilisierung der Gemeinschaftswährung gespannt werden. Dieser wird 2012 durch den unbefristeten Europäischen Stabilitätsmechanismus (ESM) ersetzt. Zusätzlich ist geplant, im Sinne einer Fiskalunion Verträge über Obergrenzen der Haushaltsdefizite, deren Überprüfbarkeit und Sanktionen bei Nichteinhaltung abzuschließen.

Europäische Atomgemeinschaft → Kap. 4, EURATOM

Europäische Freihandelszone → Kap. 4, EFTA

Europäische Gemeinschaft → Kap. 4, EG

Europäische Gemeinschaft für Kohle und Stahl → Kap. 4, EGKS

Europäische Kommission Von den Mitgliedstaaten unabhängige Institution der EU, die als „EU-Regierung" fungiert. Zu den Aufgaben der Europäischen Kommission gehört u. a. die Überwachung der Einhaltung von Verträgen durch die Mitgliedstaaten und die Abgabe von Stellungnahmen dazu. Sie wirkt an Entscheidungen des Europäischen Parlaments und des Europäischen Rates mit. Die Europäische Kommission ist allein dem Europäischen Parlament verantwortlich. Jedes der 27 Mitgliedsländer entsendet einen Kommissar, der vom EU-Parlament bestätigt werden muss, ebenso wie der vom Europäischen Rat vorgeschlagene Kommissionspräsident.

Europäische Menschenrechtskonvention Am 4. 11. 1950 wurde die „Konvention zum Schutze der Menschenrechte und Grundfreiheiten" in Rom unterzeichnet. Sie ist seit dem 3. 9. 1953 für alle EU-Mitgliedstaaten verbindlich. Ihre Anerkennung stellt ein festes Beitrittskriterium dar. Sie umfasst einen Katalog von Grund- und Menschenrechten, deren Umsetzung vom Europäischen Gerichtshof für Menschenrechte in Straßburg überwacht wird.

Europäische Union → Kap. 4, EU

Europäische Wirtschaftsgemeinschaft → Kap. 4, EWG; Abb., S. 153

Europäische Zentralbank → Kap. 4, EZB

Europäischer Gerichtshof (EuGH) Gericht der Europäischen Union mit Sitz in Luxemburg. Der Europäische Gerichtshof setzt sich aus 27 Richtern und acht Generalanwälten zusammen, die von den Regierungen der Mitgliedstaaten für sechs Jahre ernannt werden. Er hat die Aufgabe, die Rechtssicherheit bei Europaverträgen zu gewährleisten und spielt durch seine Auslegung von Gemeinschaftsverträgen eine wichtige Rolle bei der europäischen Integration. Durch seine Entscheidungen sind die Normen und Befugnisse der EU deutlich ausgeweitet worden. Eine Berufungsmöglichkeit gegen Entscheidungen des Europäischen Gerichtshofs besteht nicht. Bürger, Gruppen und Organisationen aus den Mitgliedstaaten können hier klagen.

Europäischer Ministerrat → Kap. 4, Rat der EU

Europäischer Rat Viermal jährlich stattfindendes Gipfeltreffen europäischer Staats- und Regierungschefs, des Präsidenten der Europäischen Kommission und des auf zweieinhalb Jahre ernannten ständigen EU-Ratspräsidenten. Der Europäische Rat, seit dem Lissabon-Vertrag offizielles Organ der EU, legt die allgemeinen politischen Zielvorstellungen sowie die Richtlinien für die Gemeinsame Außen- und Sicherheitspolitik fest. Im Europäischen Rat wird eher als in anderen Organen der EU ein Konsens erreicht, weil die hochrangigen Teilnehmer des Rates über größeren Handlungsspielraum verfügen und so mehrere Problemlösungen miteinander verknüpfen können („Schnüren von Paketen").

Europäischer Rechnungshof Kontrollorgan der Europäischen Union mit Sitz in Luxemburg. Der Europäische Rechnungshof wurde 1975 gegründet und ist für die Prüfung aller Ein- und Ausgaben der EU sowie für die Durchsetzung des Haushalts zuständig. Alle EU-Organe sind verpflichtet, die gewünschten Auskünfte an den Europäischen Rechnungshof weiterzugeben.

Europäisches Parlament Alle 5 Jahre von den europäischen Bürgern direkt gewählte Volksvertretung der Europäischen Union. Das Europäische Parlament beteiligt sich an der Legislative innerhalb der EU, darf

Die vier Freiheiten

Freier Personenverkehr
- Wegfall der Grenzkontrollen
- Harmonisierung der Einreise-, Asyl-, Waffen-, Drogengesetze
- Niederlassungs- und Beschäftigungsfreiheit für EG-Bürger
- verstärkte Kontrollen an den EU-Außengrenzen

Freier Dienstleistungsverkehr
- Liberalisierung der Finanzdienste
- Harmonisierung der Banken- und Versicherungsaufsicht
- Öffnung der Transport- und Telekommunikationsmärkte

Freier Warenverkehr
- Wegfall der Grenzkontrollen
- Harmonisierung bzw. gegenseitige Anerkennung von Normen und Vorschriften
- Steuerharmonisierung

Freier Kapitalverkehr
- größere Freizügigkeit für Geld- und Kapitalbewegungen
- Schritte zu einem gemeinsamen Markt für Finanzleistungen
- Liberalisierung des Wertpapierverkehrs

Die Regelungen des EU-Binnenmarktes

aber selbst keine Gesetzesentwürfe einbringen. Es besteht seit der Wahl 2009 aus 736 Abgeordneten aus allen Mitgliedstaaten. Ab 2014 werden es inklusive des Präsidenten 751 Abgeordnete sein. Diese sind in übergeordneten Fraktionen bzw. Parteien (etwa Europäische Volkspartei, Progressive Allianz der Sozialisten und Demokraten im Europäischen Parlament) vereint. Zu den Aufgaben des Europäischen Parlaments gehört u. a. die Abstimmung über den Beitritt neuer Mitglieder und über internationale Abkommen. Der Lissabon-Vertrag stärkte die Rechte der Parlamentarier, indem alle von der EU-Kommission eingebrachten Gesetze inklusive des Haushalts zustimmungspflichtig wurden (außer Außen-, Sicherheits- und Agrarpolitik). Das Europäische Parlament wählt zudem sowohl die EU-Kommissare als auch deren Präsidenten.

Europarat Die am 5.5.1949 gegründete Organisation europäischer Staaten hat das Ziel, das gemeinsame europäische Erbe zu bewahren. Der Europarat, dem zurzeit 47 Staaten angehören, ist kein Organ der EU. Problematisch wurde von vielen Mitgliedern der Beitritt Georgiens empfunden, da Bedenken wegen der Menschenrechtslage dort existieren. Der Rat spricht Empfehlungen aus wie z. B. die Europäische Menschenrechtskonvention im Jahr 1950. Zu ihrer Gewährleistung wurden 1954 die Europäische Menschenrechtskommission sowie 1959 der Europäische Gerichtshof für Menschenrechte eingerichtet.

European Free Trade Association → Kap. 4, EFTA

EWG (Europäische Wirtschaftsgemeinschaft) In den Römischen Verträgen begründetes und 1958 in Kraft getretenes Vertragswerk. Die Ziele der EWG sind u. a. ein harmonisches Wirtschaftswachstum, Stabilität, eine Anhebung des Lebensstandards der Bürger in den Mitgliedstaaten sowie die Vertiefung der innereuropäischen Beziehungen. Dies soll durch den Aufbau eines Binnenmarkts und durch die stufenweise Angleichung der Wirtschaftspolitik der Mitgliedstaaten erreicht werden. Mit dem Vertrag über die Europäische Union vom 7. 2. 1992 wurde die EWG in „Europäische Gemeinschaft" umbenannt.

Exil Verbannung, Flucht oder Emigration ins Ausland, zumeist aus politischen Gründen. In autoritären oder totalitären Staaten bleibt Kritikern oft nur die Möglichkeit, ins Exil zu gehen und von dort aus eine Opposition ins Leben zu rufen. Von einem „inneren Exil" spricht man, wenn der Betroffene im Land bleibt und sich, ohne Opposition zu leisten, innerlich von der Regierung oder den bestehenden Verhältnissen abwendet.

Exklave → Kap. 4, Enklave

Expansion Erweiterung eines Staates, seines Gebiets bzw. seiner politischen Einflusssphäre oder Ausdehnung eines Unternehmens. Eine Expansion geht oft zulasten eines anderen Akteurs, z. B. durch die Abtrennung von Gebieten (Annexion) oder den Verlust von Marktanteilen.

EZB (Europäische Zentralbank) Durch den Vertrag über die Europäische Union geschaffene Institution, die für die finanzpolitische Umsetzung der Währungsunion zuständig ist. Zu den Aufgaben der Europäischen Zentralbank (Sitz Frankfurt am Main) gehört es, die Geldpolitik der EU zu gestalten, Mindestwährungsreserven zu halten und Kreditoperationen durchzuführen.

FAO (engl. *Food and Agriculture Organisation*) Die Ernährungs- und Landwirtschaftsorganisation der UNO wurde 1945 in Québec (Kanada) gegründet und hat ihren Sitz seit 1951 in Rom. Die sog. Welternährungsorganisation hat die Aufgabe, die Produktion und Verteilung von landwirtschaftlichen Produkten weltweit zu verbessern, um die Ernährung sicherzustellen und den Lebensstandard anzuheben. Schwerpunkte ihrer Arbeit stellen die folgenden Bereiche dar: (1) Entwicklungshilfe durchführen, (2) Informationen über Ernährung, Nahrungsmittel, Landwirtschaft, Forstwirtschaft und Fischerei sammeln, analysieren und bereitstellen, (3) mit Expertise den Regierungen u. a. zur Seite stehen, (4) ein internationales Forum über die wichtigsten Belange in den Fragen der Ernährung bieten.

Flüchtling Person, die etwa wegen Krieg, Terror, Armut, Hunger oder Dürre ihre Heimat verlässt. Nach dem UN-Flüchtlingshochkommissariat (UNHCR) waren 2010 weltweit 43,7 Mio. Menschen auf der Flucht.

Freihandelszone Region, in der aufgrund von zwischenstaatlichen Abkommen ein freier, nicht durch Zollbeschränkungen oder andere Handelshemmnisse behinderter Warenaustausch besteht. Beispiele für Freihandelszonen sind die EFTA und die NAFTA.

Frieden Im weitesten Sinne Bezeichnung für die Abwesenheit von Krieg und personeller Gewalt **(„negativer Frieden“)**. In Abgrenzung dazu wird von **„positivem Frieden“** gesprochen, wenn die strukturellen Bedingungen in einem Land Freiheit für die Selbstverwirklichung von Individuen und für die Kooperation der gesellschaftlichen Gruppen im Sinne des anzustrebenden Gemeinwohls gewährleisten. Positiver Frieden zwischen Staaten zeichnet sich durch Kooperation und durch die Schaffung von gemeinsamen Institutionen aus. In der Geschichte galt Frieden schon immer als wichtige moralische Wertvorstellung. Krieg sollte nur in bestimmten Fällen, etwa bei der Abwehr einer Aggression als Mittel der Politik zulässig sein. Mit dem Aufkommen der Atomwaffen ergab sich die zwingende Notwendigkeit eines Friedens zwischen der UdSSR und den USA. Die UNO hat es sich zur zentralen Aufgabe gemacht, den Frieden auf der Welt zu sichern. Wichtiger Vordenker des Konzepts in den Internationalen Beziehungen ist *Immanuel Kant* (1724–1804). Der Philosoph der Aufklärung sowie des deutschen Liberalismus nahm zu politischen Fragen in mehreren Aufsätzen Stellung, darunter in der Schrift „Zum ewigen Frieden“, die wesentliche Grundgedanken des Völkerrechts beschreibt, etwa die Nichteinmischung in fremde Angelegenheiten, die Abschaffung stehender Heere und ein Verbot von kriegerischen und kriegsvorbereitenden Verträgen.

Friedensbewegung Politische Bewegung, die Anfang der 1980er-Jahre in den westlichen Staaten entstand und angesichts der globalen nuklearen Aufrüstung zur Friedenssicherung durch Rüstungsstopp aufruft.

Friedenssicherung Nachhaltige Friedenskonsolidierung in einem internationalen oder regionalen Konflikt, in einer Krisenregion, oft im Rahmen der UN. Dabei sind die Prozesse der **Friedensschaffung** und **Friedenserhaltung** vorangestellt. Die Friedenssicherung geschieht vor Ort bspw. durch UN-Friedenstruppen („Blauhelme“). Eine wesentliche Dimension ist allerdings ein politischer Überbau in Form von Institutionen wie der NATO, der EU, der AU oder der OSZE. Bilaterale bzw. multilaterale Bündnisse bewirken eine gegenseitige Integration der Staaten und damit eine langfristige, friedliche Stabilisierung.

G8 (Gruppe der 8) Weltwirtschaftsgipfel der Staats- und Regierungschefs der bedeutendsten westlichen Industriestaaten (Kanada, Deutschland, Frankreich, Großbritannien, Italien, Japan, USA) und Russlands, das seit 1997 gleichberechtigter Partner ist (vorher G7). Die G8-Staaten tagen seit 1974 jährlich und haben sich zum Ziel gesetzt, möglichst stabile Bedingungen für die Weltwirtschaft zu schaffen. Dazu gehört es auch, in Krisen- und Konfliktsituationen zu vermitteln. Ursprünglich stand das Treffen der „Gruppe der 7“ unter dem Einfluss des Kalten Krieges. Durch die gewachsene internationale Interdependenz wurden weitere Treffen notwendig, auch unterhalb der Ebene der Staats- und Regierungschefs. So wurden zahlreiche Expertengruppen eingesetzt und der gesamte G8-Prozess stärker institutionalisiert.

G20 Diese Abkürzung wird für zwei verschiedene Gruppierungen von Staaten verwendet. (1) Gruppe der 20 wichtigsten Industrie- und Schwellenländer. Dabei handelt es sich um einen informellen Zusammenschluss aus der EU und 19 weiteren Staaten. Die hier vertretenen Staaten repräsentieren zwei Drittel der Weltbevölkerung und erwirtschaften ca. 90 % des Welt-Bruttoinlandsprodukts. So haben Entscheidungen dieser Gruppe einen großen wirtschaftlichen Einfluss. Kritisiert wird, dass die G20 die internationalen Organisationen der UNO umgeht. (2) Gruppe der Zwanzig. Deren Gründung fand am 20. 8. 2003 im Vorfeld der fünften Konferenz der Welthandelsorganisation (WTO) in Cancún (Mexiko) statt. Mitglieder sind Entwicklungs- und Schwellenländer. Die Gruppe setzt sich insbesondere für den Abbau von Agrarsubventionen und die Aufhebung von Importbeschränkungen für Agrarprodukte in Ländern wie den USA und in der EU ein. In den WTO-Verhandlungen entwickelte sich die G20 aufgrund ihrer Geschlossenheit zu einem ernsthaften Gegenspieler der Industriestaaten.

G77 (Gruppe der 77) Loser Zusammenschluss von ursprünglich 77 Entwicklungsländern. Die am 12. 5. 1964 im Rahmen der ersten Welthandelskonferenz gegründete G77 veröffentlichte eine gemeinsame Erklärung. Diese sah vor, die Einheit zwischen den Entwicklungsländern zu stärken, um international ein wirtschaftliches Gegengewicht zur Übermacht der Industriestaaten zu bilden. Eine Organisationsstruktur innerhalb der Gruppe existiert nicht, es wird aber jährlich ein Koordinator gewählt. Die G77 mit 132 Mitgliedstaaten im Jahr 2011 hat weltweit nur wenig Einfluss, da die Interessen der Mitgliedstaaten stark differieren. Nach dem Ende des Ost-West-Konflikts ergab sich für die G77 zusätzlich die Problematik, dass die ehemaligen Ostblockstaaten aus dem Verbund ausscherten bzw. begannen, mit den Staaten der Dritten Welt um Wirtschaftshilfe zu konkurrieren.

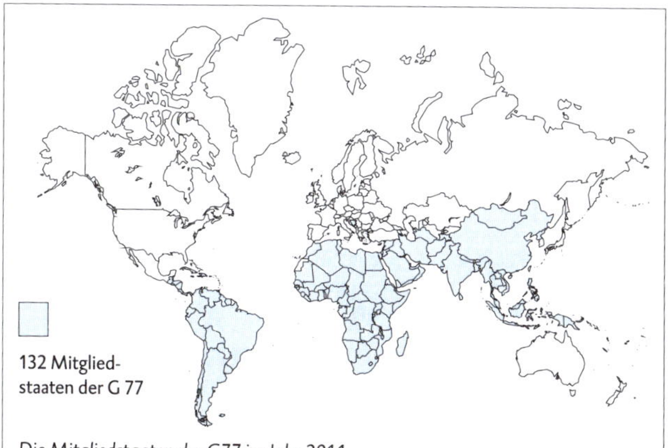

Die Mitgliedstaaten der G77 im Jahr 2011

GASP (Gemeinsame Außen- und Sicherheitspolitik der EU) Koordination der Außenpolitik der EU-Mitgliedstaaten, festgelegt im Vertrag über die Europäische Union. Die GASP beinhaltet den Informationsaustausch, die Abstimmung und die Festlegung gemeinsamer Standpunkte sowie die Durchführung von Aktionen bei sicherheitsrelevanten Themen. Als Testfall für die Glaubwürdigkeit der GASP galt vor allem der Kosovokrieg. Hier zeigten sich die Meinungsverschiedenheiten der Mitgliedstaaten. Das Spannungsfeld zwischen nationalen Interessen und einer ganzheitliche EU-Außenpolitik verhinderte weitgehend eine fundierte gemeinsamen Außen- und Sicherheitspolitik. Um dem entgegenzuwirken, wurde mit dem Vertrag von Lissabon das Amt des Hohen Vertreters für Außen- und Sicherheitspolitik geschaffen, der von der EU-Kommission ernannt wird, den bisherigen Außenbeauftragen sowie den EU-Außenkommissar ersetzt und gemeinsam mit dem EU-Ratspräsidenten die EU nach außen vertritt. Der Hohe Vertreter ist zugleich Vorsitzender des Außenministerrats und Vize-Präsident der EU-Kommission.

GATT → Kap. 4, WTO

Gemeinsame Außen- und Sicherheitspolitik → Kap. 4, GASP

Gemeinschaft unabhängiger Staaten → Kap. 4, GUS

General Agreement on Tariffs and Trade → Kap. 4, WTO

Genfer Konventionen (I–IV) Die am 12.8.1949 unterzeichneten Abkommen verbinden heute 194 Staaten und wurden 1977 und 2005 durch Zusatzprotokolle u. a. über den Schutz der Opfer internationaler und innerstaatlicher bewaffneter Konflikte erweitert. Herzstück ist folgender Wortlaut: „Personen, die nicht direkt an den Feindseligkeiten teilnehmen, einschließlich der Mitglieder der bewaffneten Streitkräfte, welche die Waffen gestreckt haben, und Personen, die infolge Krankheit, Verwundung, Gefangennahme oder irgendeiner anderen Ursache außer Kampf gesetzt wurden, sollen unter allen Umständen mit Menschlichkeit behandelt werden […].“ Rasse, Religion oder Geschlecht dürfen keine Benachteiligung mit sich ziehen. Die Tötung, Verstümmelung und Folterung von Personen oder eine Beeinträchtigung ihrer Würde sind verboten, ebenso wie Hinrichtungen und Verurteilungen ohne ein vorhergehendes rechtsstaatliches Urteil.

Geopolitik → Kap. 4, Politische Geografie

Gerechter Krieg Konzept aus der politischen Theorie. Obwohl der Begriff des gerechten Krieges bereits in der Antike benutzt wurde (*Cicero*), geht die klassische Lehre auf *Thomas von Aquin* zurück. Er nahm Bezug auf *Augustinus*, der bereits eine erste Interpretation aus christlicher Sicht lieferte. Thomas nannte folgende Merkmale, die einen gerechten Krieg kennzeichneten: Nur eine rechtmäßige Regierung darf einen Krieg führen, es muss ein gerechter Anlass gegeben sein und dem Krieg muss eine aufrechte Absicht zugrunde liegen. Diese Definition bot aber Möglichkeiten zum Missbrauch, da jeder Kriegführende versuchte, sein Vorgehen moralisch zu legitimieren. Laut Thomas darf der Krieg jedoch immer nur Mittel zum Zweck sein, eine gute Ordnung der Gesellschaft zu schaffen oder wiederherzustellen.

Gewalt → Kap. 2, Gewalt

Gipfeltreffen Zusammenkommen hochrangiger Politiker. Zweck eines Gipfeltreffens ist hauptsächlich die Darstellung der Kooperation, die öffentlichkeitswirksame Unterzeichnung von Verträgen bzw. die Klärung von Detailfragen. Die eigentliche Vertragsaushandlung geht dem Gipfeltreffen voraus und wird von Ministerien, Behörden oder Diplomaten der beteiligten Staaten erledigt.

Gleichheit → Kap. 2, Gleichheit

Global Governance Konzept der in Zeiten der Globalisierung notwendigen kooperativen, multilateralen Gestaltung der internationalen Beziehungen. Dabei wird davon ausgegangen, dass diese nicht von einer Weltmacht oder einer zentralen Institution gesteuert werden können, sondern dass die vielfältigen ökonomischen, sozialen und humanitären Probleme sowie die Sicherheitsprobleme nur durch die beteiligten Staaten und Staatengruppen, auch durch deren Zusammenarbeit in Institutionen, gelöst werden können.

Globalisierung Zunehmende weltweite Verflechtung unter medialen, politischen, kulturellen und ökonomischen Aspekten. Die ökonomische Globalisierung bietet einerseits den Staaten und Wirtschaftseliten die Chance zur optimalen Nutzung der internationalen Arbeitsteilung, birgt andererseits aber auch hohe Risiken für die einzelnen Volkswirtschaften. Durch die extreme Geschwindigkeit, mit der Investoren Kapital anlegen bzw. wieder abziehen können, besteht die Gefahr der Aushöhlung der Staatstätigkeit. Schon heute sind multinationale Großkonzerne oft in der Lage, Nationalstaaten unter Druck zu setzen, indem sie eine Abwanderung ins Ausland androhen. So erwirken sie etwa eine Absenkung nationaler Umweltstandards oder Steuervergünstigungen. In Deutschland hat die Globalisierung zur Diskussion etwa um die Lohnnebenkosten geführt (Standortfaktoren). Die Politik sieht sich nun vor der Aufgabe, die hohe Arbeitslosigkeit zu bekämpfen und gleichzeitig die deutschen Aus-

Wer ist Gewinner, wer Verlierer der Globalisierung?

gangsbedingungen für eine erfolgreiche Teilhabe am Weltmarkt zu verbessern. Kritiker prangern vielfach eine Ausbeutung der Länder der Dritten Welt durch die Industriestaaten an. Am Rande von internationalen Konferenzen kam es in den letzten Jahren mehrfach zu Großdemonstrationen und teils auch zu gewaltsamen Ausschreitungen.

Guerilla (span. Kleinkrieg) Bewaffnete Rebellengruppe, die einen partisanenartigen Kampf gegen die Regierung führt. Der Begriff wird zumeist für Aufständische in den lateinamerikanischen Staaten verwendet. Der Guerilla-Krieg ist eine Form des Krieges, die nicht durch feste Fronten und reguläre Armeen gekennzeichnet ist, sondern durch Überfälle bewaffneter Rebellen auf Armeestützpunkte und Regierungseinrichtungen. Insbesondere im Marxismus erhielt der Guerilla-Krieg eine theoretische Begründung, etwa durch *Mao Tse-tung* und *Ernesto „Che" Guevara*. Durch den Guerilla-Krieg, der auf die Mitarbeit der Bevölkerung setzt, sollten die kapitalistischen Systeme in Staaten der Dritten Welt gestürzt und durch sozialistische Regime ersetzt werden.

GUS (Gemeinschaft unabhängiger Staaten) Ende 1991 gegründete, lose Konföderation, die aus ehemaligen Mitgliedern der Sowjetunion (u. a. Russland, Weißrussland und Ukraine) besteht. Die von den Mitgliedstaaten mit der Ländergemeinschaft verbundenen politischen Zielsetzungen weichen stark voneinander ab. So wird die GUS von Kommunisten bzw. russischen Nationalisten als die Vorstufe einer neuen Union gesehen, während sie für Reformer ein Mittel zur friedlichen Unabhängigkeit der neu entstandenen Staaten ist. Die GUS soll vor allem helfen, wirtschaftliche Schwierigkeiten, die sich mit dem Zerfall der arbeitsteiligen und integrierten Sowjetwirtschaft ergaben (Transformationsprobleme), zu lösen. Russland verfolgte mit der Gründung der GUS zudem das Ziel, ehemalige Sowjetstaaten von einer Integration in westliche Institutionen (besonders die NATO) abzuhalten. Probleme der Gemeinschaft liegen in der enormen Nationalitätenvielfalt (Tschetschenienkrieg).

Haager Landkriegsordnung Neben den Genfer Konventionen Bestandteil des humanitären Völkerrechts. Das Abkommen der ersten Friedenskonferenz in Den Haag 1899 wurde im Rahmen der Nachfolgekonferenz 1907 modifiziert. Es enthält Bestimmungen zum Umgang mit Kriegsgefangenen, zur Kriegsführung und zur Verschonung bestimmter Gebäude und Einrichtungen. Außerdem werden Regeln zum Umgang mit Spionen, für Kapitulationen und Waffenstillstandsvereinbarungen, zum Verhalten einer Besatzungsmacht in einem besetzten Territorium sowie zum Umgang mit verletzten und erkrankten Soldaten festgelegt. Die Prinzipien gelten heute als Völkergewohnheitsrecht.

Hegemonie Vorherrschaft eines Staates gegenüber anderen, die auf seiner militärischen oder wirtschaftlichen Überlegenheit beruht. Sie äußert sich in einer direkten oder indirekten Einflussnahme des vorherrschenden Staates auf die Angelegenheiten der anderen (meist benachbarten) Staaten, lässt diesen aber zumindest formell ihre Souveränität.

Humanitäre Hilfe Bereitstellung und Verteilung von Hilfsmitteln für Menschen in einer humanitären Notlage. Zahlreiche Hilfsorganisationen werden bei einer medizinischen Katastrophe, einer Naturkatastrophe oder einem bewaffneten Konflikt aktiv und sorgen etwa für die Sicherstellung von Trinkwasser, die Verteilung von Nahrungsmitteln, Zelten, Decken usw.

Humanitäre Intervention → Kap. 4, Intervention

IGH (Internationaler Gerichtshof) Organ der UNO, das bei internationalen Streitfällen tätig werden kann, wenn die Streitparteien (Staaten) bereit sind, sich dem Urteil des IGH zu unterwerfen. Der UN-Sicherheitsrat kann neben dem IGH auch örtliche Strafgerichtshöfe einrichten. Dies geschah 1993 für das ehemalige Jugoslawien und 1994 für Ruanda, um die begangenen Verbrechen aufzuklären und zu bestrafen. Ein wichtiger Erfolg für das Tribunal im Falle des ehemaligen Jugoslawien war die Auslieferung des früheren jugoslawischen Staatspräsidenten *Slobodan Milošević*, dem schwerwiegende Verbrechen zur Last gelegt werden.

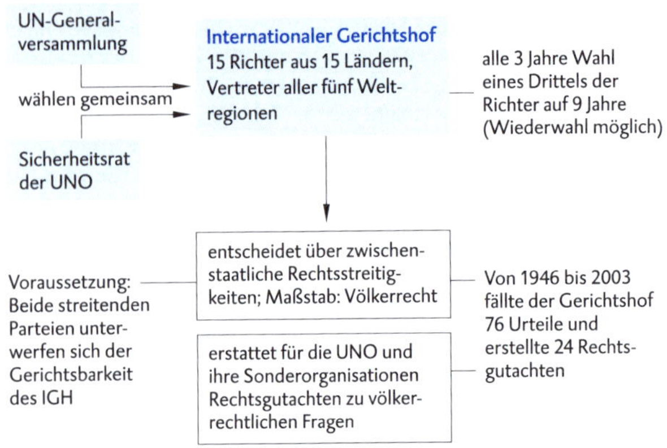

Die Funktionsweise des Internationalen Gerichtshofs

Imperialismus (1) Bestreben eines Staates, seine Herrschaft und seine politische, wirtschaftliche und militärische Macht auf fremde Gebiete auszudehnen. Während des Kalten Krieges wurde der Begriff benutzt, um die Wirtschafts- bzw. Militärpolitik des jeweils gegnerischen Lagers anzugreifen. So kam es besonders zu Zeiten des Vietnamkriegs und des Afghanistankriegs zum Vorwurf des Imperialismus. (2) Zeitalter der europäischen Expansion: Hauptsächlich in den Jahren 1880–1914 ergriff der Imperialismus (Kolonialismus) weite Teile der Welt und gewann durch die vorausgegangene Industrialisierung eine enorme Dynamik. Die weltweit führende Macht war Großbritannien, das ein Weltreich unter Einschluss Ägyptens und Indiens errichtete.

Integration → Kap. 3, Integration

Integrität (1) Politisch: Unverletzlichkeit der staatlichen Grenzen. Integrität bedeutet hier also die Einheit des gesamten Staatsgebietes. (2) Privat: Unbestechlichkeit einer Person.

Interdependenz Zustand gegenseitiger Abhängigkeit. In den Internationalen Beziehungen spricht man von Interdependenz, wenn zwei oder mehr Staaten enge wirtschaftliche, politische oder militärische Beziehungen pflegen. Das internationale Staatensystem ist, insbesondere durch die Ausweitung des Welthandels (Globalisierung), von einer zunehmenden Interdependenz geprägt. So ist für die Herstellung technisch hoch komplizierter Güter, wie sie etwa in der Luft- und Raumfahrtindustrie eingesetzt werden, die Zusammenarbeit von Firmen aus zahlreichen Staaten notwendig.

Internationale Beziehungen → Kap. 4, Internationale Politik

Internationale Organisation Durch den Abschluss von Verträgen zwischen mehreren Staaten entstandene, nicht national begrenzte Vereinigung. Man unterscheidet zwischen internationalen staatlichen Organisationen (engl. *International Governmental Organisations, IGO*) wie der OPEC und internationalen nicht staatlichen Organisationen (engl. *International Non-Governmental Organisations, INGO*) wie Greenpeace. Beide spielen in der heutigen Politik eine wichtige Rolle, da Nationalstaaten allein längst nicht mehr in der Lage sind, dem gewachsenen Problemdruck angemessen zu begegnen. Zudem verlangt die Globalisierung die weitere Ausgestaltung des internationalen Rechts. Hierbei können die internationalen Organisationen mitwirken, da sie zumeist durch ihre Ausrichtung auf ein bestimmtes Politikfeld über große Kompetenzen verfügen. Staatliche internationale Organisationen bieten den Nationalstaaten außerdem die Möglichkeit, ihre gemeinsamen Interessen nach außen zu vertreten.

Internationale Politik Beziehungen zwischen zwei oder mehr Staaten, die von politischen Akteuren getragen werden. Internationale Politik wird nicht nur von Regierungen, sondern auch von internationalen Organisationen mitgestaltet. Sie ist einerseits von moralischen Ordnungsprinzipien (Ideologien, Wunsch nach Frieden und Sicherheit), andererseits von machtpolitisch durchsetzbarer Realpolitik geprägt. Das Völkerrecht sowie Verträge, Konferenzen und bilaterale Abkommen bilden das Regelwerk, innerhalb dessen sich internationale Politik betätigt. In der jüngsten Zeit ist sie von einer starken Ausweitung der **internationalen Beziehungen** sowie einer gegenseitigen Abhängigkeit (Interdependenz) gekennzeichnet.

Internationaler Gerichtshof → Kap. 4, IGH

Internationaler Strafgerichtshof (engl. *International Criminal Court, ICC*) Das 1998 von der UNO beschlossene Rom-Statut zur Einrichtung eines ständigen Strafgerichts trat 2002 in Kraft. 2003 wurden die ersten Richter vereidigt. Sitz des Internationalen Strafgerichtshofs (IStGH) ist in Den Haag. Der IStGH wird strafverfolgend tätig, wenn Staaten nicht willens oder nicht in der Lage sind, Kriegsverbrechen, Völkermord oder sog. Verbrechen gegen die Menschlichkeit zu ahnden. Er beginnt seine Untersuchung aufgrund eines Anklägers, einer Staatenbeschwerde oder einer Initiative des UN-Sicherheitsrats. Die Gerichtsbarkeit kann ausgeübt werden, wenn entweder der Staat, auf dessen Territorium sich die Verbrechen ereignet haben, oder der Staat, dessen Staatsangehörigkeit der mutmaßliche Täter besitzt, die Gerichtsbarkeit des Gerichtshofs anerkannt haben. Der IStGH ist außerdem nur für Verbrechen zuständig, die nach seiner Einrichtung verübt wurden. Die USA haben das Rom-Statut nicht ratifiziert und lehnen das gesamte Konzept einer internationalen Strafgerichtsbarkeit ab. Auch China, Russland und andere Staaten stehen der Einrichtung mit großer Skepsis gegenüber, da sie Eingriffe in ihre Souveränität und eine politische Instrumentalisierung des IStGH fürchten.

Internationaler Währungsfonds → Kap. 4, IWF

Internationales politisches System Beziehungsgeflecht regionaler und globaler politischer Akteure. Generell lassen sich für das internationale politische System jeder Zeitperiode bestimmte Merkmale ausmachen. So war die Zeit nach dem Zweiten Weltkrieg von dem beginnenden Kalten Krieg und der Rivalität der beiden Supermächte geprägt (Bipolarität). Charakteristiken des internationalen politischen Systems heute sind die weltweit zunehmende Verflechtung der Märkte (Globalisierung), die Transformationsprobleme etwa ehemaliger Ostblockstaaten und das Aufkommen neuer Regionalmächte wie z. B. China, Indien und Brasilien (Multipolarität).

Intervention Eingriff eines Staates oder einer Staatengruppe in die Angelegenheiten eines anderen souveränen Staates. (1) **Humanitäre Intervention:** Meist von der UNO koordinierte Hilfsaktion auf dem Gebiet eines Staates. Sie umfasst die Entsendung von Truppen zur Konfliktverhinderung, -eindämmung und Friedenserzwingung und benötigt ein Mandat des UN-Sicherheitsrats. Gerät ein Staat in eine Notlage, die er aus eigener Kraft nicht bewältigen kann, kann eine solche Intervention dazu beitragen, die Stabilität wiederherzustellen und die Grundversorgung der Bevölkerung etwa mit Wasser und Nahrungsmitteln zu gewährleisten. Doch der Begriff wird häufig zur Verschleierung von Machtinteressen missbraucht. (2) **Militärische Intervention:** Einsatz von Truppen in einem bzw. gegen einen fremden Staat. Die politischen Ziele einer Militärintervention reichen von der Durchsetzung eigener Machtinteressen über den Schutz von Zivilisten bis hin zur Durchsetzung von Resolutionen der UNO. So war die internationale Militärintervention gegen den Irak 1991 von der UNO legitimiert. Für den Irakkrieg 2003 hingegen lag kein UN-Mandat vor. Die Entscheidung zu einer militärischen Intervention ist dann besonders kritisch, wenn der betroffene Staat dies mit Hinweis auf seine Souveränität ablehnt. (3) **Wirtschaftliche Intervention:** Eingriff supranationaler oder nationaler Institutionen in die Wirtschaft. Ziel einer solchen Intervention ist meist die unmittelbare Sicherung von Arbeitsplätzen.

Übersichtskarte zum Nahostkonflikt

Intifada (arab. abschütteln, wach werden, sich erheben) Aufstand der Palästinenser gegen die israelische Herrschaft in den besetzten Gebieten (Nahostkonflikt). Die erste Phase der Intifada begann 1987. Die zeitweilige Verbesserung der israelisch-palästinensischen Beziehungen ab 1993 brachte zunächst ein Abflauen des Palästinenseraufstandes. Durch einen Besuch des damaligen Oppositionsführers und ehemaligen israelischen Ministerpräsidenten *Ariel Scharon* im September 2000 auf dem Tempelberg, einer heiligen Stätte der Muslime, wurde jedoch eine neue Phase, die sog. Al-Aksa-Intifada ausgelöst. War die erste Phase noch ein „Krieg der Steine" gewesen, so stieg die Gewalt auf beiden Seiten nun deutlich an. Die Führung der PLO (Palästinensiche Befreiungsorganisation) versuchte, die Intifada – je nach politischer Lage – zu nutzen. Die Hamas rief 2008 wegen erneuter Aktivitäten beim Siedlungsbau in den Palästinensischen Autonomiegebieten zur Dritten Intifada gegen Israel auf.

Islamismus → Kap. 1, Fundamentalismus

Isolationismus Politische Strömung, die sich gegen eine tiefer gehende Beteiligung des Staates an der internationalen Politik ausspricht. Im 19. Jh. war der Isolationismus lange Zeit maßgebliche außenpolitische Haltung der USA – teils wegen der geografischen Distanz zu Europa, teils aus dem Wunsch, die Probleme der alten Welt (vor allem religiöser Fanatismus und absolutistische Fürstenherrschaft) hinter sich zu lassen. Durch die zunehmende Verflechtung der Weltwirtschaft und -politik verlor der Isolationismus an Bedeutung und der Eintritt der USA in den Ersten Weltkrieg stellte eine deutliche Abkehr von dieser Politik dar. Die Bipolarität im Kalten Krieg führte dazu, dass die USA weitreichende Bündnisverpflichtungen, insbesondere in Europa und in Südostasien, eingingen, die einen erneuten Rückzug in den Isolationismus unmöglich machten. Nach dem Zusammenbruch der osteuropäischen sozialistischen Systeme kam es zu einer Debatte über die Reduzierung des weltweiten US-Engagements. Als Beispiel für Isolationismus in der deutschen Außenpolitik kann die Hallstein-Doktrin betrachtet werden. Durch die nach dem ehemaligen Staatssekretär im Auswärtigen Amt, *Walter Hallstein* (1901–1982), benannte außenpolitische Handlungsmaxime der BRD ließen sich die Bundesregierungen bis Mitte der 1960er-Jahre bei der Ost- und Deutschlandpolitik leiten. Ausgehend vom Alleinvertretungsanspruch der BRD empfanden die Bundesregierungen die Aufnahme diplomatischer Beziehungen eines Staates zur DDR als „unfreundlichen Akt". Sie versuchten, durch wirtschaftlichen Druck und die Androhung des Abbruchs diplomatischer Beziehungen die Anerkennung der DDR zu verhindern und sie somit international zu isolieren. Konsequent angewandt wurde die Hallstein-Doktrin nur 1957 und 1963, als Deutschland die Beziehungen zu Jugoslawien bzw. zu Kuba unterbrach.

IWF (engl. *International Monetary Fund, IMF*) Sonderorganisation der UNO. Ebenso wie die Weltbank wurde der Internationale Währungsfonds 1944 auf der Konferenz von Bretton Woods ins Leben gerufen. Ziel war die Neuordnung der internationalen Wirtschaftsbeziehungen. Das IWF-Abkommen sah vor, die Währungspolitik der 187 Mitgliedstaaten (2012) aufeinander abzustimmen und die finanzielle Stabilität sowie das Wachstum zu fördern. Ein Staat kann, sofern der IWF seine Zustimmung gibt, Währungsreserven eines anderen Staates gegen Gold oder Landeswährung aufkaufen, um eine Störung der Zahlungsbilanzen, wie ein Missverhältnis zwischen Im- und Export, auszugleichen. Die Struktur des IWF sieht vor, das Stimmrecht eines Mitgliedstaats nach dessen finanzieller Beteiligung zu gewichten. Kritik richtet sich vor allem gegen eine Einmischung des IWF in nationale Wirtschaftspolitiken.

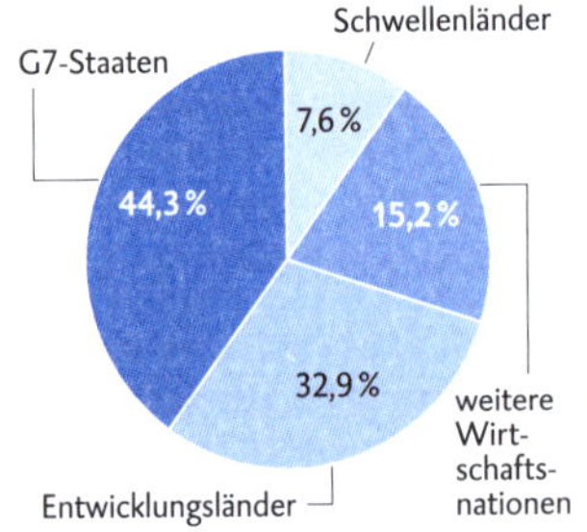

Stimmrechtsanteile im IWF (Regelung seit März 2011)

Kalter Krieg Konflikt zwischen den USA/Westeuropa auf der einen und der Sowjetunion/Osteuropa auf der anderen Seite. Der Kalte Krieg hatte eine ideologische, eine machtpolitische und eine militärische Dimension. Die Weltanschauungen – westliche Vorstellungen von individueller Selbstbestimmung, Pluralismus und Kontrolle politischer Herrschaft sowie die sowjetische, kommunistische Vorstellung von der Einparteienherrschaft und der Notwendigkeit einer Weltrevolution – waren unvereinbar. Die machtpolitischen Auswirkungen bestanden darin, dass die nach dem Zweiten Weltkrieg entstandenen Blöcke jeweils ihre Interessen wahren bzw. durchsetzen wollten. Mit der Gründung des Warschauer Paktes und der NATO standen sich die „Blöcke" unversöhnlich gegenüber. Das US-amerikanische Vorgehen wurde u. a. von der sog. Domino-Theorie geleitet, nach der westlich orientierte Staaten nach und nach dem Kommunismus zum Opfer fallen würden. Strategisch setzte man im Westen wie im Osten auf Abschreckung, jeweilige Einflusssphären wurden aber respektiert. Die UNO war meist handlungsunfähig, weil sich die Supermächte im UN-Sicherheitsrat gegenseitig blockierten. Der Kalte Krieg begann nach Ende des Zweiten Weltkriegs. In den 1950er-Jahren, als die Sowjetunion Atomwaffen herstellen konnte und so das Monopol der USA auf diese Waffen brach, begann sich ein Gleichgewicht der Kräfte einzustellen, das den Kalten Krieg entscheidend prägen sollte: Um eine direkte Konfrontation („heißer" Krieg) zu verhindern, bemühten sich die Supermächte, ihre Konflikte in nicht militärische Bereiche zu verlagern (wirtschaftliche und propagandistische Konkurrenz um Einfluss in der Welt) und militärische Auseinandersetzungen wurden vor allem in den Entwicklungsländern ausgetragen (Stellvertreterkrieg, bspw. Koreakrieg). 1962 führte die Kubakrise als Höhepunkt des Kalten Krieges die Welt an den Rand eines Atomkriegs. In den 1970er-Jahren kam es zu ersten Maßnahmen in der Rüstungsbegrenzung (Entspannungspolitik). Anfang der 1980er-Jahre trat eine Abkühlung in den Beziehungen zwischen Ost und West ein und das erneute Wettrüsten in Mitteleuropa wurde mit der Stationierung weiterer Mittelstreckenraketen eingeleitet. Unter Präsident *Reagan* begannen die USA mit der Erprobung eines Raketenabwehrsystems im Weltraum (*Strategic Defense Initiative, SDI*). Der Sowjetunion war es wirtschaftlich unmöglich, bei der Aufrüstung mitzuhalten, weshalb der sowjetische Generalsekretär *Gorbatschow* auf eine Reform des sowjetischen Wirtschaftssystems sowie auf neue Abrüstungsgespräche mit den USA setzte. Der Kalte Krieg endete 1989/90 mit dem Zerfall des Ostblocks und der Auflösung des Warschauer Paktes. Deutschland bildete durch seine Teilung das geografische Zentrum des Kalten Krieges. Dies verdeutlichte bereits die Berlin-Blockade 1948/49.

„Kampf der Kulturen“ (engl. *clash of civilizations*) Politische Theorie im Bereich der internationalen Politik. Es handelt sich um die von dem US-amerikanischen Politikwissenschaftler *Samuel Huntington* entwickelte Vorstellung, dass sich die internationale Politik in Zukunft entlang kultureller Grenzen ordne. Huntington sieht Konflikte zwischen den verschiedenen „Kulturkreisen“ (u. a. westlich/islamisch/orthodox) voraus. Sein Hauptaugenmerk richtet er auf den Islam, den er als besonders konfliktfreudig und aggressiv ansieht. Huntington löste mit dem Erscheinen seiner Theorie (1993) eine kontroverse Diskussion aus und wurde häufig kritisiert. Zum einen warf man ihm vor, nach Ende des Kalten Krieges auf der Suche nach einem neuen Feindbild für die USA zu sein. Zum anderen richtete sich die Kritik gegen offensichtliche Mängel in der Argumentation. Neue Nahrung bekam die Diskussion um den „Kampf der Kulturen“ im September 2001 durch die von Islamisten ausgeübten Terroranschläge in New York und Washington D. C.

Koalition → Kap. 2, Koalition

Kollektive Sicherheit Ziel der regionalen oder globalen Zusammenarbeit in der Sicherheitspolitik. Der erste Versuch, ein System dazu zu bilden, war der Völkerbund. Zum Zweck der kollektiven Sicherheit entwickeln die UNO und regionale Sicherheitsorganisationen Programme, die zu einer friedlichen Lösung von internationalen Streitigkeiten beitragen sollen.

Kolonialismus Politik eines Staates, die auf den Erwerb bzw. die Eroberung meist überseeischer Gebiete zielt. Seinen Höhepunkt fand diese im Imperialismus. Nach 1945 begann die Zeit der Entkolonialisierung.

Kolonie Gebiet, das von einer fremden Macht verwaltet wird und keine staatliche Autonomie genießt. In der Zeit ab ca. 1500 und besonders in der Blütezeit des Imperialismus gerieten zahlreiche Regionen der Welt unter den Einfluss europäischer Mächte und wurden Kolonien. Die größten Kolonialmächte waren Großbritannien, Spanien, Frankreich, Holland, Portugal und Russland. Später beteiligte sich auch das Deutsche Kaiserreich an dem „Wettlauf“ um die Aufteilung der Welt. Viele nationale Befreiungsbewegungen, die hauptsächlich nach dem Zweiten Weltkrieg an Bedeutung gewannen, setzten sich für Autonomie ein.

Konflikt Kontroverse, die durch Interessengegensätze zwischen Individuen, Gruppen, Organisationen oder Staaten entsteht. Die Lösung gesellschaftlicher Konflikte kann sowohl friedlich (Tarifvertrag) als auch gewaltsam angegangen werden (Terrorismus). Als Beispiel für einen religiös begründeten, regionalen Konflikt mit internationaler Dimension kann der **Nahostkonflikt** genannt werden. Die Auseinandersetzung zwischen Arabern, insbesondere den Palästinensern, und Israel entwickelte sich nach Ende des Zweiten Weltkriegs. Historisch ergab sich eine besondere Brisanz aus der Tatsache, dass sowohl Judentum als auch Islam und Christentum Anspruch auf das „heilige Land" geltend machen und die Herrschaft über das Gebiet im Lauf der Geschichte häufig wechselte. Ein weiteres Beispiel ist der **Nordirlandkonflikt**. Konfliktparteien sind die katholische und die protestantische Bevölkerung. Der Nordirlandkonflikt hat seinen Ursprung in der englischen Besetzung des Gebiets. Oftmals ist auch von **ethnischen Konflikten** die Rede. Dabei handelt es sich um Spannungen, die zwischen meist im gleichen Staat lebenden Volksgruppen auftreten. Oft sind diese Konflikte die Ursachen eines Bürgerkriegs. Ein ethnischer Konflikt führt zu Gewaltausbrüchen, wenn sich eine Volksgruppe auf Dauer unterdrückt oder bedroht fühlt. Der Zerfall des sozialistischen Machtsystems hat zu einem Wiederaufleben der ethnischen Konflikte auf dem Gebiet der ehemaligen Sowjetunion geführt. Auch die Teilstaaten Jugoslawiens waren ab 1991 Schauplätze brutaler, ethnisch motivierter Konflikte. Der **Balkankonflikt** reicht jedoch bis ins 14. Jh. zurück, als das expandierende Osmanische Reich auf den Widerstand der Serben, Bosnier, Albaner und Bulgaren traf. Erst 2008 konnte der Kosovo seine Unabhängigkeit und damit die Loslösung von Serbien erklären. Doch bisher haben erst 85 der UN-Mitgliedstaaten die Republik Kosovo anerkannt.

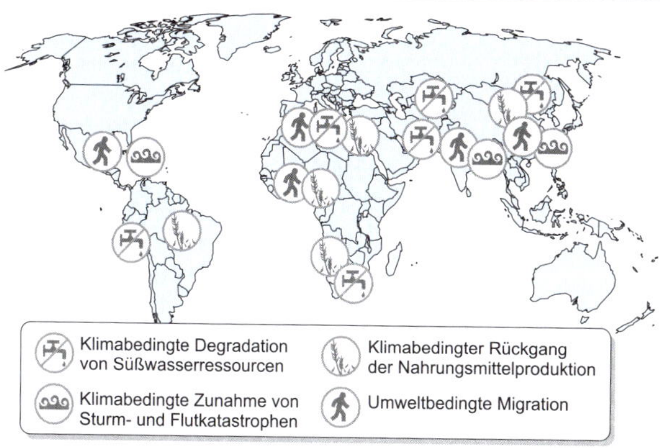

Durch den Klimawandel bedingte Konfliktkonstellationen in ausgewählten Brennpunkten

Konsulat Vertretung eines Staates im Ausland, die sich mit dem Schutz der Interessen des Entsendestaats und dessen Angehöriger beschäftigt sowie wirtschaftliche und kulturelle Beziehungen pflegt. Konsulate stehen unterhalb der Ebene der Botschaften, da sie keine unmittelbaren außenpolitischen Funktionen im völkerrechtlichen Sinne wahrnehmen, sind aber oft als Konsularabteilung bei einer Botschaft angesiedelt.

Konventionelle Kriegsführung Art der Kriegsführung, bei der nur sog. konventionelle Waffen, also etwa Kanonen, Panzer, Kriegsschiffe und -flugzeuge, jedoch keine atomaren, biologischen oder chemischen Kampfmittel (ABC-Waffen) eingesetzt werden. Diese Unterscheidung spielt eine psychologische Rolle bei der Eskalation.

Krieg Gewaltsame, organisierte und über einen längeren Zeitraum dauernde Auseinandersetzung zwischen bewaffneten Gruppen, an der mindestens eine reguläre Armee beteiligt ist. Der Begriff kann sowohl einen Bürgerkrieg innerhalb eines Staates als auch einen zwischenstaatlichen Krieg bezeichnen. In der Menschheitsgeschichte war dieser ein oft genutztes Mittel der Interessendurchsetzung. Immer bemühten sich jedoch die Herrschenden, dem Krieg eine tiefer gehende Rechtfertigung (Gerechter Krieg) zu verschaffen. Sah der preußische General *Karl von Clausewitz* im Krieg noch ein legitimes Instrument staatlicher Politik, so hat das Aufkommen immer zerstörerischer Waffen dazu beigetragen, dass der Gedanke der Kriegsvermeidung zunehmend an Bedeutung gewonnen hat. Der **Erste Weltkrieg** (1914–1918) gilt als „Urkatastrophe" des 20. Jh., weil er ein Ausmaß an Zerstörungen erreichte, das zuvor undenkbar schien, und zahlreiche Konflikte schuf, die den Ausbruch des Zweiten Weltkriegs begünstigten. Er prägte sich tief in das Gedächtnis der Völker ein und führte zu Bemühungen, ein überstaatliches Sicherheitskonzept zu schaffen. Beim **Zweiten Weltkrieg** (1939–1945) handelte es sich um eine ideologisch und rassistisch begründete Expansion des nationalsozialistischen Deutschlands. Im Lauf des Krieges verloren etwa 50 Mio. Menschen ihr Leben, die schwersten Verluste an Soldaten und Zivilisten hatte die Sowjetunion mit ca. 20 Mio. Toten zu beklagen. Kennzeichnend war auf deutscher Seite die Einrichtung von sog. Konzentrationslagern, in denen bis zum Kriegsende zwischen 5 und 6 Mio. Juden ermordet wurden. Die Kriege des 20. Jh., besonders der Zweite Weltkrieg, führten den Völkern Europas die gewaltige Zerstörungskraft moderner Kriege vor Augen. Im nuklearen Zeitalter kann ein Krieg das Überleben der gesamten Menschheit gefährden. Deshalb gibt es heute eine Vielzahl regionaler und überregionaler Sicherheitssysteme, die künftige Kriege ausschließen sollen. Internationale Organisationen wie die UNO sind bemüht, Konflikte auf friedlichem Wege beizulegen.

KSZE → Kap. 4, OSZE

Kyoto-Protokoll 1997 von den Industriestaaten im japanischen Kyoto gefasste Beschlüsse zum Klimaschutz. Das Protokoll sieht eine Reduzierung des Ausstoßes klimaschädigender Treibhausgase um 5 % im Vergleich zu 1990 vor. Inzwischen haben zwar 191 Staaten dieses Protokoll unterzeichnet, doch vor allem die USA, China und Indien verweigern eine Ratifizierung, da dies zulasten ihrer Wirtschaft gehe. Strittig zwischen Industrie- und Schwellenländern sind insbesondere das Ausmaß und die Finanzierung der Reduzierung von Treibhausgasen. Die Zustimmung Japans auf dem Klimagipfel von Bonn (2001) ermöglichte zwar die Umsetzung, aber nicht im ursprünglich geplanten Umfang. Auf ein verbindliches Nachfolgeabkommen des im Jahr 2012 auslaufenden Kyoto-Protokolls, welches nun die Erderwärmung auf max. 2 °C beschränken soll, konnte sich die internationale Staatengemeinschaft auf den Gipfelkonferenzen in Kopenhagen (2009) und Cancún (2010) nicht einigen. Erst auf der UN-Klimakonferenz in Durban (2011) wurde beschlossen, das Kyoto-Protokoll ab dem 1. 1. 2013 zu verlängern. Exakte Reduktionsziele und der Verpflichtungszeitraum sollen auf der 18. UN-Klimakonferenz in Katar Ende 2012 festgelegt werden.

Mögliche Kriegsursachen

Lissabon-Vertrag (ursprünglich auch EU-Grundlagenvertrag bzw. Verfassungsvertrag genannt) Dieser völkerrechtliche Vertrag zwischen den 27 Mitgliedstaaten der EU wurde am 13.12.2007 in Lissabon unterzeichnet und trat am 1.12.2009 in Kraft. Er reformierte den Vertrag über die Europäische Union (EU-Vertrag) und den Vertrag zur Gründung der Europäischen Gemeinschaft (EG-Vertrag). Grundlage bildete der 2005 in Referenden in Frankreich und den Niederlanden abgelehnte EU-Verfassungsvertrag. Der Vertrag von Lissabon gestaltet die Entscheidungsprozesse in der EU transparenter, demokratischer und effizienter. So wird die Struktur des Maastrichter Drei-Säulen-Modells aus EG, GASP und PJZS durch die EU als eigenständige Rechtsinstitution zusammengefasst. Lediglich die GASP bleibt als Sonderbereich erhalten. Neben der Stärkung des EU-Parlaments erhalten auch die nationalen Parlamente mehr Rechte, indem sie das vorherrschende Prinzip der Subsidiarität vor dem Europäischen Gerichtshof einklagen können. Des Weiteren besteht die Möglichkeit des Austritts eines Mitgliedstaats sowie eines Bürgerbegehrens ab einer Million Unterschriften.

Lomé-Abkommen Der Vorläufer des Cotonou-Abkommens zwischen den EU- und den AKP-Staaten. Es wurde 1975 in der togoischen Hauptstadt Lomé unterzeichnet und 1979 durch Lomé II, 1984 durch Lomé III und 1989 durch Lomé IV ersetzt.

Maastrichter Vertrag → Kap. 4, EU

Massenvernichtungswaffen → Kap. 4, ABC-Waffen

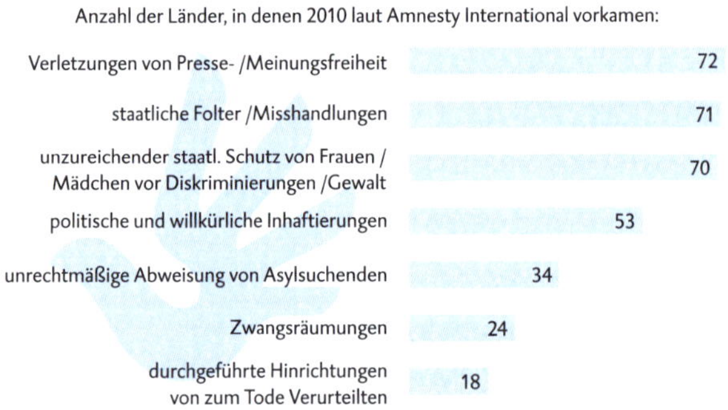

Weltweite Menschenrechtsverletzungen laut Amnesty Report 2011

Menschenrechte Theoretisch-ideale Vorstellung von Rechten, die allen Menschen zustehen. 1948 wurde die „Allgemeine Erklärung der Menschenrechte" (Menschenrechtskonvention) von der UN-Generalversammlung verabschiedet. Sie erkennt die Rechte jedes Menschen unabhängig von Staats- und Religionszugehörigkeit, sozialer Stellung, Kultur, Hautfarbe und politischer Überzeugung auf Leben, Freiheit, Sicherheit, Rechtsschutz, Arbeit und Wohlfahrt an. Der Menschenrechtsschutz erweist sich jedoch besonders in Krisenregionen oder totalitären Staaten als äußerst problematisch, da keine allgemeine Garantie möglich ist. Zudem sinkt die Sorge um die Beachtung der Menschenrechte, wenn die Lebensgrundlage der Bevölkerung nicht gesichert ist. Dies ist in vielen Staaten der Dritten Welt der Fall.

Menschenrechtskonvention Völkerrechtlicher Vertrag über die allgemeine Garantie der Menschenrechte. Auf supranationaler Ebene versucht die UNO, die weltweite Anerkennung und Garantie dieser Rechte durchzusetzen. Es existiert eine Vielzahl internationaler und regionaler Verträge zur Durchsetzung und Stärkung der Menschenrechte, die sich auch auf den kulturellen und sozialen Bereich erstrecken.

Mercosur (span. *Mercado Común del Cono Sur,* Gemeinsamer Südamerikanischer Markt) Regionale Wirtschaftsorganisation in Südamerika. Der Mercosur wurde am 26. 3. 1991 in Asunción (Paraguay) gegründet und trat am 1. 1. 1995 in Kraft. Die Mitgliedstaaten wollen einen freien Waren- und Dienstleistungsverkehr sowie eine Zollunion schaffen. Zudem soll die Wirtschaftsgesetzgebung der Teilnehmerländer angeglichen werden. Mit Chile, Bolivien, Peru, Kolumbien und Ecuador wurden Abkommen zur Assoziierung unterzeichnet.

Der Mercosur (Mio. Einw./BIP pro Kopf in US-Dollar, 2010)

Migration → Kap. 3, Migration

Militärbündnis → Kap. 4, Bündnis

Minderheitenschutz → Kap. 2, Minderheitenschutz

Multilateralismus Politische Vorgehensweise, die auf die Koordination und Absprache mit mehreren anderen Akteuren setzt. In den internationalen Beziehungen gestalten dabei die Staaten, u. a. auch im Rahmen internationaler Organisationen, die Politik. Je nach Anzahl der Beteiligten ist auch von Bi- oder Trilateralismus die Rede. Im Gegensatz dazu steht der Unilateralismus.

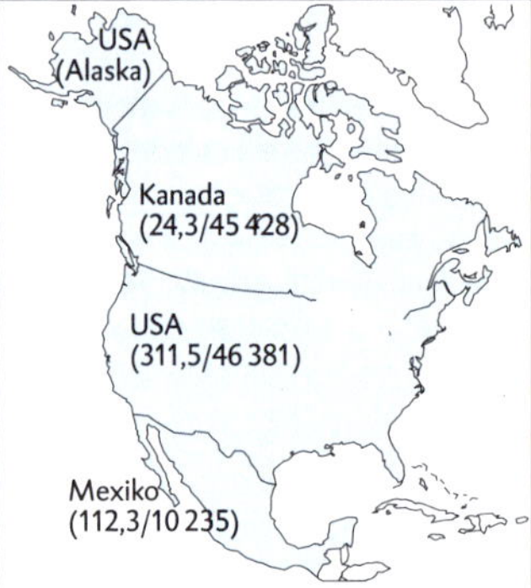

Die NAFTA (Mio Einw./BIP pro Kopf in US-Dollar, 2010)

Multinationale Konzerne
Auf der Grundlage von Direktinvestitionen weltweit agierende Unternehmen. Sie tragen zwar zur Verbesserung der Infrastruktur in Entwicklungs- und Schwellenländern bei, können aber auch die nationalen Gesetze umgehen (z. B. Mitbestimmung der Arbeitnehmer, humanitäre Produktionsbedingungen), da sie in Ländern mit einem hohen Arbeitskrafteangebot investieren. Der niedrige Preis der Waren wird von Konsumenten in Industrieländern zwar als positiv empfunden, kann aber auch Produktionsstätten und Arbeitsplätze in diesen Ländern gefährden.

Multipolarität Zustand des internationalen politischen Systems, in dem mehr als zwei Großmächte existieren. Eine multipolare Welt zeichnete sich nach Ende der Bipolarität des Kalten Krieges ab. Neben die traditionellen und weltweit einflussreichen Mächte USA und Russland treten Akteure wie die sich erweiternde EU, Brasilien, Indien, Japan und China.

Nachhaltige Entwicklung (*sustainable development*) Die dauerhafte Verbesserung der Umweltbedingungen durch das Ermöglichen einer natürlichen Regeneration des Systems.

NAFTA (engl. *North American Free Trade Agreement*) Freihandelsabkommen, das 1994 zwischen den USA, Kanada und Mexiko geschlossen wurde. Die NAFTA gehört mit ca. 450 Mio. Einwohnern neben der EU zu den größten Binnenmärkten der Welt (AKP: 650 Mio., ASEAN: 590 Mio.). Das Abkommen liefert seinen Mitgliedstaaten durch die Integration der drei nationalen Märkte und die Absenkung von Handelshemmnissen Wachstumsimpulse, z. B. durch die Zusammenführung von US-Kapital und mexikanischen Arbeitskräften. Besonders die Gewerkschaften in den USA befürchten allerdings eine Abwanderung von Industrien und den Verlust von Arbeitsplätzen.

Nation → Kap. 2, Nation

NATO (engl. *North Atlantic Treaty Organisation*) 1949 gegründetes, nordatlantisches Verteidigungsbündnis, das in der Zeit des Kalten Krieges dem Warschauer Pakt gegenüberstand (s. Grafiken, S. 176, S. 178). Der Vertrag beinhaltet, dass ein Angriff auf einen Mitgliedstaat als Angriff auf alle anderen Mitgliedstaaten angesehen wird, sieht jedoch keine automatische militärische Beistandspflicht vor – somit bleibt es jedem Staat selbst überlassen, inwieweit er dem Angegriffenen seine Unterstützung gewährt. Der Vertrag sieht neben der militärischen auch eine politische, ökonomische und kulturelle Zusammenarbeit der Mitgliedstaaten vor. Die US-amerikanische Militärdoktrin der massiven Vergeltung, die im Fall eines Angriffs auf Westeuropa (durch die Sowjetunion) einen groß angelegten Atomschlag gegen die angreifenden Staaten vorsah, wurde in den 1960er-Jahren unter US-Präsident *John F. Kennedy* durch das Konzept der flexiblen Reaktion – einer situativen Reaktion bei einer krisenhaften Zuspitzung – abgelöst. Erst bei vollständigem Versagen aller diplomatischen und konventionellen militärischen Mittel sollte zum Einsatz von ABC-Waffen übergegangen werden. Oberstes NATO-Organ ist der Rat, der auf unterschiedlichen Ebenen, z. B. der Regierungschefs oder der Außen- und Verteidigungsminister, tagen kann. Gründungsmitglieder waren Großbritannien, Frankreich, die Benelux-Staaten, Norwegen, Dänemark, Island, Portugal, Italien, die USA und Kanada. 1952 kamen Griechenland und die Türkei hinzu, die wegen des Zypern-Konflikts einen Unruheherd in der NATO bildeten. Die BRD trat, nach langer Debatte um ihre Wiederaufrüstung, 1955 bei, Spanien integrierte sich 1982 in die politische Struktur des Bündnisses. Nach dem Zerfall des Warschauer Paktes drängen nun auch vermehrt südost- und osteuropäische Staaten in die NATO. In einer Erweiterungsrunde 1999 wurden Polen, Ungarn und die Tschechische Republik in das Bündnis aufgenommen. Eine neue Erweiterungsrunde fand im Mai 2004 statt: Die drei baltischen Staaten sowie Bulgarien, Rumänien, die Slowakei und Slowenien traten der NATO bei. 2009 wurde das Bündnis um Albanien und Kroatien erweitert und umfasst somit 26 Staaten. Für zahlreiche europäische und asiatische Staaten gilt das NATO-Kooperationsprogramm „Partnerschaft für den Frieden". Aufgrund der Überlegung, dass die Sicherheit in Europa eng mit der Stabilität im größeren Mittelmeerraum verknüpft ist, beschloss die NATO 1994, mit den Staaten dieser Region in einen Dialog zu treten. Russland ist gegen eine NATO-Erweiterung, da es eine sicherheitspolitische Isolation fürchtet. Eine Bewährungsprobe für die NATO nach dem Kalten Krieg waren der Kosovokrieg (KFOR) und der Krieg in Afghanistan (ISAF) sowie der Luftwaffeneinsatz in Libyen 2011. Bei diesen Konflikten intervenierte die NATO auf der Grundlage von Resolutionen des UN-Sicherheitsrats oder mit der Begründung, weitere Menschenrechtsverletzungen zu verhindern (Kosovo-Einsatz).

Neutralität Außenpolitische Haltung, die bei Konflikten oder Kriegen fremder Staaten eine Nichteinmischung vorsieht. „**Wohlwollende Neutralität**" bedeutet, dass der Staat einer Seite zuneigt, sich jedoch nicht direkt an Kampfhandlungen beteiligt. „**Einfache Neutralität**" bezieht sich auf eine einmalige außenpolitische Haltung bei einem bestimmten Konflikt, „**dauernde Neutralität**" ist in einigen Staaten wie z. B. der Schweiz ein sicherheitspolitisches Prinzip, das langfristig die Außenpolitik des Landes dominiert.

NGO (engl. *Non Governmental Organisation,* auch *International Non Governmental Organisation, INGO*) Nicht staatliche, nicht gewerbliche, auf Dauer angelegte, organisierte nationale und internationale Vereinigung. **Nichtregierungsorganisationen** (NRO) können in Teilbereichen staatlicher Politik auf nationaler oder auch internationaler Ebene beratend zur Seite stehen oder eigenständig arbeiten. Sie sind durch ihre Struktur und Sachkompetenz oft in der Lage, flexibler und schneller auf neue Situationen zu reagieren als staatliche Behörden. Politikbereiche, in denen NGOs tätig sind, reichen von humanitärer Hilfe über Umweltschutz bis hin zur Interessenwahrnehmung gesellschaftlicher Gruppen. NGOs sind z. B. Greenpeace und Amnesty International.

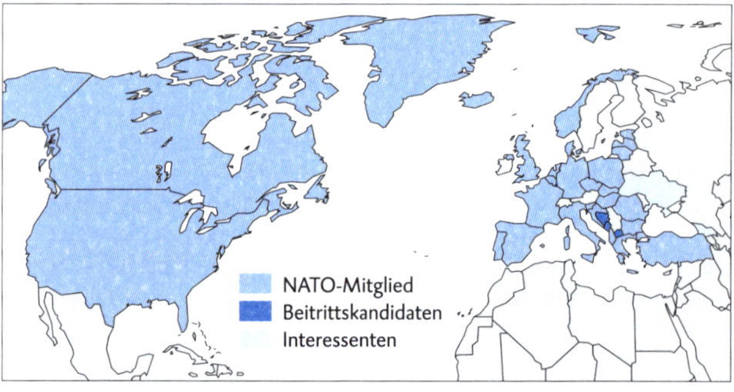

Die Mitglieder der NATO und ihre Partnerstaaten

NIC → Kap. 4, Schwellenländer

Nichtregierungsorganisation → Kap. 4, NGO

Nord-Süd-Konflikt Auseinandersetzung zwischen Entwicklungsländern und Industriestaaten. Der Nord-Süd-Konflikt nach Ende des Zweiten Weltkriegs und der nun verstärkt einsetzenden Entkolonialisierung beruhte vor allem auf dem rapide wachsenden wirtschaftlichen Ungleichgewicht zwischen den beiden Staatengruppen. Die Entwicklungsländer, die auf den Export unverarbeiteter Rohstoffe und den Import hoch entwickelter Fertigprodukte angewiesen sind, gerieten mehr und mehr in ein wirtschaftliches Abhängigkeitsverhältnis. Eine schwankende Rohstoffnachfrage, Überbevölkerung, instabile politische Systeme und infolge der Globalisierung sich öffnende Märkte brachten für die Wirtschaft in den Staaten der Dritten Welt existenzielle Schwierigkeiten. Die Krise wurde verschärft, weil die Entwicklungsländer gezwungen waren, hohe Kredite aufzunehmen, deren Zinsen schließlich nicht mehr beglichen werden konnten. Die Verschuldung verstärkt die Probleme in den Entwicklungsländern, da sie so ein zu geringes Kapital für die notwendigen Investitionen in Wirtschaft, Kultur und Medizin besitzen. Der Teufelskreis der Armut wird nicht unterbrochen, weil das hohe Bevölkerungswachstum die Arbeitslosigkeit, die schlechte Ernährung und die medizinische Versorgung sowie die schlechten Bildungschancen verstärkt. In Entwicklungsländern mit wertvollen Ressourcen (Öl und andere Bodenschätze) verhindern oft korrupte politische Eliten eine nachhaltige Entwicklung. Die Industriestaaten wurden mit dem Vorwurf konfrontiert, die Entwicklungsländer bewusst in diese wirtschaftliche Zwangslage gebracht zu haben, um so ihren Einfluss aufrechtzuerhalten (Neokolonialismus) und ökonomisch davon zu profitieren. Die Forderungen der Entwicklungsländer sind in erster Linie eine Erhöhung bzw. eine Umgestaltung der Entwicklungshilfe („Hilfe zur Selbsthilfe"), Umschuldungsprogramme, die weitergehende Kontrolle transnationaler Unternehmen, eine stärkere Rolle der Entwicklungsländer in internationalen Organisationen und eine Reform der als ungerecht empfundenen Weltwirtschaftsordnung. In der Zeit des Kalten Krieges wurde der Nord-Süd-Konflikt durch den Ost-West-Konflikt in den Hintergrund gedrängt, Entwicklungshilfe wurde häufig nach machtpolitischen Gesichtspunkten gewährt. Wichtige Stationen im Nord-Süd-Konflikt waren die Gründung der Bewegung der Blockfreien Staaten sowie der G 77. Hierbei wurden sich die Entwicklungsländer ihres wachsenden Einflusses bewusst, der sich in vielen internationalen Organisationen wegen Staatsneugründungen in den letzten Jahrzehnten des 20. Jh. auch rein zahlenmäßig deutlich widerspiegelte.

North American Free Trade Agreement → Kap. 4, NAFTA

North Atlantic Treaty Organisation → Kap. 4, NATO

OAS (engl. *Organisation of American States*) 1948 gegründete Regionalorganisation mit Sitz in Washington. Die Organisation Amerikanischer Staaten wurde mit dem Ziel geschaffen, die wirtschaftliche Entwicklung des gesamten amerikanischen Kontinents zu fördern und die Hemisphäre vor äußerer Einmischung zu schützen. Sie hat inzwischen 35 Mitglieder, wobei die Mitgliedschaft Kubas seit 1962, nach der Regierungsübernahme *Fidel Castros*, ausgesetzt wurde. Die USA, die schon seit Anfang des 19. Jh. sowohl Nord- als auch Südamerika als ihr ureigenstes Interessengebiet betrachteten, nutzten die OAS als machtpolitisches Instrument im Kalten Krieg.

OECD (engl. *Organisation for Economic Cooperation and Development*) 1961 gegründete Organisation für wirtschaftliche Zusammenarbeit und Entwicklung. Die in Paris tagende OECD soll die Wirtschafts- und Entwicklungshilfemaßnahmen der Mitgliedstaaten koordinieren, um wirtschaftliches Wachstum und eine effektivere Beschäftigungspolitik zu erreichen. Hierzu werden jedes Jahr Analysen und Berichte erstellt. Mitglieder (2011: 34) sind, neben vielen europäischen Staaten, auch Australien, Neuseeland, Japan, Korea, die USA, Kanada und Mexiko. Die Europäische Kommission beteiligt sich ebenfalls an der Arbeit der OECD. OECD-Organe sind der Generalsekretär, der aus Finanz-, Wirtschafts- und Außenministern bestehende Rat, der Exekutivausschuss sowie Fachausschüsse zur Wirtschafts- und Entwicklungspolitik.

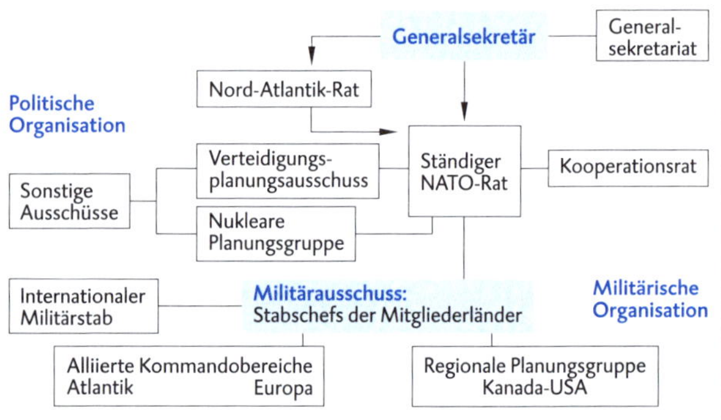

Funktionsweise der NATO

Ökologische Risiken Globale Herausforderung für die Politik, die aus der Bevölkerungsexplosion, der Ungleichverteilung des ökonomischen Wohlstands sowie der Nutzbarmachung der Natur und Ausbeutung der natürlichen Ressourcen entsteht. Moderne Gesellschaften werden mit extremen Umweltereignissen wie Hochwasser, Trockenperioden oder Stürmen konfrontiert. Der Klimawandel erhöht das Auftreten der Risiken. Es zählen aber auch Unwägbarkeiten etwa durch den Einsatz von Gentechnologie in der Lebensmittelproduktion oder die Umweltverschmutzung dazu.

OPEC (engl. *Organisation of Petroleum Exporting Countries*) Organisation von Staaten mit Erdölressourcen. Die Organisation Erdöl exportierender Staaten mit Sitz in Wien wurde 1960 gegründet, um die Ölförderungs- und Preispolitik der Mitgliedstaaten zu koordinieren. Damit sollen die Preise auf einem stabilen Niveau gehalten werden. Die OPEC hat einen Anteil von ca. 40 % an der Weltölproduktion und versucht, diese wirtschaftliche Macht in politischen Einfluss umzusetzen. Dies wurde in den 1970er-Jahren, insbesondere während des Yom-Kippur-Krieges, deutlich. Damals drohten die arabischen Staaten mit einer Einstellung der Erdöllieferungen an den Westen. In letzter Zeit drosselten die elf OPEC-Staaten die Erdölproduktion, insbesondere Saudi-Arabien. Die Folge war ein starkes Ansteigen des Rohölpreises.

Organisation Amerikanischer Staaten → Kap. 4, OAS

Organisation für Sicherheit und Zusammenarbeit in Europa → Kap. 4, OSZE

Organisation of Petroleum Exporting Countries → Kap. 4, OPEC

Ost-West-Konflikt Kulturelle und machtpolitische Konfrontation zwischen Asien und Europa/Nordamerika. Russland kam dabei eine besondere Rolle zu, da es sich im Zwiespalt zwischen der eigenen, traditionellen Großmachtrolle und der Öffnung gegenüber dem Westen befand. Der Konflikt verschärfte sich nach der Oktoberrevolution. Einerseits fürchtete Westeuropa, in die Wirren der Revolution hineingezogen zu werden, andererseits fühlte sich das noch im Aufbau begriffene Sowjetregime durch die Intervention des Westens bedroht. Im Zweiten Weltkrieg wurden die USA und die Sowjetunion zu Verbündeten gegen Deutschland. Die Allianz dauerte jedoch nur bis zum Sieg über den gemeinsamen Kriegsgegner an und bei den Kriegskonferenzen wurden die weltanschaulichen Differenzen deutlich. Die Sowjetunion umgab sich aus Angst vor einer neuen Bedrohung mit sozialistischen Satellitenstaaten, die direkt unter ihrer Kontrolle standen. Spätestens die erste

Berlinkrise 1948 signalisierte den endgültigen Bruch zwischen den USA und der Sowjetunion und damit den Beginn des Kalten Krieges. Mit dem Koreakrieg 1950–1953 erlangte der Ost-West-Konflikt eine neue Dimension. Die Gründung der NATO 1949 und des Warschauer Paktes 1955 führte zur Blockkonfrontation, die mit wechselnder Intensität bis zum Ende der Sowjetunion anhalten sollte. Zusammenschlüsse wie z. B. der Rat für gegenseitige Wirtschaftshilfe im Osten und die Europäische Gemeinschaft im Westen sorgten für eine Integration innerhalb der Blöcke. Im Ost-West-Konflikt kam es auch zu einer Rüstungsspirale, wobei die USA einen klaren technischen Vorsprung bei der Nuklearrüstung hatten. Die Sowjetunion hingegen war dem Westen bei der konventionellen Rüstung zahlenmäßig überlegen. Zeitlich wechselten sich Phasen verstärkter Konfrontation der beiden gegnerischen Lager (besonders von 1947 bis 1962 und Anfang der 1980er-Jahre) mit Zeiten der Kooperation (Entspannungspolitik, von 1963 bis 1979, seit 1985) ab.

OSZE (Organisation für Sicherheit und Zusammenarbeit in Europa) Regionales Sicherheitssystem, das eine Zusammenarbeit aller europäischen Staaten anstrebt. Grundsätze der OSZE (bis 1994 Konferenz für Sicherheit und Zusammenarbeit in Europa, **KSZE**) sind die Achtung der Souveränität und der territorialen Unversehrtheit aller Mitgliedstaaten sowie die Bereitschaft zur friedlichen Konfliktregelung. Der in den 1950er-Jahren unterbreitete Vorschlag, eine gesamteuropäische Sicherheitskonferenz einzuberufen, stammte aus der Sowjetunion. Weil diese jedoch auf eine Anerkennung der DDR drängte, war die Idee für die BRD nicht akzeptabel. Erst nach Unterzeichnung des Grundlagenvertrags zwischen den beiden deutschen Staaten einigten sich die Staats- und Regierungschefs der 35 an der Konferenz von Helsinki teilnehmenden Staaten 1975 auf eine gemeinsame Schlussakte, die u. a. die Schaffung von vertrauensbildenden Maßnahmen vorsah. Bald verschlechterten sich jedoch die Beziehungen zwischen den beiden Militärblöcken NATO und Warschauer Pakt wieder, was auch zu einer Lähmung der KSZE führte. Im November 1990 beschloss die OSZE die „**Charta für ein neues Europa**“. Dieses auf dem Gipfeltreffen von Paris verabschiedete Konzept sollte die deutsche Einheit in den KSZE-Prozess einbinden und sah eine institutionelle Reform der KSZE vor, um die Integration neuer Mitgliedstaaten besser zu bewältigen. Außerdem plante die Charta die Schaffung eines Ministerrats, der eine Basis für ständige Konsultationen bilden sollte. In den 1990er-Jahren bemühte sich die OSZE um Konfliktregulierung u. a. im Kosovokrieg. Derzeit wird die Stellung der OSZE zur NATO, zur WEU, zur EU und zur UNO diskutiert.

Pazifismus → Kap. 1, Pazifismus

PLO (engl. *Palestine Liberation Organisation*) 1964 gegründeter loser Dachverband politischer und militärischer Gruppierungen im Nahen Osten. Die Palästinensische Befreiungsbewegung kämpft für einen eigenen palästinensischen Staat. Sie hat jedoch seit dem Nahostkrieg 1967 an Einfluss verloren. Innere Spaltungen und Konflikte mit Syrien und Jordanien schwächten die PLO. Stand zunächst der bewaffnete Kampf gegen die israelische Herrschaft (Intifada) im Vordergrund, so hat die PLO inzwischen eine Reihe von Abkommen mit Israel getroffen und auf diesem Weg eine größere Unabhängigkeit und teilweise eine Selbstverwaltung für die Palästinensergebiete erreicht. Chef der PLO war von 1969 bis zu seinem Tod im November 2004 *Yassir Arafat*. Zum Nachfolger wurde am 9.1.2005 *Mahmud Abbas* gewählt. Von ihm wird es abhängen, inwieweit die PLO künftig eine Konfrontation oder friedliche Konfliktregelung mit Israel anstrebt.

Politische Geografie Untersuchung der Beziehung von Räumen und kulturell-politischen Faktoren. Dabei stehen ökonomische, ökologische und gesellschaftliche Themen im Vordergrund. Ein Vorläufer ist die **Geopolitik**, die durch das Bemühen geprägt war, aus der Betrachtung geografischer Gegebenheiten außen- und militärpolitische Aussagen abzuleiten. So sahen Vertreter der Geopolitik Staaten als organische Wesen, die entstehen, sich ausdehnen und miteinander in Konflikt geraten, wobei insbesondere ihre Lage die Verbündeten und Feinde bestimmt. Wegen der Nähe zu Nationalsozialismus, Kolonialismus und Imperialismus, für welche die Geopolitik Handlungsstrategien zu entwickeln versuchte, geriet der Begriff in Deutschland in Verruf und kam erst über den Umweg über die US-amerikanische Politikwissenschaft erneut auf.

Primat der Politik Die mit dem bekannten Ausspruch des preußischen Offiziers *Karl von Clausewitz* „Der Krieg ist die Fortsetzung der Politik mit anderen Mitteln“ begründete Überzeugung, dass die Kriegsführung ein der Politik untergeordnetes politisches Instrument ist. Mit der Schrift „Vom Kriege“ (1832) erlangte Clausewitz Berühmtheit. Er gilt als der Theoretiker des modernen Krieges.

Proliferation Weitergabe bzw. Verkauf vor allem von Atomwaffen oder deren Komponenten. Um die Proliferation einzudämmen, die zu einer weltweiten nuklearen Aufrüstung führen könnte, wurde etwa der Atomwaffensperrvertrag geschlossen.

Protektionismus Politische Maßnahmen zum Schutz der eigenen Wirtschaft vor ausländischer Konkurrenz. Der Protektionismus soll die inländische Produktion bzw. die wirtschaftlichen Betriebe im Binnenmarkt schützen. Dies kann z. B. durch die Erhebung von Zöllen oder die

Festlegung von Importquoten geschehen. Die WTO sieht einen weitgehenden Abbau protektionistischer Maßnahmen vor, um Einschränkungen des freien Handels zu verhindern. In vielen Staaten existieren aber weiterhin protektionistische Schranken, bspw. um Arbeitsplätze zu erhalten, die bei einer völligen Öffnung der Märkte gefährdet wären.

Rat der EU (Ministerrat) Organ der Europäischen Union, das sich aus den Ministern des jeweiligen Ressorts zusammensetzt (z. B. Außen-, Innen-, Wirtschaftsminister). Der Rat der EU prüft und verabschiedet die von der Europäischen Kommission vorgelegten Entwürfe sowie wesentliche Rechtsakte der Union. Zudem werden hier die wichtigsten Personalentscheidungen gefällt. Der Rat tagt dreimal jährlich in Brüssel und Luxemburg. Mit dem Lissabon-Vertrag wird das Prinzip der qualifizierten Mehrheit ab 2014 durch das Prinzip der doppelten Mehrheit ersetzt. Hierbei ist für eine Entscheidung die Zustimmung von 15 Ländern nötig, die mindestens 65 % der EU-Bevölkerung repräsentieren müssen. Mit diesem Prinzip soll der Blockade entgegengewirkt sowie die Position bevölkerungsstarker Mitgliedstaaten gestärkt werden.

Realpolitik Art der Politikgestaltung, die sich weniger von moralischen Ordnungsvorstellungen als vielmehr von der praktischen Durchsetzbarkeit politischer Ziele leiten lässt. Der deutsche Begriff „Realpolitik“, der inzwischen auch von anderen Sprachen übernommen wurde, bezeichnet z. B. das Verhalten westlicher Staaten gegenüber China. Die dortige Regierung wird zwar wegen ihres autoritären Charakters rhetorisch verurteilt, dies hat jedoch selten direkte Konsequenzen, weil westliche Unternehmen auf dem chinesischen Markt expandieren wollen. Ein Beispiel stellt die Außenpolitik unter US-Präsident *Nixon* und seinem Außenminister *Kissinger* dar, die ein Mächtedreieck Washington – Moskau – Peking anstrebte. Als deutscher Realpolitiker kann *Otto von Bismarck* (1815–1898) bezeichnet werden. Der Gründervater des Deutschen Reiches und erster Reichskanzler entwickelte ein umfassendes europäisches Bündnissystem, das einem Mächtegleichgewicht gleichkam, dessen Mittelpunkt das Deutsche Reich bildete.

Regionalisierung Verstärkte Zusammenarbeit innerhalb einzelner Regionen. Bei der Regionalisierung können sich wirtschaftliche Zweckbündnisse bilden, die auch über nationale Grenzen hinaus zusammenwirken. Die EU trägt der Regionalisierung Rechnung, indem sie konkret auf Belange der Regionen eingeht (Ausschuss der Regionen), wobei es zu direkten Kontakten zwischen der EU und regionalen Akteuren kommt. Nationale Regierungen spielen in diesem Prozess nur eine untergeordnete Rolle.

Resolution Beschluss, Entschließung. Der Begriff wird zumeist im Zusammenhang mit der UN-Generalversammlung oder dem UN-Sicherheitsrat verwendet. UN-Resolutionen beschäftigen sich u. a. mit konkreten Konflikten, aber auch mit allgemeinen Themen wie den Menschenrechten oder Umweltschutz. Resolutionen enthalten Empfehlungen, Vorschläge oder strikte Handlungsanweisungen für Staaten. Ihre Durchsetzung hängt vom politischen Willen einflussreicher Staaten und von deren finanziellen Möglichkeiten ab, weshalb nicht alle Resolutionen mit gleichem Nachdruck verfolgt werden und einige sogar dauerhaft ohne Auswirkungen bleiben.

Ressourcensicherung Bestreben, die übermäßige Ausbeutung der knapper werdenden natürlichen Rohstoffe zu beschränken und damit die Lebensgrundlage hinsichtlich des ökonomisch-ökologischen Wohlstands auch in Zukunft zu wahren. Dazu zählen der Schutz des Regenwalds, Energieeffizienz, der Ausbau von alternativen Energien, Wahrung der Süßwasserbestände etc.

Römische Verträge 1957 geschlossene Abkommen über die Gründung der Europäischen Atomgemeinschaft und der Europäischen Wirtschaftsgemeinschaft. Die Römischen Verträge wurden aufgrund der positiven Erfahrungen mit der Europäischen Gemeinschaft für Kohle und Stahl geschlossen und bildeten die Basis für die Vertiefung der europäischen Integration. Die Unterzeichnerstaaten waren die Benelux-Staaten, Deutschland, Frankreich und Italien.

Rüstung Gesamtheit aller Güter und Dienstleistungen, die militärischen Zwecken dienen. Der Begriff beinhaltet sowohl Land-, See- und Luftstreitkräfte als auch strategische Raketenverbände. Wenn zwei gegnerische Staaten aufrüsten, kann das gegenseitige Misstrauen zu einer **Rüstungsspirale** führen. Das heißt, es ist ein Zustand erreicht, in dem

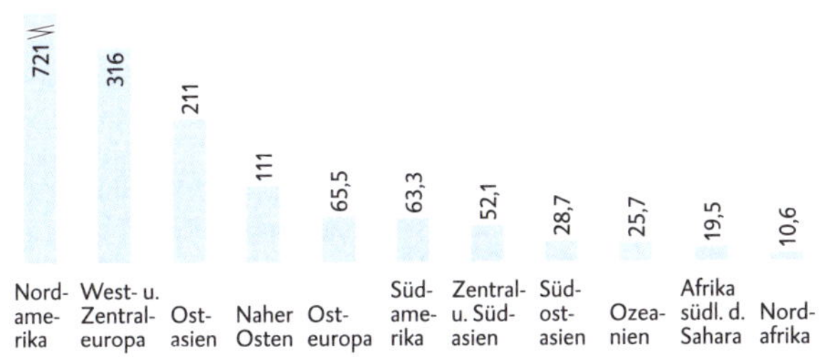

Weltweite Rüstungsausgaben im Jahr 2010 in Mrd. US-Dollar

ein Staat die **Aufrüstung** eines gegnerischen Staates zum Anlass nimmt, um selbst aufzurüsten, und damit erneute Aufrüstung auf der Gegenseite bewirkt. Der Teufelskreis einer Rüstungsspirale kann Jahrzehnte andauern und den Staatshaushalt der betroffenen Länder stark belasten. Außerdem birgt eine Rüstungsspirale immer die Gefahr eines ungewollten Krieges, da die bedrohten Staaten nicht in der Lage sind, die militärische Stärke des Gegners verlässlich einzuschätzen. Eine Rüstungsspirale, auch als **„Wettrüsten“** bezeichnet, existierte während des Kalten Krieges zwischen den Supermächten. Heute ist dieser Zustand hauptsächlich in Staaten der arabischen Region und in Südostasien anzutreffen. Versuche, die negativen Auswirkungen der Aufrüstung zu mildern, können zu Vereinbarungen zur **Rüstungskontrolle** führen. Diese enthalten Bestimmungen über Obergrenzen für Rüstungsgüter, wie z. B. Atomwaffen oder Mittel konventioneller Kriegsführung. Zusätzlich erlauben diese Verträge den Staaten, gegenseitig Einblick in ihre Rüstungsprogramme zu nehmen, und gelten daher als vertrauensbildende Maßnahmen. Wichtige Abkommen zur Rüstungskontrolle sind die zwischen den USA und Russland bestehenden SALT-/START-Verträge und der Atomwaffensperrvertrag. Seit 1987 sind die militärischen Ausgaben weltweit drastisch gesunken. In diesen Zahlen spiegelt sich die verbesserte sicherheitspolitische Lage nach dem Ende des Kalten Krieges wider. Hierbei ist jedoch zu beachten, dass die **Abrüstung** vor allem in den Industrieländern stattfand (durchschnittlich 34 %), wohingegen in vielen Entwicklungsländern aufgerüstet wurde (durchschnittlich 10 %).

SALT-/START-Verträge (engl. *Strategic Arms Limitation Talks/Strategic Arms Reduction Talks*) Zwischen den Hauptgegnern des Kalten Krieges, den USA und der Sowjetunion, abgeschlossene Vereinbarungen zur Begrenzung und Reduzierung strategischer Waffen, um der Rüstungsspirale ein Ende zu bereiten. 1972 kam es zum Abschluss des SALT I-Vertrags (Begrenzung von Abwehrraketen, engl. *Anti-Ballistic Missiles, ABM*). Es folgte 1979 der SALT II-Vertrag (Begrenzung der strategischen Atomraketen auf 2 250, die der Mehrfachsprengkörper auf 1 230). Im Zuge der Reformpolitik *Gorbatschows* konnten nach einer Unterbrechung durch den Afghanistankrieg ab 1985 weitgehende Vereinbarungen getroffen werden, die eine Verringerung der atomaren Sprengköpfe vorsahen (1991: START I-Abkommen, 1993: START II-Abkommen). 1997 einigten sich die USA und Russland auf das START III-Abkommen, das die Begrenzung auf je 2 000 – 2 500 Sprengköpfe vorsieht. Das von den USA (unter Präsident *George W. Bush*) geplante Raketenabwehrsystem in Europa (Planung von Raketensilos in Polen und Tschechien) stieß auf den Widerstand von Russland, auch wenn Präsident *Obama* betonte, dass es nicht gegen Russland gerichtet sei, sondern als Schutz vor möglichen Angriffen (etwa vonseiten des Irans) diente. Das Programm wurde im September 2011 vorerst gestoppt.

Sanktionen Zwangsmittel gegen einen Staat oder eine Person. Im internationalen Bereich werden unter Sanktionen meist die Maßnahmen verstanden, die vom UN-Sicherheitsrat gegen einen Staat verhängt werden können. Sanktionen sind ein Mittel, um den betroffenen Staat zu einer Änderung seiner Politik zu bewegen. Die Sanktionsmöglichkeiten reichen vom Bereich Kultur und Sport (Abbruch des Kulturaustausches, Boykott von Veranstaltungen) bis hin zur Ausweisung von Diplomaten sowie zu Handels- und Waffenembargos. Hatte es während des Kalten Krieges nur zwei Fälle von Sanktionen gegeben (Rhodesien, heutiges Simbabwe, und Südafrika), so ist deren Zahl seit 1990 stark angestiegen. Aktuelles Beispiel für einen von Sanktionen betroffenen Staat ist der Iran. Umstritten ist oftmals die Wirkung der verhängten Sanktionen, da vor allem die Zivilbevölkerung unter ihnen leidet.

Schengener Abkommen Nach dem luxemburgischen Ort Schengen benannter Vertrag, der am 14.6.1985 unterzeichnet wurde und am 26.3.1995 in Kraft trat. Ziel des Schengener Abkommens war es, schrittweise die Personen- und Warenkontrollen an den europäischen Binnengrenzen zu beseitigen, was im Jahr 2010 weitgehend erreicht wurde. Dies führte zu einer erhöhten Reisefreiheit innerhalb Europas. Zudem ist eine gemeinsame Asyl-, Polizei- und Visapolitik beabsichtigt. Es gibt allerdings auch Bedenken wegen der nachlassenden Sicherheitskontrollen. Alle EU-Staaten (Großbritannien und Irland eingeschränkt) sowie Island, Norwegen und die Schweiz nehmen an diesem Abkommen teil.

Schwellenländer (engl. *Newly Industrializing Countries*, **NIC**) Staaten, die sich gerade in der Übergangsphase von Entwicklungsländern zu Industriestaaten (Industrialisierung) befinden. Der Begriff wird aber auch im militärischen Bereich verwendet und bedeutet, dass ein Staat an der Entwicklung der eigenen Atomwaffentechnologie arbeitet. Die Bezeichnung „Schwellenländer" kann irreführend sein, da sie den Eindruck fortschreitender Veränderungen erweckt, wohingegen in der Realität einige Staaten dauerhaft Schwellenländer bleiben.

Sicherheit Abwesenheit von Bedrohung. Im politischen Bereich unterscheidet man zwischen innerer und äußerer Sicherheit. **Innere Sicherheit** bedeutet die Aufrechterhaltung von Recht und Ordnung sowie die Wahrung der Stabilität des politischen Systems. Zu den Institutionen, die diese Aufgaben wahrnehmen, gehören vor allem das Innenministerium sowie die Polizei. **Äußere Sicherheit** bedeutet, die Bürger und den Staat vor militärischen Bedrohungen zu schützen und die Unversehrtheit des Staatsgebiets zu gewährleisten. Zur Erfüllung dieser Aufgaben gibt es u. a. Verteidigungsministerien, Armeen, Geheimdienste sowie Grenzschutztruppen. Problematisch ist, dass die Sicherheit eines Staates – z. B. durch verstärkte Aufrüstung – zur Bedrohung eines anderen Staates werden kann.

Sicherheitsdilemma Situation im internationalen Bereich, in der Sicherheitsmaßnahmen eines Staates eine Bedrohung für einen anderen Staat bedeuten. Dieses Sicherheitsdilemma kann zu einer Rüstungsspirale führen. Um das Sicherheitsdilemma zu entschärfen, werden u. a. vertrauensbildende Maßnahmen zwischen den Staaten angewandt.

Sicherheitsinteresse Bestreben eines Staates, seine Sicherheit zu erhalten bzw. auszubauen. Alle Staaten haben je nach Selbsteinschätzung, Lage, Größe, politischer, wirtschaftlicher und militärischer Bedeutung ein spezifisches Sicherheitsinteresse in ihrer Weltregion. Mittel, um Sicherheitsinteressen durchzusetzen, reichen vom Abschluss von Bündnissen bis hin zu Militärmaßnahmen. Die Supermächte rechtfertigten ihre weltweite Einflussnahme zur Zeit des Kalten Krieges teilweise mit der Wahrung ihrer nationalen Sicherheitsinteressen.

Sicherheitspolitik Politische Maßnahmen, die die Sicherheit einer Region bzw. einer Gruppe von Staaten zum Ziel haben. Sicherheitspolitik kann in zwischenstaatlichen Abkommen oder mithilfe von internationalen Organisationen verwirklicht werden. Die wesentlichen Institutionen für die europäische Sicherheitspolitik heute sind die NATO sowie die EU, deren Mitglieder sich mittlerweile um eine gemeinsame Außen- und Sicherheitspolitik bemühen.

Souveränität → Kap. 2, Souveränität

Spannungen Krisenhafte, schlechte Beziehungen zwischen Staaten. Spannungen können vor allem dann auftreten, wenn gegenseitiges Misstrauen vorherrscht und mit dem Ausbruch von Feindseligkeiten gerechnet wird. In solch einer Situation verengt sich der Blickwinkel der Politiker oft auf militärische Maßnahmen als scheinbar einzig möglichen Ausweg. Die Situation vor Beginn des Ersten Weltkriegs war von starken Spannungen gekennzeichnet, die sich schließlich gewaltsam entluden.

Staatenbund Staatsform, in der souveräne Staaten in einer losen Gemeinschaft verbunden sind. Die in einem Staatenbund zusammenarbeitenden Staaten bleiben völlig selbstständig. Sie schließen einen Vertrag, um in bestimmten Aufgabenfeldern zusammenzuarbeiten. Hierzu gründen sie auch gemeinsame Institutionen.

Stabilitätspakt Beschluss der Europäischen Union zur wirtschaftlichen Förderung der Mitgliedstaaten. Am 1. 1. 1999 trat der Stabilitätspakt zusätzlich zum Vertrag über die Europäische Union in Kraft.

Stellvertreterkrieg Militärische Auseinandersetzung, an der feindliche Großmächte zwar nicht direkt beteiligt sind, in der sie aber ihr Interesse u. a. mittels Waffenlieferungen durchzusetzen versuchen. Ein Stellvertreterkrieg gibt Großmächten die Gelegenheit, ihre jeweiligen Alliierten enger an sich zu binden und neue Strategien und Waffensysteme zu testen, ohne das Risiko einer direkten Konfrontation einzugehen. Während des Kalten Krieges kam es zwischen den USA und der Sowjetunion zu Stellvertreterkriegen. So wurden etwa in Angola die rechtsgerichteten Rebellen der „Unita" von den USA unterstützt, die Truppen der sozialistischen Rebellen erhielten Hilfe aus Kuba und der Sowjetunion. In Südamerika waren Staaten wie El Salvador und Nicaragua Schauplätze von Stellvertreterkriegen.

Subsidiarität → Kap. 2, Subsidiarität

Supermächte Staaten, die in der Lage sind, weltweit ihren politischen, ökonomischen und militärischen Einfluss auszuüben. Während des Kalten Krieges waren dies die beiden Atommächte USA und Sowjetunion. Heute sind die USA angesichts ihrer wirtschaftlichen und militärischen Stärke die weltweit einzige Supermacht, wenn auch das internationale politische System neue, nuklear bewaffnete regionale Großmächte (wie etwa China) hervorbringt.

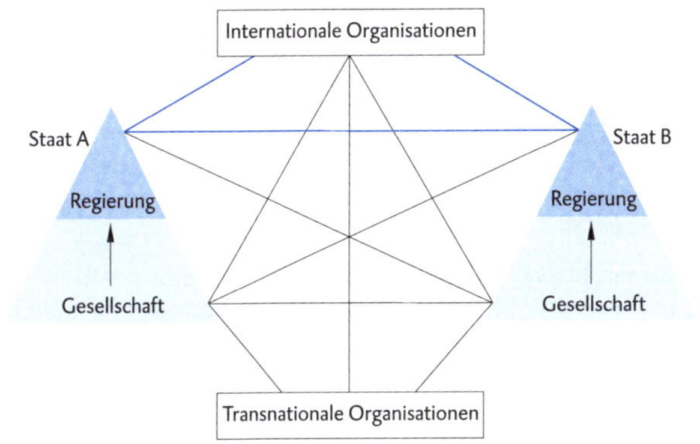

Grundelemente internationaler Beziehungen

Supranationale Organisation Zusammenschluss mehrerer Staaten unter freiwilliger Abgabe nationaler Kompetenzen. Im Gegensatz zu einer internationalen Organisation kann eine supranationale Organisation umfassend in die staatliche Politik eingreifen bzw. Richtlinien vorgeben, die dann auf staatlicher Ebene umzusetzen sind. Ein Beispiel für eine supranationale Organisation ist die EU.

Terrorismus → Kap. 2, Terrorismus

Transnationale Organisation Global agierende, nicht staatliche Organisation, die sowohl materielle als auch immaterielle Güter (z. B. Dienstleistungen) produziert. Zu den transnationalen Organisationen (s. Grafik, S. 187) zählen multinationale Konzerne, Organisationen wie Greenpeace, Amnesty International oder etwa die Katholische Kirche.

Ultimatum Drohung, bei Nichterfüllung von Forderungen bis zu einem festgelegten Zeitpunkt bestimmte Strafmaßnahmen (Sanktionen) anzuwenden. Es ist das schärfste Instrument der Diplomatie und wird häufig mit militärischen Gesten unterstrichen. So war das Ultimatum der UNO an den Irak, seine Truppen bis zum 15. 1. 1991 aus Kuwait zurückzuziehen, von massiven Truppenaufmärschen in Saudi-Arabien begleitet.

Umweltpolitik → Kap. 2, Umweltpolitik

UN-Generalsekretär Von der UN-Generalversammlung gewählter oberster Beamter der UNO. Der UN-Generalsekretär ist, ähnlich der Exekutive in einem Staat, mit der Umsetzung der angestrebten Politik betraut. Seine Aufgabe liegt hierbei vor allem in der Verhütung oder Beilegung internationaler Konflikte. Er kann Initiativen in den UN-Sicherheitsrat bzw. die UN-Generalversammlung einbringen. Seit dem Ende des Kalten Krieges genießt der UN-Generalsekretär einen größeren Handlungsspielraum, da die USA und Russland die gegenseitige Blockade im Sicherheitsrat weitgehend aufgegeben haben. 2001 wurde der Friedensnobelpreis zu gleichen Teilen der UNO und ihrem Generalsekretär *Kofi Annan* (Ghana) verliehen. Seit 2007 steht der Südkoreaner *Ban Ki-moon* der Organisation vor.

UN-Generalversammlung Organ der UNO, in dem alle Mitgliedstaaten vertreten sind. Die Generalversammlung entscheidet über die Zusammensetzung anderer UN-Organe, wählt den UN-Generalsekretär, kontrolliert den Haushalt und kann Empfehlungen an den UN-Sicherheitsrat und die Mitgliedstaaten richten. In diesem Gremium verfügt jeder Staat über eine Stimme. Während des Kalten Krieges kam der UN-Generalversammlung eine besondere Stellung zu, weil der Sicherheitsrat bei wichtigen Entscheidungen durch den Gegensatz der Super-

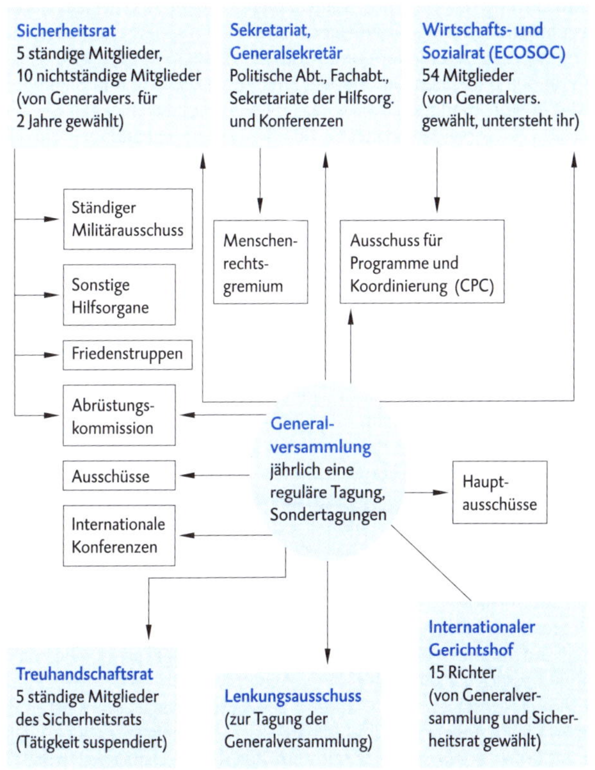

Systematischer Überblick zur Struktur und Arbeitsweise der UNO

mächte blockiert war, die durch ein Veto den Rat zur Beschlussunfähigkeit verurteilen konnten. Allerdings kann die UN-Generalversammlung keine Intervention beschließen, sondern lediglich nicht bindende Empfehlungen aussprechen. Aus diesem Grund hat sie hauptsächlich symbolische Bedeutung durch die Veröffentlichung von Resolutionen und Erklärungen („Allgemeine Erklärung der Menschenrechte"). Die Generalversammlung bildet außerdem das zentrale Diskussionsforum der UNO. Bei wichtigen Anlässen erscheinen auch Staats- und Regierungschefs, um die Anliegen ihrer Länder zu verdeutlichen.

UNICEF (engl. *United Nations International Children's Emergency Fund*) Das Kinderhilfswerk der UNO ist ein entwicklungspolitisches Organ zur Unterstützung von Kindern und Müttern vor allem in Entwicklungsländern in den Bereichen Gesundheit, Ernährung, Hygiene und Bildung. Es leistet in Notsituationen humanitäre Hilfe und setzt sich gegen den Einsatz von Kindersoldaten und für den Schutz von Flüchtlingen ein. Die Gründung erfolgte bereits am 11.12.1946, um nach dem Zweiten Weltkrieg das Leid der Kinder in Europa zu mindern.

Unilateralismus Politische Haltung, die den eigenen Willen in der internationalen Politik durchsetzen will, ohne Rücksicht auf den Einfluss anderer Staaten zu nehmen, ohne Kooperation im Rahmen von Institutionen und ohne die Entscheidungen mit politischen Partnern zu koordinieren. Im Gegensatz zum Unilateralismus steht der Multilateralismus.

UNO (engl. *United Nations Organisation*) Internationale Organisation mit inzwischen 192 Mitgliedstaaten. 2002 entschied sich auch die Schweiz in einer Volksabstimmung für den Beitritt. Die wichtigsten Organe der UNO sind der UN-Sicherheitsrat, die UN-Generalversammlung, der UN-Generalsekretär sowie der Internationale Gerichtshof (s. Grafik, S. 189). Die Organisation der Vereinten Nationen wurde am 24.10.1945 gegründet. Ihr Ziel war es, nach den Erfahrungen des Zweiten Weltkriegs und dem gescheiterten Völkerbund „künftige Geschlechter vor der Geißel des Krieges zu bewahren". Konflikte sollen im Rahmen des Völkerrechts durch Verhandlungen der beteiligten Parteien beigelegt werden. Das Hauptziel der UNO besteht somit in der Sicherung des Friedens und der Durchsetzung der Menschenrechte. Die realen Handlungsmöglichkeiten der UNO bleiben bis heute jedoch weit hinter diesem Anspruch zurück. Während des Kalten Krieges blockierten die Supermächte gegenseitig ihre Initiativen (Einstimmigkeitsprinzip). Eine Veränderung ergab sich erst mit dem Zerfall des Ostblocks. Trotz zunehmender internationaler Ausweitung des Einflusses der UNO gibt es aber noch keinen allgemeinen Mechanismus zur Durchsetzung von Resolutionen. Das Prinzip der Nichteinmischung in die inneren Angelegenheiten eines Staates verbietet im Prinzip eine Intervention gegen dessen Willen. Eingriffe der UNO werden oft durch andere Gründe legitimiert, etwa durch eine vorliegende „Bedrohung des Weltfriedens", die eine Intervention erlaubt. Generalsekretär *Kofi Annan* förderte jedoch, nicht zuletzt aufgrund der Erfahrungen des Genozids in Ruanda, in den die UNO nicht eingegriffen hatte, die Umdeutung des Souveränitätsbegriffs im Sinne der Verantwortung der Staaten gegenüber der Bevölkerung. Dies mündete in dem UNO-Konzept der „responsibility to protect". Die UNO ist immer auf die Mitarbeit ihrer einflussreichsten Mitgliedstaaten im Sicherheitsrat angewiesen. Die Resolutionen zur Räumung der von Israel besetzten Gebiete z. B. blieben weitgehend wirkungslos, da sich die USA häufig gegen diese aussprachen. Weltweit führt die UNO auch sog. friedenserhaltende Maßnahmen durch.

UN-Sicherheitsrat Organ der UNO, bestehend aus fünf ständigen (China, Frankreich, Großbritannien, USA, Russland) und zehn nicht ständigen, wechselnden Mitgliedern. Die ständigen Mitglieder des UN-Sicherheitsrats verfügen über ein Vetorecht. Dies wurde im Kalten Krieg insbesondere von der Sowjetunion (115-mal) genutzt. In den 1990er-Jahren bildete der UN-Sicherheitsrat das Hauptinstrument zur Verhütung und Beilegung internationaler Konflikte. Derzeit wird eine Reform des UN-Sicherheitsrats diskutiert, da dieser die veränderten internationalen Verhältnisse nicht berücksichtigt. So streben Brasilien, Deutschland, Indien und Japan einen ständigen Platz im UN-Sicherheitsrat an.

Unterentwicklung Mangelnde Wirtschaftskapazität, schlechte Infrastruktur und das Unvermögen eines Staates, die Lebensgrundlagen seiner Bevölkerung zu gewährleisten. Unterentwickelte Staaten werden Entwicklungsländer genannt. Viele dieser Länder sind über die unmittelbaren wirtschaftlichen Schwierigkeiten hinaus auch von anderen, sowohl internen als auch externen, Problemen betroffen. Schwierigkeiten entstehen z. B. durch ungünstige klimatische Bedingungen im Land, Überbevölkerung, einen niedrigen Bildungsgrad, soziale und ethnische Konflikte sowie korrupte Regime. Außerdem können unvorteilhaft verlaufende Wirtschaftsbeziehungen mit den Industriestaaten und die hohe Verschuldung zur Unterentwicklung beitragen. Diese führt oftmals zu Teufelskreisen der Armut, aus denen es kaum einen Ausweg gibt.

Vereinte Nationen → Kap. 4, UNO

Vertrauensbildende Maßnahmen Alle Abkommen und Kooperationsbemühungen, die zum Ziel haben, das Misstrauen zwischen gegnerischen Staaten zu reduzieren. Sie können z. B. darin bestehen, ausländische Beobachter einzuladen, damit diese Abrüstungsmaßnahmen überwachen können. Nach der Kubakrise ergriffen die Supermächte eine Reihe solcher Maßnahmen, um durch ein verbessertes gegenseitiges Verständnis die Gefahr eines Krieges zu reduzieren.

Veto Einspruch, mit dem ein Beschluss innerhalb eines Gremiums oder in einem anderen Organ unwirksam gemacht oder aufgeschoben werden kann **(aufschiebendes/suspensives Veto)**. So haben die ständigen Mitglieder des UN-Sicherheitsrats die Möglichkeit, einen Sicherheitsratsbeschluss durch ein Veto zu verhindern.

Vierte Welt → Kap. 4, Dritte Welt

Völkerbund Auf Initiative des US-Präsidenten Woodrow *Wilson* 1920 gegründete internationale Organisation, die die friedliche Beilegung internationaler Konflikte durch die Zusammenarbeit der Staaten zum Ziel hatte. Der Völkerbund basierte auf dem von Wilson vorgelegten 14-Punkte-Programm (1918), welches u.a. Rüstungsbeschränkungen, die Errichtung eines Systems kollektiver Sicherheit und die Anerkennung der territorialen Unversehrtheit der Mitgliedstaaten vorsah. Der Völkerbund wurde von der Völkergemeinschaft jedoch nie ganz akzeptiert: Die USA lehnten einen Beitritt ab und das nationalsozialistische Deutschland verurteilte ihn als Instrument der Siegerstaaten des Ersten Weltkriegs. Die neu gegründete Sowjetunion wurde aufgrund ihres antidemokratischen Systems nicht zu Beitrittsverhandlungen eingeladen. Durch das Erstarken des Nationalsozialismus und des Faschismus in Europa verlor der Völkerbund schließlich seine ohnehin geringe Bedeutung. Die offizielle Auflösung erfolgte mit der Gründung der Nachfolgeorganisation UNO.

Völkerrecht Internationale Bestimmungen zur Regelung von zwischenstaatlichen Beziehungen. Das Völkerrecht wird dann angewandt, wenn es zu rechtlichen Problemen kommt, die mehrere Staaten betreffen und deshalb nicht auf der Grundlage nationalen Rechts allein gelöst werden können. Es bestimmt die Normen und Rechtsgrundsätze, nach denen internationale Konflikte beigelegt werden sollen. Dabei ist jedoch die Souveränität eines jeden Staates zu berücksichtigen. Subjekte des Völkerrechts sind die Staaten, aber auch internationale Organisationen wie die UNO. Die Durchsetzung des Völkerrechts ist zunächst jedem Staat selbst überlassen, da kein allgemeingültiger Sanktionsmechanismus existiert, um Verstöße zu ahnden. Im Gegensatz zum klassischen Völker-

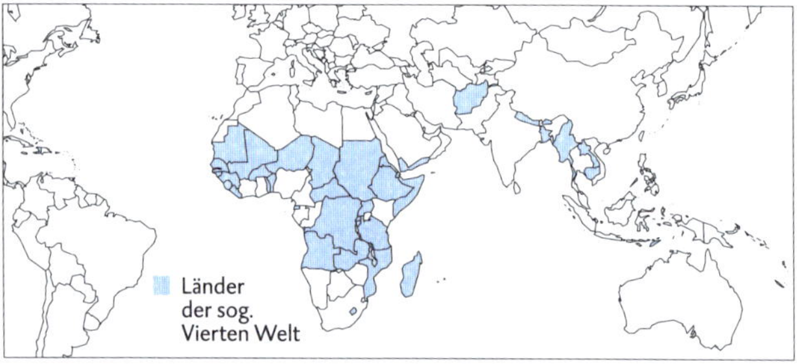

Die Least Developed Countries (LDC) nach Angaben der UNO (2011)

recht, das nur die Beziehungen zwischen Staaten im Friedens- und Kriegszustand sowie den Status der Diplomaten regelte, beinhaltet das moderne Völkerrecht das allgemeine Friedensgebot, die Menschenrechte und Regelungen für international gemeinschaftlich genutzte Räume (z. B. die Hohe See und die Antarktis). Heute bemüht sich die UNO, das Völkerrecht für alle Staaten verbindlich zu gestalten. So sollen auch Verstöße gegen die Menschenrechte innerhalb eines Staates von der Völkergemeinschaft geahndet werden können, ohne dass der betroffene Staat sich auf Souveränitätsrechte berufen kann. Diese Deutung wurde etwa im Kosovokrieg und im Militäreinsatz gegen Libyen angewandt. In beiden Fällen unterstützten die NATO-Staaten die Gegner der staatlichen Zentralgewalt mit militärischen und finanziellen Mitteln.

Warschauer Pakt Bündnis der Sowjetunion mit den osteuropäischen Staaten während des Kalten Krieges. Der Vertrag über „Freundschaft, Zusammenarbeit und gegenseitige Hilfe“ wurde im Mai 1955 von Albanien (das 1969 austrat), Bulgarien, der DDR, Polen, Rumänien, der Tschechoslowakei, Ungarn und der Sowjetunion unterzeichnet. Das Militärbündnis erlaubte der Sowjetunion, Truppen in ganz Osteuropa zu stationieren und so einen Ring aus Satellitenstaaten um sich herum zu bilden. Als Gegenpol zur NATO bildete der Warschauer Pakt somit einen starken Militärblock. Offiziell war der zunächst auf 20 Jahre abgeschlossene Vertrag als Antwort auf den NATO-Beitritt der BRD gedacht. Politische Reformversuche innerhalb des Warschauer Paktes wurden von der Sowjetunion mehrmals militärisch unterdrückt (Prager Frühling, Ungarnaufstand). Rechtsgrundlage für die Interventionen war die Breschnew-Doktrin. Wie die NATO verfügte der Warschauer Pakt über politische sowie militärische Gremien. 1975 wurde er für weitere zehn, 1985 nochmals um 20 Jahre verlängert. Die friedliche Revolution in Osteuropa machte den Warschauer Pakt jedoch hinfällig, er wurde im Frühjahr 1991 aufgelöst. Polen, Tschechien und Ungarn traten der NATO bei.

Weltbank (engl. *International Bank for Reconstruction and Development*) Sonderorganisation der UNO. Die Internationale Bank für Wiederaufbau und Entwicklung, 1944 auf der Konferenz von Bretton Woods (USA) beschlossen und 1945 gegründet, hatte das Ziel, den wirtschaftlichen Wiederaufbau des im Zweiten Weltkrieg zerstörten Europas zu fördern. Zu den heutigen Aufgaben der Weltbank gehören u. a. die Vergabe von langfristigen Krediten (insbesondere an Entwicklungsländer) und die weltweite Wirtschaftsförderung. Sie arbeitet hierbei mit dem IWF und anderen internationalen Finanz- und Entwicklungshilfeorganisationen zusammen.

Welthandel

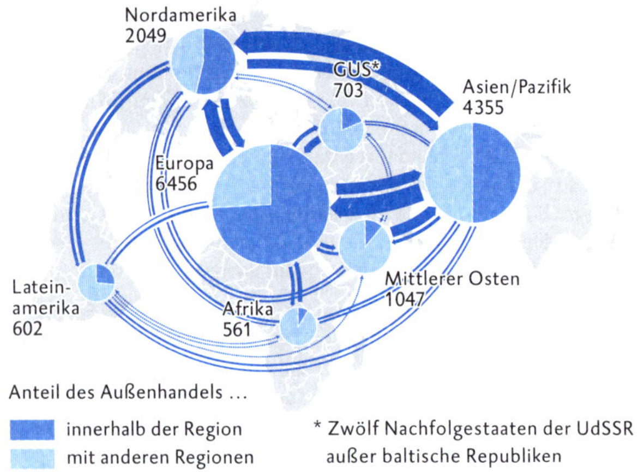

Europa macht Geschäfte, hauptsächlich mit sich selbst (Daten: 2008)

Weltkultur Der Begriff ist eng verbunden mit dem von der UNESCO erfassten Welterbe, das sich aus den Weltkultur- bzw. Weltnaturerbestätten zusammensetzt. Mit dem Titel „Welterbe“ ausgezeichnete Stätten erheben den Anspruch, für die gesamte Menschheit konserviert zu werden – die örtlichen Bewohner bekommen die Verantwortung für den Erhalt des Kulturdenkmals übertragen. Beispiele sind die Pyramiden von Gizeh, die Verbotene Stadt in Peking, das australische Great Barrier Reef sowie die Berliner Museumsinsel. Der Austausch zwischen den Kulturen und Regionen erhält eine neue, auch politische Dimension durch die Verbesserung der Kommunikation im Medienzeitalter. Dabei geht es nicht nur um einen Informationsaustausch, sondern auch um die Verbreitung von Werten, Einsichten in Lebensstile und politische Partizipationsmöglichkeiten. So haben die Fernsehnachrichten und Bilder von den Demonstrationen gegen die kommunistischen Diktaturen 1989/1990 wesentlich den Transformationsprozess in Osteuropa beeinflusst. Ebenso haben die durch das Internet verbreiteten Bilder und Kommunikationsmöglichkeiten (z. B. zum Aufruf zu spontanen Demonstrationen) die Arabische Revolution mit ermöglicht. Die medial geprägte Weltkultur stellt einen Aspekt der Globalisierung dar.

Westeuropäische Union → Kap. 4, WEU

WEU Verteidigungsbündnis zwischen den Angehörigen der Europäischen Union mit Ausnahme von Dänemark und Irland, gegründet 1954. Die Westeuropäische Union verfügte, da sie keine Konkurrenz zur NATO, sondern vielmehr deren europäischen Pfeiler darstellen sollte, über keine eigenständige militärische Struktur. Im Juni 2011 wurde die WEU aufgelöst.

World Trade Organisation → Kap. 4, WTO

WTO (engl. *World Trade Organisation*) Sonderorganisation der UNO. Die Welthandelsorganisation wurde als Nachfolgeorganisation des **GATT** (engl. *General Agreement on Tariffs and Trade*) 1994 gegründet und trat am 1. 1. 1995 in Kraft. Ziel der WTO ist die Stabilisierung der Weltwirtschaftsordnung und die Öffnung der Märkte. Es herrscht das Prinzip der Meistbegünstigung. Nationale handelspolitische Maßnahmen sollen erst nach Konsultationen mit anderen WTO-Mitgliedstaaten erfolgen. Der von der WTO angestrebte Abbau der Zoll- und Handelsschranken erweist sich insbesondere für Staaten der Dritten Welt als problematisch. Die Organisation hat 157 Mitglieder. Im Dezember 2011 wurden Russland, Montenegro, Samoa und Vanuatu in die Organisation aufgenommen.

Zivilisatorisches Hexagon

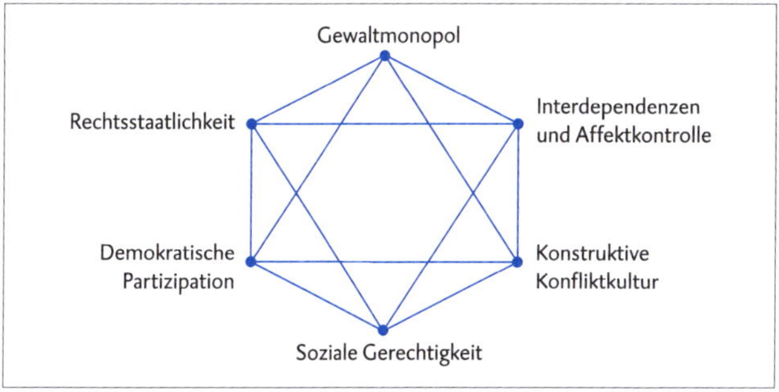

Zollunion Vereinbarungen mehrerer Staaten, die Zölle untereinander niedrig zu halten bzw. abzuschaffen, gegenüber Drittländern aber einen gemeinsamen (höheren) Zollsatz festzulegen. Die Zollunion dient der Stimulation des Handels innerhalb des Gebiets der Mitgliedstaaten, während der Handel mit Ländern, die ihr nicht angehören, mitunter erschwert wird. Beispiel ist die Europäische Zollunion zwischen der EU, der Türkei, Andorra und San Marino.

Personenverzeichnis

Quellenverzeichnis

Umschlag: malerapaso/istockphoto

S. 8: © Petre
S. 20: Kostas Koufogiorgos
S. 33: Daten nach: Einsatzführungskommando der Bundeswehr
S. 36: Jupp Wolter (Künstler), Haus der Geschichte, Bonn
S. 42: Bundesministerium für innerdeutsche Beziehungen (Hrsg.): Zahlenspiegel Bundesrepublik Deutschland/Deutsche Demokratische Republik. Ein Vergleich. Bonn 1988, S. 17.
S. 47: Jesse, Eckhard (Hrsg.): Totalitarismus im 20. Jahrhundert. Baden-Baden: Nomos Verlagsgesellschaft 1996, S. 546.
S. 61: © Klaus Stuttmann
S. 70: Felix Mussil
S. 72: Heiko Sakurai
S. 90: Gerhard Mester
S. 105: Andersen, Uwe, Bochum
S. 106, 110 f.: Daten: Statistisches Bundesamt, Wiesbaden
S. 115: Wurm, Franz: Wirtschaft und Gesellschaft heute. 3. Aufl., Opladen: Leske + Budrich 1976, S. 226.
S. 120: SINUS-Institut, Heidelberg 2011
S. 126: Geißler, Rainer: Die Sozialstruktur Deutschlands. Zur gesellschaftlichen Entwicklung mit einer Bilanz zur Vereinigung. 6. Aufl., Wiesbaden: VS Verlag 2011.
S. 147: Daten nach: Weltbank
S. 148: Daten nach: WHO und FAO
S. 151: Daten nach: EZB
S. 160: © Klaus Stuttmann
S. 166: Daten nach: IWF
S. 172: Daten nach: Amnesty International Report 2011. Zur weltweiten Lage der Menschenrechte © S. Fischer Verlag GmbH 2011
S. 183: Daten: SIPRI-Yearbook 2011, Kurzfassung auf Deutsch, Solna 2011, S. 8.
S. 194: Le Monde diplomatique (Hrsg.): Atlas der Globalisierung. Sehen und verstehen, was die Welt bewegt. Berlin: taz Verlag 2009, S. 57.

Sicher durch das Abitur!

Klare Fakten, systematische Methoden, prägnante Beispiele sowie Übungsaufgaben auf Abiturniveau mit Lösungen.

Mathematik

Analysis – LK	Best.-Nr. 940021
Analysis mit CAS	Best.-Nr. 540021
Analytische Geometrie	Best.-Nr. 940051
Analytische Geometrie und lineare Algebra 2	Best.-Nr. 54008
Analytische Geometrie – mit Hinweisen zu GTR-/CAS-Nutzung	Best.-Nr. 540038
Stochastik	Best.-Nr. 94009
Analysis – Bayern	Best.-Nr. 9400218
Analysis Pflichtteil – Baden-Württemberg (Abitur 2012/13)	Best.-Nr. 840018
Analysis Wahlteil – Baden-Württemberg (Abitur 2012/13)	Best.-Nr. 840028
Analytische Geometrie Pflicht- und Wahlteil Baden-W. (Abitur 2012/13)	Best.-Nr. 840038
Stochastik Pflicht- und Wahlteil – Baden-Württemberg (Abitur 2013)	Best.-Nr. 840091
Klausuren Mathematik Oberstufe	Best.-Nr. 900461
Kompakt-Wissen Abitur Analysis	Best.-Nr. 900151
Kompakt-Wissen Abitur Analytische Geometrie	Best.-Nr. 900251
Kompakt-Wissen Abitur Wahrscheinlichkeitsrechnung und Statistik	Best.-Nr. 900351
Kompakt-Wissen Abitur Kompendium Mathematik – Bayern	Best.-Nr. 900152

Englisch

Übersetzung	Best.-Nr. 82454
Grammatikübungen	Best.-Nr. 82452
Themenwortschatz	Best.-Nr. 82451
Grundlagen, Arbeitstechniken und Methoden mit Audio-CD	Best.-Nr. 944601
Sprachmittlung Deutsch – Englisch Englisch – Deutsch	Best.-Nr. 94469
Sprechfertigkeit mit Audio-CD	Best.-Nr. 94467
Klausuren Englisch Oberstufe	Best.-Nr. 905113
Abitur-Wissen Landeskunde Großbritannien	Best.-Nr. 94461
Abitur-Wissen Landeskunde USA	Best.-Nr. 94463
Abitur-Wissen Englische Literaturgeschichte	Best.-Nr. 94465
Kompakt-Wissen Abitur Themenwortschatz	Best.-Nr. 90462
Kompakt-Wissen Abitur Landeskunde/Literatur	Best.-Nr. 90463
Kompakt-Wissen Kurzgrammatik	Best.-Nr. 90461
Kompakt-Wissen Grundwortschatz	Best.-Nr. 90464

Physik

Elektromagnetisches Feld und Relativitätstheorie	Best.-Nr. 943028
Mechanik	Best.-Nr. 94307
Abitur-Wissen Elektrodynamik	Best.-Nr. 94331
Kompakt-Wissen Abitur Physik 1 – Mechanik, Thermodynamik, Relativitätstheorie	Best.-Nr. 943012
Kompakt-Wissen Abitur Physik 2 – Elektrizitätslehre, Magnetismus, Elektrodynamik, Wellenoptik	Best.-Nr. 943013
Kompakt-Wissen Abitur Physik 3 Atom-, Kern- und Teilchenphysik	Best.-Nr. 943011

Deutsch

Dramen analysieren und interpretieren	Best.-Nr. 944092
Erörtern und Sachtexte analysieren	Best.-Nr. 944094
Gedichte analysieren und interpretieren	Best.-Nr. 944091
Epische Texte analysieren und interpretieren	Best.-Nr. 944093
Abitur-Wissen Erörtern und Sachtexte analysieren	Best.-Nr. 944064
Abitur-Wissen Textinterpretation Lyrik · Drama · Epik	Best.-Nr. 944061
Abitur-Wissen Deutsche Literaturgeschichte	Best.-Nr. 94405
Abitur-Wissen Prüfungswissen Oberstufe	Best.-Nr. 94400
Kompakt-Wissen Rechtschreibung	Best.-Nr. 944065

(Bitte blättern Sie um)